サブカルチャーの心理学

カウンターカルチャーから「オタク」「オタ」まで

山岡重行◉編著

福村出版

まえがき

　『サブカルチャーの心理学』をお手にとっていただきありがとうございます。「サブカルチャーとは何か」という話は1章を読んでいただきたいのですが，とりあえず，「良識ある大人たちのメインカルチャーから，幼稚で低級な遊び，俗悪な遊びとして白眼視されてきた若者文化」としておきます。そのような沼に溺れている人たちは「オタク」と呼ばれてきました。

　近年，「オタク」ではなく「＿＿オタ」と呼ぶことが増えています。

　今まで「オタク」といえば，マンガ・アニメ・ゲーム沼の人たちを指していました。それを，わざわざ「アニオタ」とか「ゲームオタ」と呼ぶようになりました。それに伴い，「オタク」概念が拡大され，「オタク」がサブカルチャーのかなりの部分をカバーするようになりつつあります。

　以前は「鉄」あるいは「鉄ちゃん」と呼ばれていた鉄道マニアは「鉄オタ」と呼ばれるようになりました。「ミリタリーマニア」は「ミリオタ」，「アイドルファン」は「ドルオタ」，「ジャニーズアイドルのファン」は「ジャニオタ」と呼ばれるようになりました。

　ある対象にはまりすぎて痛々しいという否定的なニュアンスも残っていますが，「オタク」ではなく「オタ」と略すことで，ある領域のスペシャリストのような肯定的なニュアンスも感じさせるようにもなりました。

　本書『サブカルチャーの心理学』は，「オタク」から「＿＿オタ」に変化する時代を背景としています。それはマンガ・アニメ沼のオタクから，様々なサブカルチャー沼にオタクが広がる時代であり，オタク概念がサブカルチャー概念に近づいていく時代を背景としているということです。『サブカルチャーの心理学』も，この時代の変化に対応して，マンガ・アニメオタクの研究を出発点として，領域を広げていくことにします。

　『サブカルチャーの心理学』のもう一つの出発点は，我々の人生の中にすでに埋め込まれていました。我々自身がいろいろな趣味を楽しんできました。我々は心理学者です。心理学者の性とでも言いますか，我々自身，心理学と

は無関係な個人的趣味と思っていたものを，いつしか心理学者の視点で分析し考察するようになりました。本書に掲載した実証的データに基づかない章は，ただの趣味の自分語りではなく，心理学者の視点で現象を記述し分析し考察したものであり，十分に心理学的価値があると考えています。

「＿＿オタ」になりオタク概念が拡張されているように，『サブカルチャーの心理学』は心理学概念の拡張をもくろんでいます。今まで，心理学の研究対象と見なされなかった現象を研究し，今まで「遊び」と見なされていた行動から人間を見つめ直してみようと考えています。そこには，海外の研究を土台にした研究からは見えてこない，新しい発見があるのではないかと期待しています。そしてそこには今までになかった新しい心理学の楽しさが眠っていると執筆者一同考えています。

『サブカルチャーの心理学』はそのための第一歩です。実証研究のない領域のデータを取り，研究されていない領域を研究し，広大なサブカルチャーの世界に踏み込んでいこうと考えています。心理学の冒険の旅に出かけます。

心理学の新しい冒険の旅，その第一歩へとあなたをご招待します。お楽しみください。

執筆者代表　山岡重行

I

サブカルチャーとオタクを理解する

II

様々な「オタク」たち

オタクの幸福感

I

―― サブカルチャーとオタクを理解する

1章
サブカルチャーと若者文化

山岡重行

「サブカルチャー」とはどんな文化なのだろうか。様々な捉え方があるが，本書ではサブカルチャーを捉える視点として「若者文化」に注目する。大人でもなく子供でもない「若者」を対象とした様々なコンテンツが供給され，現代社会では若者文化は大きな経済効果を生む産業でもある。現代人の生活感覚では若者文化の存在はあまりにも当然であり，多くの人々は昔からその時代なりの若者文化が存在していたと漠然と考えているのではないだろうか。しかし，若者文化は第二次世界大戦後の時代背景の中で発明されたものなのである。その若者文化の発明にはロックミュージックが深く関係している。どんな文化にも社会的・歴史的背景が存在する。歴史的文脈の中で文化は成立するのである。サブカルチャーだけではないが，ある社会現象を心理学的に研究するためには，その現象の背後にある社会的・歴史的文脈の理解が不可欠なのである。本章では，ロックミュージックの歴史と若者文化とサブカルチャーの関連について考えてみたい。

1. サブカルチャーとは何か?

　「サブカルチャー」と聞いて，あなたはどのようなカルチャーを思い浮かべるだろうか。マンガやアニメ，ゲームなど，いわゆるオタク系の文化を思い浮かべる方も多いだろう。それらのオタク系文化は日本では「サブカルチャー」を略した「サブカル」という用語で表現されることが多い。
　伊奈（1999）は，メインとしての政治・経済・社会のシステムからある程

度独立し自立性を持つものの，メインに依存，従属ないし寄生する文化，メインに対するサブという位置づけを持つ「下位文化」としてサブカルチャーを定義している。サブカルチャーの「サブ」とは中心に対する周縁，正当に対する雑種，高級に対する大衆などといった意味を含み，由緒正しいものではなく雑多でしぶとく，たくましい魅力あるもの，裏のあやしげで危険な魅力あるものというイメージを喚起するものだと伊奈は主張している。サブカルチャーとは，社会の中心にいる「良識ある大人」の文化からすると下等な文化であり，いかがわしいと見なされる文化であると言うことができるだろう。

　日本の社会学者がオタク系文化について言及する場合，「欧米のサブカルチャー研究」の文脈で語られることも多い。しかし，欧米の社会学で研究されてきた「サブカルチャー」は，白人文化に対する黒人文化，異性愛者の文化に対する同性愛者の文化のように，支配と被支配，差別と被差別という関係性において多数派から支配され抑圧され差別される少数派の「下位文化」を意味している。日本でも，江戸時代の潜伏キリシタンの文化は徳川幕府により弾圧され差別された少数派の下位文化という意味でのサブカルチャーだったのである。

　同じ「サブカルチャー」という名称で呼ばれるものであっても，少なくても日本のオタク系文化は「差別される少数派の下位文化」ではない。高級な文化であるハイカルチャーに対する大衆文化，低級文化という意味での「サブカルチャー」なのである。

　高級な文化を理解し楽しむためにはある程度の素養が必要となる。またそれらは自らの権威付けと他者との差別化に貢献するため，必然的に少数派の文化になる。純文学に対するライトノベル，マンガやアニメ，クラシック音楽に対するポピュラー音楽のように，ハイカルチャーと比較すると大衆文化は愛好者の数で言えば圧倒的な多数派の文化なのである。

　現在の日本でサブカルチャーと呼ばれる大衆文化の多くは，子どもから若者向けの娯楽という出自を持ち，普及過程では幼稚で低級な遊び，あるいは公序良俗に反する俗悪な遊びとして「良識ある大人たち」から白眼視されて

きた。1970年代前半，マンガもアニメも子ども向けのコンテンツと見なされていた。当時は「テレビまんが」と呼ばれていたアニメの主題歌は，「童謡」に分類されていたのである。子ども番組をとっくに卒業している年齢のヤングアダルトが子ども向けのコンテンツに熱狂する様を見て，良識ある大人たちは初期のオタクたちを白眼視したが，制作者側も次第にヤングアダルトを意識した作品を制作するようになっていった。良識ある大人たちから「子ども向け」と見なされるコンテンツを楽しむ若者たちは，確実に増えていった。特に1970年代後半の『宇宙戦艦ヤマト』の大ヒットをきっかけに，「テレビまんが」から「アニメ」と呼ばれるようになり，アニメは若者向けのコンテンツと見なされるようになったのである。このように，日本でコンテンツ産業につながるサブカルチャーと呼ばれるものの多くは，大人から白眼視されていた「若者文化」という出自を持つものなのである。

コンテンツ産業と結びついた「若者文化」の成立について考えるときの鍵概念になるものが「ロック」である。前述のように「サブカルチャー」には，支配され差別される社会的少数派の文化という側面がある。黒人音楽だったリズムアンドブルースはロックンロールと呼ばれるようになり，人種を超えた「若者文化」を生み出す原動力となった。音楽だけでなく若者のファッションやライフスタイルにまで影響する様々なサブカルチャーの発信源となったのである。

「若者文化」の成立とロックミュージックの関係について考える前に，そのルーツであるアメリカ黒人がどのような状況に置かれていたか，その概略を確認しておきたい。

1865年南北戦争の終結により，アメリカにおける奴隷制度は廃止された。しかし，俗にジム・クロウ法（ジム・クロウは田舎のみすぼらしい黒人を戯画化したキャラクター）と呼ばれる人種分離法が各州で制定され，表向きは「分離すれど平等」を唱え公共施設での黒人をはじめとする有色人種を白人から分離する政策を行っていた。1896年アメリカ合衆国最高裁判所は，ジム・クロウ法は合憲であり人種差別に該当しないという判決を下した。1954年の裁判で否定され，1964年の公民権法制定まで，ジム・クロウ法のもと，黒人をは

じめとした有色人種に対する差別は合法化され引き続き行われていた。黒人奴隷は白人の私有財産だったため，所有者から最低限の保護は受けていたが，私有財産ではなくなった黒人に対する差別はより激しくなり，クー・クラックス・クランなど白人至上主義団体によるリンチや殺人などが公然と行われていた。黒人をはじめとする有色人種が，アメリカ合衆国市民（公民）として法的平等を求める運動は「公民権運動」と呼ばれた。

このような時代を背景にして，黒人音楽であったリズムアンドブルースがロックンロールとなり，ロックミュージックとなって「若者文化」の形成に大きな影響を与えたのである。

2.「若者」誕生前夜

1909 年のイギリスでは，子どもに中等教育を受けさせる親は全人口の 6% しかいなかったし，15 歳から 18 歳の 1.5% しか中等教育を受けていなかった。中等教育を受けることができたのは，中産階級以上の子弟だけだったのである（ギリス, 1985）。中産階級の子弟に求められたイメージは「正直で上品，自己抑制的で理想主義の青年」であり，「青年」とは子どもの教育費を出すことができる中産階級が創り出したものだった（渡辺, 2000）。

労働者階級の子弟は早くから大人の社会に入り，労働者階級の一員となることが求められた。しかし，1920 年代になると労働者階級の中にも専門的な職能を持ち，子どもの教育費を出すことができる者が増加し，「青年」層が労働者階級にも浸透していった（渡辺, 2000）。

様々な白人文化や黒人文化が融合する黒人奴隷貿易港だったニューオリンズで，20 世紀初頭ジャズが生まれた。ジャズの担い手は，フランス系白人と黒人の混血児であるクリオールだった。クリオールは 1865 年の南北戦争終結前は白人として扱われており，白人としての教育を受け，西洋音楽の教育も受けていたのである。ジャズはダンスホールで演奏され，映画とジュークボックスを通して普及していき，青年たちはダンスホールや映画館に集い青春を謳歌していた。

しかし 1930 年代の世界恐慌と 1940 年代の第二次世界大戦により，街角から青年たちが消えていった。青年たちは軍隊で大人たちの価値観に従順に従うように教育された。1950 年代以前の青年層は，親と同じ人生観のもとに親と同じ人生を歩むことを期待され，そのための教育と訓練を甘んじて受けているのみであった。

「ティーンエイジャー」という言葉は 1944 年アメリカで若い購買層を表す言葉として使用されはじめ，その時点では「親世代への反抗」というニュアンスは含まれていなかった（Savage, 2007）。アメリカ俗語辞典「ティーンエイジャー」の項では，「1935 年以前，アメリカの 10 代は自分たちを若い大人として特殊な集団とは思っていなかったし，（社会的に）そのようにも考えられていなかった」とされている。「大人でも子どもでもなく，大人たちの価値観よりも自分たちの価値観で生きようとし，上の世代に対するある種の反感を共有する年齢層」（福屋, 2012）である若者が誕生するのは，もう少し後のことである。

3. 「若者」の誕生とロックンロール

アメリカでは第二次世界大戦後の好景気により労働者の賃金も上昇していった。1944 〜 55 年にかけて個人所得は 4 倍になり，出生数は増加しベビーブームが起こった。中流階級の象徴だった一戸建て住宅，自動車，テレビなどの家電製品も労働者階級が購入できるようになっていった。若年労働者の賃金も上がり，レコードとプレイヤーやラジオをはじめとして自分の欲しいものを自由に購入できるようになった。若年層が一定の消費者層となり，新しい市場が形成されていったのである。

黒人労働者の労働歌から生まれたブルース，黒人の集会が認められた唯一の場所である教会から生まれたゴスペル，そしてジャズ，それらを母体にして 1940 年代にリズムアンドブルースが生まれた。1950 年前後にアメリカでは中産階級から賃金が上昇した労働者階級にまでテレビが普及しラジオに取って代わるようになった。ラジオ局はテレビを購入できない低賃金労働者層，

つまり黒人向けにリズムアンドブルースの音楽番組を制作するようになった。ブルースとリズムアンドブルースは「人種音楽（race music）」と呼ばれ，黒人の黒人による黒人のための音楽と見なされていた。

　白人労働者階級の音楽として，カントリーミュージックがあった。ヒルビリーと呼ばれるスコットランド・アイルランド系移民は法の支配を嫌い，アパラチア山麓でほぼ自給自足の生活をおくるアウトローだった。彼らがスコットランドやアイルランドからアメリカに持ち込んだものがカントリーミュージックの原型となるヒルビリーミュージックと，バーボンウイスキーの原型になる醸造技術だった。ヒルビリーミュージックはナッシュビルで商業的に洗練されカントリーミュージックになり，黒人の多いメンフィスでは黒人のリズムアンドブルースと融合しロカビリーミュージックとなった。

　1950 年代初期，白人労働者階級の若者に黒人のリズムアンドブルースが広がっていった。白人労働者階級の若者にとって黒人の居住地区は身近な場所であるし，ラジオから聞こえるクールな曲に人種は関係がなかった。チャック・ベリーやリトル・リチャードなどの黒人ミュージシャンのテンポの速いリズムアンドブルースが後にロックンロールと呼ばれるようになった。オハイオ州の白人 DJ アラン・フリードは黒人のリズムアンドブルースを流す番組「ムーンドッグ・ショー」で人気を博していた。ムーンドッグと呼ばれる NY の浮浪者に訴えられ，番組名を「ロックンロール・ショー」に変更，番組で流すリズムアンドブルースを「ロックンロール」と呼ぶようになった。ロックンロールとは黒人のスラングで性行為を意味する言葉だった。労働者階級であっても白人の若者が黒人音楽に夢中になることを，当時の良識ある白人の大人たちは看過できなかった。ロックンロールは白人の若者世代が社会的下位の黒人文化に魅了され，それを吸収しようとした「地位下降現象」を意味していた（福屋, 2012）。黒人のロックンロールは白人の若者を黒人レベルに堕落させる有害な音楽であると，白人の大人たちは批判した。これはまだ，アメリカでも一部の白人青年たちの現象だった。

　貧しい労働者階級の家庭に生まれ，メンフィスのハイスクールを卒業後，工場労働者，トラック運転手として働いていた白人の若者エルヴィス・プレ

スリーは，母親の誕生日プレゼントのために4ドルで自分の歌をレコードにした。レコーディングスタッフに注目され正式にレコーディングを行い，1954年に黒人歌手のブルースナンバーをロカビリーにアレンジした「ザッツ・オール・ライト」でデビューした。

　黒人に対する差別意識が強かった時代，白人が黒人のスタイルを取り入れることは地位下降現象であり，「良識ある白人の大人」にとっては許容できないことだった。特に差別意識が強く残っていた南部社会では，タブーだった。また，19世紀後半のヨーロッパはキリスト教的禁欲主義が支配しており，少なくても市民階級の間ではセックスに関連する表現はタブーであった（これが精神分析誕生の時代背景でもある）。それは20世紀前半のアメリカでも同様だった。腰を振り足をくねらせるプレスリーのステージアクションは性行為を連想させ，特に保守的な風土が強いアメリカ南部社会ではやはりタブーだった。プレスリーはこの2つのタブーを同時に破ったのである。保守層は「ロックンロールは青少年の非行の原因となる」と批判，PTAはテレビ放送の禁止を要求するなど，「良識ある白人の大人」たちは様々な妨害や攻撃を行った。フロリダ州ジャクソンビルのライブでは，下半身を動かすと逮捕すると郡判事に警告され，警官に撮影されながらプレスリーはライブを行った。良識ある大人からの攻撃を受けながらも，プレスリーによってロックンロールは黒人と一部の白人労働者階級の若者の音楽から脱皮していった。

　1955年公開のアメリカ映画『暴力教室』は，新任教員に反抗する暴力的な不良少年たちを描いた映画であった。暴力シーンのために大人たちからは反感を買ったが，若者たちに支持され評判となった。ビル・ヘイリー＆ヒズ・コメッツが1954年に発売した「ロック・アラウンド・ザ・クロック」はこの映画『暴力教室』のテーマ曲となり，8週連続全米チャート1位の大ヒットになった。ビル・ヘイリーも1950年代初めから黒人音楽をカバーする白人ミュージシャンであり，ロックンロールの先駆者の一人である。「ロック・アラウンド・ザ・クロック」の大ヒットが世界的なロックンロール・ブームを巻き起こしたとも言われている。

　従来あまり音楽を聞かなかった若年層，特に女性たちを巻き込み，ロック

ンロールは人種や社会階層を越えた若者の音楽になった。同時期に普及した
テレビやレコードプレーヤーとともに音楽消費を促進し，若者向けのファッ
ションや髪型の流行の発信源になっていった。それは単に消費者としての
「若者の誕生」だけを意味するのではない。親の意見に従順に従うのではなく，
自分たちの価値観に従い行動する若者，大人とは異なる価値観を持った「若
者の誕生」を意味するのである。大人が否定するコンテンツを愛好する若者，
つまり若者文化の誕生であり，新たなサブカルチャーの誕生であった。ロッ
クンロールは大人たちに反抗する若者のアイコンとなったのである。

　しかしそれは言葉での反抗ではなかった。当時のロックンロールは「3分
間ラブソング」と呼ばれ，その歌詞は素朴な恋愛感情を歌ったものでしかな
かった。ロックンロールの反抗性はそのスタイルにあった。リーゼントにピ
ンクのスーツ，腰を振り足をくねらせる挑発的なステージアクション，なに
よりも黒人のボーカルスタイルで白人が歌うことは1950年代のアメリカでは
「良識ある白人の大人たち」に対する強烈な反抗だったのである。

4.　ロックンロールからロックへ

　リズムアンドブルースを含めて，当時のアメリカの音楽業界は作詞家と作
曲家が曲を作り，その曲を歌手が歌うという日本の歌謡界と同様のシステム
だった。1960年代になると，リズムアンドブルースやロックンロールの曲を，
黒人色を薄めたアレンジで白人シンガーがカバーし社会に受容されていった。
ロックンロールのスタイルもアメリカのショービジネスの世界で形骸化され，
1960年代には反抗するパワーを失いただのポピュラーソングになっていった。

　イギリスでは，第二次世界大戦後，植民地に駐留していた軍隊を本国に撤
退させたためイギリス軍は人員過剰となり，1960年には徴兵制が廃止された。
兵役に就く予定がキャンセルされたため，暇をもてあました若者が街にあふ
れた。若者たちの多くはアートスクールに入学した。親たちは自分の子ども
が熟練した伝統工芸職人や広告デザイナーになって単純労働の労働者階級か
ら抜け出し中産階級になることを望んだ。子どもたちは遊んで暮らすことが

できる自由な時間を望んだ。アートスクールには職人養成にとどまらず，自分の感性に従い商業デザインと芸術性を両立させる自由な教育スタイルがあった。アートスクールで出会った仲間とバンドを組み音楽活動を開始する者も多かった。イギリス各地のアートスクールは多くのロックミュージシャンを輩出することになる。

アメリカでロックンロールがポップス化する一方で，イギリスではロックンロールのルーツである黒人のブルース，リズムアンドブルースを敬愛するミュージシャンたちがバンドを組み活躍しはじめた。ビートルズやローリングストーンズに代表されるイギリスのロックバンドの人気はアメリカにも波及し，「ブリティッシュ・インヴェイジョン」と呼ばれた。アメリカのロックンロールミュージシャンが作詞家と作曲家により作られた曲を歌っていたのに対し，イギリスのミュージシャンたちは自分たちで作詞作曲した曲を自分たちのバンドで演奏していた。それは自分たちの悲しみ・苦しみ・怒りと喜びを自分たちの言葉で歌った黒人ブルースミュージシャンのスタイルを踏襲したものだった。

ブリティッシュ・インヴェイジョンにさらされた1960年代前半のアメリカは，公民権運動とベトナム反戦運動に揺れていた。社会に対する反体制的なメッセージはフォークソングという形で歌われていた。1950年代後半〜1960年代前半，ドラッグ体験を文学にするなどアメリカ文学界で異彩を放つ「ビート・ジェネレーション」と呼ばれる作家や詩人たちがニューヨークを中心に活動していた。ビート・ジェネレーションとは，ニューヨークのアンダーグラウンド社会で生きるアウトロー的な若者を意味する。彼らはポエトリー・リーディングなども行い若者に支持されていた。この流れは一方ではフォークソングに受け継がれた。自分たちの言葉をアコースティックギターにのせ，社会に対する反体制的なメッセージを発信し，アメリカの大学生たちに支持されていた。ロックンロールが労働者階級にアピールしたように，1960年代のフォークソングは大学生や文化人などの知識階級にアピールした。当時のフォークソングのミュージシャンやファンはロックンロールを商業主義と批判し，自分たちは反商業主義のスタンスを取っていた。

1963 年，公民権運動の高まりの中で行われたマーティン・ルーサー・キング牧師のワシントン大行進にもギターを抱えて参加し，メッセージソングを歌ったボブ・ディランは，フォークソングのプリンスと見なされていた。1965年のニューポート・フォーク・フェスティバルのステージにロックンロールバンドを率い，自らもアコースティックではなくエレキギターを抱えて登場したボブ・ディランは，フォークソングファンから裏切り者として大ブーイングを受けた（演奏自体もひどかったらしい）。しかし，フォークソングが70年代に衰退していっても，ボブ・ディランは活躍を続け，アメリカ・イギリスのロックミュージシャンたちと相互に影響し合いながら今日に至り，2016年歌手としては初めてノーベル文学賞まで受賞する快挙を成し遂げた。

　ロックンロールの非言語的で身体的な反抗性に，フォークソングの言葉による反抗性が結びつき，ロックミュージックが誕生した。ロックンロールが「ロック」に進化したのである。ボブ・ディランのロック転向は，ロックミュージック誕生の象徴である。知識階級以外の若者たちも，自分たちの思いを伝えるための言葉を手に入れたのである。

　1960 年代，公民権運動，ベトナム反戦運動，さらに社会の既成の価値観から離脱し意識変革を目指すヒッピー・ムーブメント（フラワー・ムーブメント）の気運が盛り上がった。若者たちは戦争と差別を続ける国家から自由になり，「ラブ＆ピース」を合い言葉に新しい世界を夢想した。ユニセックスの服装を着て，男性は髪や髭を伸ばした。ドラッグによる精神の解放，フリーセックス。全てがロックミュージックと結びついた。このような意識はロックミュージックとともに世界中の若者に拡散し，多くの国で反戦運動や大学紛争と結びついていったのである。

　この 60 年代後半のサブカルチャーだけが「カウンターカルチャー（対抗文化）」と呼ばれるのは，その担い手であるアメリカの若者たちが主流文化に取って代わることを夢見たからである。若者文化の中でも特殊な意味合いを持つ現象となった。そのピークが 1969 年 8 月 15 日金曜日の午後から 8 月 18日月曜日の朝にかけて行われたウッドストック・ミュージック・アンド・アート・フェスティバルだった。ニューヨーク州のサリバン郡の個人の酪農

農場に 40 万人から 50 万人の若者が集い，ロックミュージシャンやフォークミュージシャンのステージに酔いしれた。ラブ&ピースによる連帯意識が新しい時代の到来を予感させたことだろう。

しかし，1969 年 12 月サンフランシスコ郊外のオルタモントで開かれたオルタモント・フリーコンサートではメインで登場したローリングストーンズの演奏中に，会場警備を担当していたバイカーギャング集団であるヘルス・エンジェルスのメンバーが黒人青年を刺殺するという事件が発生した。ラブ&ピースによる人種や社会階級を越えた連帯意識をこの事件は一撃で打ち砕き，カウンターカルチャーは急激に消滅していった。

5. ロックの産業化とパンクロック

ウッドストックなど 60 年代末の巨大な野外コンサートが象徴するように，ロックは巨大な音楽産業に成長していった。1970 年代にはスタジアムロックと呼ばれ，多くの観客を前にしたショーアップされた大がかりなステージを展開した。高度な音楽性と演奏技術，エンターテインメント性を持つミュージシャンたちは多くの若者が憧れるスターであったが，同時に多くの若者の手の届かない所へとロックミュージックを連れて行ってしまった。そのようなロックミュージックの巨大産業化に対するアンチテーゼとして 1970 年代にパンクロックが登場する。「パンク」という名称は，ニューヨークのアンダーグラウンドなロックシーンから生まれたものである。

ニューヨークのアンダーグラウンドシーンには従来のロックミュージックに飽き足りないアート志向の強いアーティストたちがいた。ビート・ジェネレーションの流れを受け継いで，ドラッグや SM セックス，トランスジェンダーなどをテーマとした内省的な歌詞と実験的・前衛的なサウンドを併せ持つ，メジャーな音楽シーンには存在しない独自なロックサウンドがあった。その先駆けとなったのはポップアーティストであるアンディ・ウォーホルのプロデュースにより 1967 年にデビューしたヴェルヴェット・アンダーグラウンドである（図 1.1）。1970 年代半ば，高速ロックンロールのラモーンズ，文

学的な歌詞をバンドサウンドに乗せたパティ・スミス（ボブ・ディランのノーベル文学賞受賞式で彼のメッセージを代読した），サウンドやファッション面でロンドンパンクに直接的な影響を与えたニューヨークドールズやリチャード・ヘルなど多彩なバンドが集まり形成されたニューヨークのアンダーグラウンドなロックシーンは「パンク」と呼ばれた。

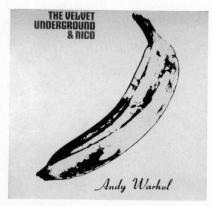

図1.1　ヴェルヴェット・アンダーグラウンド『ヴェルヴェット・アンダーグラウンド・アンド・ニコ』（1967）。ジャケットアートはアンディ・ウォーホル

　ニューヨークで生まれたパンクだが，「社会に対する反抗」というイメージを決定づけたのはロンドンのアンダーグラウンドなロックシーンだった。1960年代後半，イギリスには旧植民地からの移民が増大し，労働者階級に組み込まれていった。1970年代にはオイルショックを契機とした景気後退から若年層の失業率が増大し，労働者のデモにより社会は機能不全に陥ることも多かった。医者や看護師のストで病院は機能せず，給食婦のストで学校は休校し，ゴミ収集人のストでゴミは回収されず，墓堀人のストで死者が埋葬されず，トラック運転手のストで暖房用の灯油が配達されない等の現象が起こった。若者たち，特に労働者階級の若者たちの間に強烈な不満が蓄積されていた。

　デザイナーのヴィヴィアン・ウエストウッドとともに，ロンドンのキングスロードにフィフティーズ調（ティディーボーイズ調）のファッション・ショップ「Let It Rock」を開店したマルコム・マクラーレンは1970年代半ばニューヨークに渡りニューヨーク・パンクに強い影響を受ける。イギリスに戻ったマルコムはショップ名を「SEX」と変え，ボンデージを取り入れたパンクファッションを売り始めた。マルコムは店の常連だった不良少年たちのバンドにジョニー・ロットンを加え，セックスピストルズとして活動させた。ストレートなロックサウンドに乗せてイギリス王室，政府，EMIなどの大企

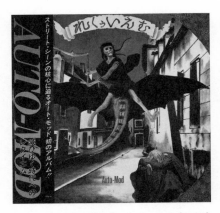

図 1.2　AUTO-MOD『レクイエム』（1983）。
ジャケットアートは丸尾末広。インディーズで発売
された AUTO-MOD の 1st アルバム。すでに
BOØWY でメジャーデビューしていた布袋寅泰と
高橋まことがメンバーとして参加している

業を揶揄した反体制的な歌詞を独特のスタイルで歌うセックスピストルズはロンドンの労働者階級の若者たちの不満を代弁するものだった。マネージャーのマルコムとデザイナーのヴィヴィアン・ウエストウッドという仕掛け人がいたが，その思惑を超えた多くの動きを生み出した。ラモーンズのロンドン公演もあり，パンクは下手でもいい，何を歌ってもいい，ステージでは何をやってもいいと若者を鼓舞し，多くのパンクバンドをイギリスに誕生させた。パンクファッションとパンクロックを愛する若者が世界中でバンド活動を開始した。パンクロックは社会に対する反抗であると共に，巨大な産業となったロックミュージックに対する反抗でもあった。ロックにおけるアマチュアリズムの復権である。

　日本でも 1970 年代後半の東京ロッカーズが日本のパンク・ニューウェーブ・シーンの先駆けとなり，80 年代のインディーズブームへとつながった。1950 年代末〜 60 年代前半のロカビリーブーム，60 年代半ばのエレキブーム，60 年代後半のグループサウンズブーム，70 年代前半のニューミュージックブームと常に歌謡曲に変換され，芸能界が主導する形で日本のロック系の音楽シーンは動いていた。その中で，東京ロッカーズは初めて若者たち自身が中心となって形成したロックシーンであり，メジャーな音楽シーンとは別のインディーズシーン，ストリートシーンを生み出すきっかけとなった（図 1.2）。

　フィンランドに，ペルッティ・クリカン・ニミパイヴァト（PKN）という知的障害者のパンクバンドがある。『パンク・シンドローム』は彼らの日常生活を記録した 2012 年のドキュメンタリー映画である。自分たちが生活の中で感じる不満や怒りをストレートに歌詞にして表現する。けっして演奏技術とし

て上手いバンドではないし，歌詞も感じたことをそのまま表現しているだけである。例えば，「日曜日は教会に行った，コーヒーを飲んだ，クソをした」「ペルッティは言語障害，ペルッティは脳性麻痺」「国会議員はペテン師ばかり，俺たちを閉じ込めようとする，ほんの少しの尊敬と平等が欲しい」。日常生活や自分の障害，社会への不満をストレートに訴える。知的障害がある風采の上がらない中年男性 4 人のパンクバンドである。フィンランド大統領主催の舞踏会にギターのペルッティとマネージャー（健常者）が招待され大統領夫妻に出迎えられるシーンが，この映画の中にあった。2015 年，ヨーロッパ各国の代表が競うユーロビジョン・ソング・コンテストに PKN はフィンランド代表として出場している。パンクだから演奏技術が下手でも，洗練された歌詞でなくてもバンドとして成立するのであり，これもロックの可能性を広げることである。

6. ストリートから生まれたラップ

　黒人のリズムアンドブルースから誕生したロックンロールはロックミュージックとなり，人種音楽から世代音楽となる一方で，黒人たちの手から離れてしまった。黒人音楽はソウルミュージックとなり，1970 年代にはディスコミュージックとなって世界的にヒットした。華やかなディスコティックに行くことのできないニューヨークのハーレム，サウスブロンクス，クイーンズ地区などのアフリカ系やヒスパニック系の貧しい若者たちは，公園で DJ パーティーを開き，楽しんでいた。

　ラッパーの ICE-T が監督した 2012 年のドキュメンタリー映画『アート・オブ・ラップ』において，ロード・ジャマーは次のように証言している。

　　　「無から何かを生み出した。ヒップホップでな。それがヒップホップの精神だ。というのも，当時は学校から楽器類が消えていった時期だった。楽器を演奏する黒人も以前は珍しくなかった。ピアノやギター，管楽器だって身近な存在だった。だが，ある日を境に楽器類が学校から消えた。

経済のせいとかでさ，教育費が削減され楽器がなくなったんだ。アメリカの音楽，ジャズを生んだのは黒人なのにさ。そこで，どうしたか。管楽器やドラムなどの楽器はない。そもそも自宅には楽器を置く場所もない。都市部の公営住宅だからな。そんな中，ただ一つ音楽を奏でてくれたレコードプレーヤーを楽器に変えたんだ。発想の転換さ」

　楽器さえなく，親世代のソウルミュージックのレコードをサンプリングしたサウンドに自分たちのライム（歌詞）をのせる。ほぼメロディーはなく，リズムに合わせて韻を踏んだ言葉を叩きつける。80年代から90年代のラップの歌詞は，自分を自慢する，他人をディスる，政治への文句に大別でき，内省がなく自慢があり，謙虚さがなく傲慢がある（バーダマン・里中，2018）。ラップでは自分がいかに強く，相手がいかに取るに足りない存在であるか，ラッパー同士が互いにけなし合うバトルが行われることもある。前述の映画『アート・オブ・ラップ』において，KRS-Oneは次のように証言している。

　　「バトルを通じて有名になるMCもいる。昔はバトルを"ダズン"と呼んでた。問題がある奴隷はまとめ売りをされた。手足をけがしてたり，精神的に問題があると，12人セット，つまり1ダース（ダズン）で売られたんだ。その12人の奴隷たちは互いをけなし合った。このやりとりが"ダズン"と呼ばれた。バトルの概念は"ダズン"と呼ばれるこの風習から来てる。攻撃的な言葉の応酬で相手と競い合うんだ。本物のケンカにもつれ込むか，片方が泣き出すか，またはジャッジが勝者を宣言するまでね。これがラップに変化し，ズールー・ネイションが言い出した。"撃ち合ったり殴り合わなくても闘える。ダズンという風習を利用し，言葉のスキルを競うアートにしよう"」

　ニューヨークの貧困層のストリートギャングたちの中に，チーム同士のいざこざを解決するために実際の暴力抗争ではなくラップバトルを行う者が現れたのである。ストリートギャングたちの暴力抗争の代用になるくらいなの

だから，彼らが生み出したラップは暴力的で侮蔑的な言葉遣いであった。彼らはギャングたちの抗争，麻薬，窃盗と逮捕，そして売春などの彼らの日常をライムにした。スラングや隠語も多く，大人たちには反社会的で反倫理的と映った（バーダマン・里中，2018）。エミネムなどの白人ラッパーのアルバムも世界的にヒットしているが，ラップはあくまでも黒人の音楽という性質を失っていない。楽器ができなくても，音楽に乗せて自分の言葉を伝えることができるラップは，パンク以上の大衆性とメッセージ性を持った自由な音楽と言うことができるだろう。

7．メインカルチャーとサブカルチャー

　前述のように，サブカルチャーの「サブ」とは中心に対する周縁，正当に対する雑種，高級に対する大衆などを意味し，由緒正しいものではなく裏のあやしげで危険な魅力あるもの（伊奈，1999）である。サブカルチャーとは，メインカルチャーに属する「良識ある大人」から見ると，下等でいかがわしい文化である。その下等ないかがわしさがサブカルチャーとしての正当性，あるいは由緒正しさと見なされることもある。

　例えば，ローリングストーンズのミック・ジャガーは中流階級の出身で，ロンドン大学を構成するロンドン・スクール・オブ・エコノミクスで学んでいるが，労働者階級出身のように振る舞うことも多い。ゲットー出身であることがラッパーの正当性なので，中流家庭出身であることを隠したりゲットー出身と偽ったりするラッパーも出てきた（バーダマン・里中，2018）。メインカルチャーから見た周縁性や下層性が，サブカルチャーにおいては正当で由緒正しさを示す属性に逆転するのである。自分たちを馬鹿にし見下すメインカルチャーの奴らを，サブカルチャーの中では自分たちより遙かに低位な者と見下すことができるのである。これは社会の中で支配され，抑圧され，差別される者にとってきわめて魅力的なことだろう。若者たちはその出自がどうであれ，「良識ある大人」が支配するメインカルチャーの中では，支配される力なき者である。若者たちがサブカルチャーに魅力を感じるのは，周縁

性や下層性が正当性と由緒正しさに逆転するからだと考えることもできる。この逆転が社会の価値観や社会階層を変革する力になるのである。社会的に上位であると思っているメインカルチャーにとって，サブカルチャーが持つ逆転の力は，自らの権威や価値観を無効化する潜在的な力を持っているために，脅威となるのである。

　歌舞伎は出雲阿国の「かぶき踊り」から始まったとされている。その後，遊女屋の遊女歌舞伎や若衆歌舞伎となって日本中に広がった。色街で普及した歌舞伎の役者は「河原者」と呼ばれ，江戸時代の身分的には士農工商の外にいる被差別民だった。しかし現在，歌舞伎は日本を代表する伝統芸能の一つと見なされるようになり，1965年には重要無形文化財に指定された。周縁の色街で普及したサブカルチャーがメインカルチャーになったのである。伝統的な演目を守るだけでなく，近年歌舞伎は『ワンピース』や『風の谷のナウシカ』などの人気マンガやアニメを新作歌舞伎としたり，舞台上に映し出されたボーカロイド「初音ミク」と歌舞伎役者が共演するなど，現代のサブカルチャーを取り入れて新たな人気を獲得している。サブカルチャーとメインカルチャーが互いに影響し合い，サブとメインの立場を逆転させ，新たな要素を取り入れて社会の価値観を更新し，活性化させていくのである。

　2016年4月に施行された「コンテンツの創造，保護及び活用の促進に関する法律」は，コンテンツの創造，保護及び活用の促進に関する施策を推進し，国民生活の向上と国民経済の発展に寄与することを目的として制定されたものである。この法律でいうコンテンツとは，「映画，音楽，演劇，文芸，写真，漫画，アニメーション，コンピュータゲームその他の文字，図形，色彩，音声，動作若しくは映像若しくはこれらを組み合わせたもの又はこれらに係る情報を電子計算機を介して提供するためのプログラムであり，人間の創造的活動により生み出されるもののうち，教養又は娯楽の範囲に属するもの」であり，「国民の生活に豊かさと潤いを与え（中略），海外における日本の文化等に対する理解の増進に資するもの」と規定されている。

　従来，子どもから若者向けの娯楽であり，「オタク文化」とされあまり高級な趣味とは見なされてこなかったアニメーション，マンガ，ゲーム，スト

リート・ファッションなどの日本のポップカルチャーが，文化的にも経済的にも日本を代表するコンテンツと見なされるようになったのである。

　無論，サブカルチャーはコンテンツ産業と結びついたものばかりではない。前述の潜伏キリシタンの文化は「長崎と天草地方の潜伏キリシタン関連遺産」として 2018 年 UNESCO の世界文化遺産リストに登録された。また同じ 2018 年，秋田県牡鹿市のナマハゲなど 10 の祭礼や行事が UNESCO の無形文化遺産に「来訪神：仮面・仮装の神々」として登録された。これらはそれぞれの土地に受け継がれた信仰と結びついたサブカルチャーである。これらを観光資源として売り出し産業化すればコンテンツ化することは可能だろうが，それは副次的な問題である。

　ともあれ，今我々がサブカルチャーと呼ぶものの多くは，メインカルチャーに属する良識ある大人たちが歓迎しない若者文化という出自を持つ。メインカルチャーの大人たちが否定するコンテンツを受容するという意味で，反抗する若者の文化と言うこともできる。多くの場合若者たちの意識の上では，その「反抗」は自分が好きなものを大人に反対されたことにより生じる「反発」だろう。しかし，メインカルチャーの大人たちの目には，自分たちの文化的権威基盤を尊重せず否定する「反抗」と映る。自分たちが好きなものを好きであり続けることによって，それを社会に認知させ受け入れさせ，社会を更新し活性化させていく。サブカルチャーにはそのような力があるのである。

8. まとめ：コンテンツとしてのサブカルチャー成立の条件

　コンテンツとしてのサブカルチャーが成立するためには，いくつかの条件が必要である。第一に，社会がある程度平和で安定し，様々な趣味や遊びを許容する寛容さを持つことである。戦時下や独裁体制の社会では文化の多様性が制限され，権力者の推奨する文化への同調が求められる。潜伏キリシタンのようなサブカルチャーは成立しても，コンテンツ産業を伴うサブカルチャーは成立できない。第二に，コンテンツやグッズを購入し消費する経済

力を持つ層の存在である。第三に，社会の主流文化を担う層からは歓迎され
ないコンテンツを愛好する消費者の価値観と，その価値観を共有するコンテ
ンツの供給者の存在である。そして，コンテンツの供給者に憧れ，消費者か
ら供給者になる者の出現によってカルチャーシーンが活性化し，主流文化の
サブカルチャーに対する否定と接近が生じる。主流文化がサブカルチャーの
マイルドな部分を受容しサブカルチャーの大衆化が生じる。その一方で大衆
化に反対しサブカルチャーの極性化も生じる。このような過程を繰り返すこ
とで，サブカルチャーは行動レパートリーとして定着し，若者文化の一ジャ
ンルとなるのである。

引用文献

福屋利信（2012）．ロックンロールからロックへ——その文化変容の軌跡　近代文藝社

ギリス, J. R.（著）北本正章（訳）（1985）．〈若者〉の社会史——ヨーロッパにおける家族と年齢集
　　団の変貌　新曜社

伊奈正人（1999）．サブカルチャーの社会学　世界思想社

Savage, J.（2007）. *Teenage: The Creation of Youth Culture.* New York: Viking.

バーダマン, J. M., 里中哲彦（2018）．はじめてのアメリカ音楽史　筑摩書房

渡辺潤（2000）．アイデンティティの音楽——メディア・若者・ポピュラー文化　世界思想社

2章

オタクの系譜学

菊池　聡

> 本章では「おたく」の誕生から，現在の「オタク」へと変容していくオタク
> の系譜を考察する。
> すでにサブカルチャーのカテゴリを越えて日本を代表するコンテンツを作り
> 上げたオタク文化は，自明のように昔から存在していたわけではない。そこ
> には，若者に特徴的な心理・行動傾向が，おおよそ 1970 年代以降に日本社
> 会に次々と生じた出来事に翻弄されつつ一つの文化カテゴリを作り上げてき
> た変容過程が存在する。そして，そうしたオタク文化がまた日本社会のあり
> 方も変えてきた。こうした社会的相互作用としてのオタクの系譜を考えるこ
> とを通して，オタクというサブカルチャーと，世代を越えたオタク的な心性
> を多面的に理解していく。

1. なぜオタクの系譜学なのか

　私たちが，いま当たり前のように感じている文化や社会，思想は，その始
まりから現在のような姿だったわけではない。時代をさかのぼり，その概念
の変遷や言説の系譜をたどって，それがどのような経緯をへて今のような性
格をもつように至ったのかを明らかにする試みは，対象をより深く知る上で
重要な営みの一つである。本章では，サブカルチャー，特にその中でもオタ
クという概念の系譜をたどってみる。その中で，オタクが人間の心理と社会
の相互作用によって徐々に変容していく過程を考えてみたい。現在，誰もが
屈託なく，気軽に「俺ってオタク的なところあるから」「おまえオタクだ

ねー」と笑いながらアニメの話題ができるし，日常生活のエッセンスとしてオタク的な趣味を楽しむのも当たり前のことにすぎない。しかし，こうしたオタクのイメージは，その誕生時とは全く異なったものとなっている。そこには，1990年代から2000年代にかけての「おたく」から「オタク」への，オタク・ノーマライゼーションとも呼ばれる文化や通念の変容が関係している。これを詳細にふり返ることは，ある概念の共有が人の心理や行動に影響を与え，また，そうした人々が社会のあり方を変える過程を見ることでもある。フランスの哲学者ミシェル・フーコーは，それまで歴史学の対象となってこなかった身近な出来事を，歴史学のような真理の探究としてではなく偶然性に影響された結果としてとらえ，それを一つの立場から解釈していく系譜学を発展させた。フーコーの思想や哲学は独特かつ深遠なものであり，筆者の及ぶところではないが，ここではその考え方を都合よく模倣してオタクの系譜をたどり，オタク文化が現在の姿に至った社会的背景と，そこにかかわる人々の心理を考えていく。

メディア環境との関係

　手始めに，メディア環境との関係について考えよう。独自のオタク論で知られる精神科医の斎藤（2000）は，全く役にもたたず実利にならないことに熱中することをマニアとするならば，そうしたマニア的な人々（たとえば切手コレクターや昆虫採集，オーディオマニア）は昔から珍しい存在ではなかったという。そのマニアが，新しいメディア環境に対応して変化し適応放散したものが現代のオタクだという。適応放散とは，進化論用語で，同じ起源の生物が環境に適応して分化して多様な系統を作り上げていくことを指す。つまり現代のオタク文化は，サブカルチャーという言葉すらなかった時代から人が本来持っていた精神が，現代の環境，特に高度情報化社会の到来によって進化し適応をなしとげたものだというのである。確かに，オタク文化の発展には，初期においてはテレビや家庭用ビデオの普及がおおいにかかわり，現代ではインターネットをはじめとした情報テクノロジーと不可分の多様なジャ

ンルを生み出している。もちろんオタクに限らず私たちの社会通念や常識，心理は，こうした社会やメディアの影響を免れえない。しかもそれはテレビやSNSで報じられた主張に直接的に影響を受けるだけでなく，それがメディアの話題となり，議題設定がなされることにより一定の現実認識が培養され，社会に共有されていくプロセスが重要な役割を果たす。たとえばドラマや商業広告の中で描かれるジェンダー像が，旧来の男女の性役割を踏襲する表現であり，それが社会に発信され受容されることで，既存の固定的な性役割が強化されていく例などがわかりやすい。文化現象はその時そのときの社会状況や文脈によって有形無形の影響を受け，それがまた社会の変容を引き起こしていく。それは単にメディアとの相互作用というだけではなく，オタク文化においては，もっと大きなその時代の政治，経済，社会，思想の状況が，決定的に重要な関連性を持ちながら，現在のオタクが形作られてきたものと解釈できる。

　もちろん，オタクの変容の原因は何か，という問いに一つの解があるわけではない。社会現象はきわめて多様な要因が関係し，どれが原因でそれが結果かも非常にわかりにくい。本章では，心理学の観点から，いくつかの解釈を試みるが，人により異なる見方も当然ありうるだろう。筆者自身は業界人でもなく，心情的なものはともかく，いわゆるオタク的な活動とは深い関わりは持っていない。その点でオタクの渦中にある方々に比べれば細部や最前線において理解が至らぬヌルイ点もあるかと思う。しかし，本書でオタクをテーマに社会と心理の相互作用を考えることを通して，自分の思考が社会環境の中で作られていくことや，可能性を持つ自分の存在はさらに変わりうるものであり，そしてやがて社会をも変えていくことへの気づきを得てほしい，というのがこの章の主旨である。

　さらに言うならば，本章のような複層的なサブカルチャーの味わい方自体がオタク的ですらある。先に引用した斎藤は，オタクは虚構コンテクストと親和性の高いことを指摘している。単なる虚構ではなく，虚構「コンテクスト（文脈）」というのは，アニメ作品が成立するために複数の虚構レベルがあることなどが典型的である。たとえば作品に描かれる世界，作中に描かれる

作者の個人的な事情，作家とプロダクションの関係，楽屋裏。作品の流通経路，マーケティングの方針，批評的世界などがこれにあたる。そう考えてみると，オタク作品の楽しみ方として，その作品を複数の異なる見方で読み取ることに心当たりはないだろうか。たとえばコミックのコマの枠外に，作者が手書きで書き込んだ楽屋裏話のようなメタ情報が好きな人は，作品世界を読みつつも，それを別の文脈から見ることができる人である。そして，こうした多面的なものの見方ができるオタクこそ，90年代に「オタクエリート」として論じられたものである。その意味で，本書を手に取っていただいた現代のライトなオタクの皆さんには，ぜひ自分が入れ込んでいるオタクカルチャーを，文脈を変えて，その系譜という複層的なコンテクストから掘り下げていく見方も体験していただければと思う。

2. 「おたく」の黎明と誕生

まず，1980年代のオタク黎明期にさかのぼる。この時代を経験した筆者の世代にとって，典型的なオタク像として最も腑に落ちる表現は以下のようなものである。

> サブカルチャーと言われる何らかのジャンルにマニアックに没頭し，同好の仲間と距離をとったつきあいを持つ以外は，一般的コミュニケーションが苦手で自閉的で根の暗い少年たちへの蔑称を含んだ呼び名（浅羽, 1990）

これは，オタクの定義として，現代も変わらぬ要素を含んでおり，一方で現代のオタク文化をあたりまえのように享受している人にとっては多少の違和感を覚えるものであろう。ここに，黎明期のオタクの重要な特徴のいくつかがとらえられている。

まず，文化ジャンルとして「サブ」カルチャーであること。あるジャンルへのマニアックな没頭はいつの世でもあったことだが，オタクは本書1章で

述べられているように，社会に容認されるメインな文化ではない。あえていうなら，いい年をした大人が夢中になるようなものではなく，どこかの時期で卒業すべき，若者向け文化のジャンルであるということだ。

　もう一つの特徴は，オタクはそうしたジャンルであることと同時に，そこへの没頭の心理行動様式が尋常ではないレベルだという点である。マニアックとはもともと狂気を帯びたというネガティブ表現であることに注意したい。そして，この心理行動特性は，コミュニケーション不全・自閉的傾向といった対人行動の困難さに特徴づけられている。

　このオタク像はこれから概観していくオタクの歴史の初期に主流だったものである。一方，平成後期から令和に至る現在ではアニメはすでに日本のメインカルチャーになったという解釈もできるし，オタクの若者たちは屈託なく明るくオタク活動に青春を送っているだろう。リア充オタクという存在も珍しくはない。なぜ，こうした変化が起こったのか，その背景には何があったのだろうか。ここから現代の「オタク」と，初期の「おたく」の表記を，使い分けていきたい。

　この概念は，後述するように 1983 年に「おたく」という術語として誕生した。ということはそれ以前から，いい年をした青少年，若者が，子どもじみた文化，アニメやマンガに夢中になる現象は，ひっそりと存在していたのである。これに対しサブカルチャーの担い手であるはずの多くの若者の指向性や熱量は，主として政治運動や社会変革に向けられていたことはオタク前史として抑えておかねばならない。1960 年代から 70 年代にかけては世界的に学生運動が盛り上がりを見せた時期である。しかし，理想を掲げたはずの運動が内ゲバに終始するようになり，連合赤軍事件を経て政治の季節は決定的に衰退することになった。ここでの挫折を経た若者たちの一部がメインカルチャーに対峙するサブカルチャーの興隆の一つの原動力になったと考えられる。いわば「知的で先鋭的な若者たちが形成する都市文化の中心が，政治運動からサブカルチャーに移行していった」（宇野, 2018）ことがオタク文化の下地を作った。この経緯は，現在のポップなオタク文化とは全く関わりのない話のようにとらえられるが，初期のオタク文化を考える上で，見落とされ

がちだが重要な点である（関心のある方は，宇野（2018）や，80年代のおたく文化の台頭を「見えない文化大革命」ととらえた大塚（2016）を参照いただきたい）。

　一方，60年代から70年代にかけて，テレビが一般家庭に普及するようになった。1963年には手塚治虫による初の国産アニメーションシリーズとして『鉄腕アトム』の放映が始まり，テレビの普及と共にアニメは重要なコンテンツの一つとして多くの「子どもたち」に受け入れられていく。こうしたアニメーションが，いわゆるマンガ映画として消費されていく中で，1974年に放送された『宇宙戦艦ヤマト』は，当時としてはリアルな設定や高年齢層向けの物語から，再放送や1977年の劇場版で人気が高まり，青少年や若者がマンガ映画に殺到するという社会現象を引き起こした。このヤマトの成功によって，日本の商業アニメでは，若者世代をターゲットとしたアニメの制作が盛んとなる。その流れの中で，『機動戦士ガンダム』の放映が1979年から始まっている。

　この時期，上記のアニメのジャンルからもわかるように，学生運動後に若者が志向したオタク的サブカルチャーの受け皿として機能し，後のオタク文化を築く母体となっていたのがSF（サイエンス・フィクション）であった。SFが描く仮想の世界を借りて，実現し得なかった現実社会での変革や，さまざまな思考実験が可能になるのである。現在，SFは一つのジャンルとしてはほぼ消滅したともいえるし，あらゆるジャンルに，SF的な思想はごく自然に吸収合併されたともいえる。また，SFとオタクの関連として，忘れてはならないのが非常に初期からSFを愛好するファンの集まり（ファンダム）が形成され同人誌文化も形成されてきた点である。これはコミケ文化の母体の一つともなり，『宇宙戦艦ヤマト』の成功は，そうしたファン活動が大きな影響を与えた典型例である。加えて，この時期に同じように大きな影響力を持ち，やがて消滅したジャンルにオカルトがある。これは8章であらためて考えたい。

　ともかくも，80年代以前から，いわゆるオタク的なサブカルチャーには，若者たちが集まりつつあり，独自の文化を形成していたことは間違いない。第1回コミックマーケットは1975年にはじまり，当時のサークル数32，参加者数700人余りだったと記録されている。この小さな種子が，2019年には

サークル数3万2千，参加者数73万人に成長する。

　そして「おたく」という言葉はこれらの黎明期のサークル活動の中で自然発生的に使われていたようだ。これは，第一には，相手を名前で呼べずに距離をとった「おたく」という呼び方をする点でコミュニケーション不全を揶揄する表現でもある。ただし，この言葉は基本的に丁寧語であり，相手の所属組織を指す言葉である（「おたくの学校では，」「おたくの息子さんは，」）。コミケなどの参加がサークル単位であることから，こうした場で多用されていたことも見逃せない。

　こうして迎えた1983年が「おたく」誕生の年となる。社会はバブル前夜，東京ディズニーランドが開園し，任天堂からは初代のファミコンが発売された。この年，マイナーなロリコン漫画雑誌『漫画ブリッコ』誌上で，コラムニストの中森明夫が「おたくの研究」というコラム記事を3回にわたって連載した。これが，メディアにおいて「おたく」という名称と概念が明示された最初であるとされる。

　この中森が記述した「おたく」は，コミケに集う少年少女たちの外見や行動様式の「異様さ」を揶揄する差別的な表現に満ちていた。一部を引用してみよう（中森, 1989）。

　　コミケット（略してコミケ）って知ってる？　いやぁ僕も昨年，二十三才にして初めて行ったんだけど，驚いたねー。これはまぁ，つまりマンガマニアのためのお祭りみたいなもんで，早い話しマンガ同人誌やファンジンの即売会なのね。それで何に驚いたっていうと，とにかく東京中から一万人以上もの少年少女が集ってくるんだけど，その彼らの異様さね。なんて言うんだろうねぇ，ほら，どこのクラスにもいるでしょ，運動が全くだめで，休み時間なんかも教室の中に閉じ込もって，日陰でウジウジと将棋なんかに打ち興じてたりする奴らが。

　　　　　　　（延々と異様さの描写が続くので中略）

　　それでこういった人達を，まあ普通，マニアだとか熱狂的ファンだとか，せーぜーがネクラ族だとかなんとか呼んでるわけだけど，どうもしっ

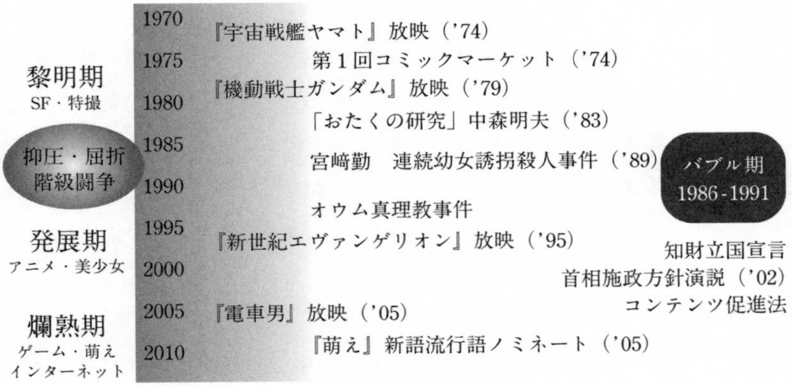

	1970	『宇宙戦艦ヤマト』放映（'74）
黎明期	1975	第1回コミックマーケット（'74）
SF・特撮	1980	『機動戦士ガンダム』放映（'79）
		「おたくの研究」中森明夫（'83）
抑圧・屈折	1985	宮崎勤　連続幼女誘拐殺人事件（'89）	バブル期 1986-1991
階級闘争	1990	オウム真理教事件
発展期	1995	『新世紀エヴァンゲリオン』放映（'95）
アニメ・美少女	2000	知財立国宣言 首相施政方針演説（'02）
爛熟期	2005	『電車男』放映（'05）	コンテンツ促進法
ゲーム・萌え インターネット	2010	『萌え』新語流行語ノミネート（'05）

図 2.1　オタク年表

くりこない。なにかこういった人々を，あるいはこういった現象総体を統合する適確な呼び名がいまだ確立してないのではないかなんて思うのだけれど，それでまぁチョイわけあって我々は彼らを『おたく』と命名し，以後そう呼び伝えることにしたのだ。

　雑誌の編集長であり，後に作家・評論家として活躍する大塚英志は，この「おたく」は明らかに蔑称であり，あからさまな差別用語にほかならないとして連載は3回で打ち切られた。しかし，ここで「おたく」という言葉が作られることによって，おたくの概念が急速に形成されたことが重要である。おたくという言葉の誕生は，すでにあった同人誌やその周辺の人々の文化や行動に名称ラベルを貼ったというだけではない。構造主義言語学のいうように言葉によって私たちの物の見え方は獲得されるのである。すなわち，概念が特定の言葉で表されることによって，この言葉が世界を切り分け，意味が分節化され，言葉に沿った思考が形成されてくる。これはサピア・ウォーフの仮説としても以前から知られていたが，認知心理学の研究からは，言葉（命名）によって，あいまいな対象の知覚がそのカテゴリの方向にゆがみ，カテゴリ知覚が促進されることが明らかにされている（こうした言語に関する心理学の諸研究に関しては今井（2010）がわかりやすい）。おたくの文化や行動特性

においても，中森以前から，ファンやネクラ，ロリコンと呼ばれたおたく的なものはあったが，そこに「おたく」という言葉ができたことで，見かけの類似性やジャンルを超えた「おたく」概念の同一性認識が形作られたのである。そして，このカテゴリによってまたおたく活動の幅も変化していくことにつながるのである（團，2013）。

ただし，現在のようなメディア環境など望むべくもないこの時期に，非常にマイナーな漫画誌に登場した「おたく」は，こうした読者やコミケ参加者のみの知る人ぞ知る，マニアックな隠語でしかなかった。

3. 「おたく」ステレオタイプの誕生

成人向けマイナー雑誌で誕生した「おたく」が，いわばメジャーデビューしたのは，1988年から89年にかけて幼女4人が連続して誘拐殺害された警察庁広域重要指定第117号・連続幼女誘拐殺人事件がきっかけである。一般的には宮﨑勤事件として知られる。この事件が，おたくのイメージを世間に決定づけ，「おたく界のローマ大火」とも呼ばれるスティグマ（社会的烙印）となった。

この事件では，幼女4人が犠牲になっただけでなく，女性名で犯行声明が届けられたり，被害者の遺骨が家族に送りつけられるなど，犯行の異常さがきわだつ劇場型犯罪として世情を震撼させた。さらに89年に宮﨑勤容疑者（2008年に死刑執行）が逮捕され，殺到したマスコミによって宮﨑の個室の様子がメディアに報じられ，その情景が社会に衝撃を与えた。そこには5,787巻のビデオやマンガが山のように積み上げられていた（図2.2）。後の裁判では，ビデオのほとんどは通常のテレビ番組録画であり，当時報じられたようなホラーやロリコンのビデオの山というのはマスコミが作り出した誤誘導であることが明らかになる。しかし，宮﨑を「おたく」に結びつける報道の数々に接した一般市民には，「おたく」の異常なイメージが形成されることになった。すなわち，自分の殻に閉じこもって，マンガやビデオゲームに没頭する「おたく青年」は，社会性がなく現実の異性と人間関係がむすべない。

図 2.2　宮﨑勤死刑囚の部屋（写真提供：毎日新聞社）

そのため，フィクションと現実の区別がつかない異常な犯罪を平然と犯すことができる，というストーリーがこの事件によってできあがったのである。

そのプロセスは，山崎（1989）が端的に指摘している。すなわち「不可解な事件」が起こると，それを特殊化（特異な家庭環境，性癖）するなり，普遍化（第二・第三の宮﨑）するなりして，なんとかその不可解さを一定のイメージや物語に定着させて，人々をひとまず安心させる。それがマスコミの仕事だ。

この「仕事」は，これ以降のおたく文化のあり方を決定づけることになった。

概念や言葉が一般にどれほど認知されたかを知る一つの手がかりとして，その時代の重要用語に新語を加えて収録した年鑑である『現代用語の基礎知識』（自由国民社）をさかのぼってみると，「おたく」は，宮﨑事件後の 1990 年に初めて収録されていた。この用語説明に，現代のライトなオタクは衝撃をうけるかもしれない。

1990（『現代用語の基礎知識』）

自分のことしか考えられないミーイズム世代がハイテク社会のとりこになった結果，宮﨑勤のような不気味で非人間的な孤立人間の劇場型犯罪

が激発する傾向にある。ネクロフィリア（屍姦）やペドフィリア（小児性愛），フェティシズム（呪物崇拝）から始まって，リカちゃん人形偏愛症やコンピューター・ハッカーに至るまで，外なる世界との回路がプッツンした人間が，あまりにも無機質化したキーボード社会を中心に異常増殖しているらしい。

1991

幼児誘拐殺人犯の宮﨑勤は自分の部屋にこもりきって，数百本のビデオを見るような人みしりをするようなタイプで，人と会うとき，名前を呼ばずに「おたく」と呼びかけたという。宮崎に限らず，アニメやパソコンなどに熱中するタイプに対人恐怖症的な傾向が認められ，そういうおたく族は二〇代前半の男子を中心に急増しており，宮﨑事件は氷山の一角にすぎない。

このように，おたくは異常犯罪者のイメージと不可分の形で一般社会に知れ渡ったのである。ここで犯罪統計データを確認しておけば，日本における青少年の凶悪犯罪や子どもが犯罪被害になる件数は，1960 ～ 70 年代から一貫して減り続け，現在では歴史的にも国際的にも非常に低いレベルで横ばいとなっている。少子化による補正を考慮しても，日本の青少年は，世界で最も犯罪に手を染めることも犯罪被害者となることもない。もし，マンガやアニメに夢中になることで，こうした犯罪が生じるとしたら，80 年代以降のおたく文化の普及と客観的事実は全く合致しない。近年の体感治安の悪さをもたらしているのは，凶悪犯罪に対してメディアの報道量が大きく影響しているためである。これは利用可能性ヒューリスティック（直観的な判断が，認知的に利用可能な情報に左右される傾向）の典型的な例である。ただし，私たちの認識は統計的客観データで容易に変わることはない。後年，年少児が犠牲になる痛ましい殺人や誘拐などの事件が起こるたびに，このステレオタイプは引用され続ける。90 年代以降の現代のオタク像への変化は，世の中の多くのステレオタイプのありかたと全く同じく，理性やデータでなされたわけでは

ないのである。

4. おたくステレオタイプの転換点は何か

　現在の大学生たちに，何が「おたく」への偏見を変えたのだろう？と質問すると，ジブリアニメや手塚治虫作品が大人にも再評価されたり，ゲームが文化として認知されたりしたことが大きいのではないか，と「おたくコンテンツ」の充実や，それによるファン層の拡大を挙げる学生が多い。中には，鋭い目の付け所として，おたく文化で育った人が社会の中核になってきたからという世代交代論もある。

　これらは，確かに重要ではある。しかし，初期のおたくステレオタイプが，宮﨑事件という外的な要因によって形作られたように，現在のようにオタクが広く受け入れられる過程は，文化に内在するものではなく，社会状況の変化によってもたらされたと考えられる。中でも最も強力な影響をもたらしたのは，バブルの崩壊による日本経済の変化，簡単に言うと，没落である。

　放送禁止用語にも指定されていた「おたく」という表現（岡田, 1989）が，宮﨑事件という文脈以外に，メジャーなメディアでポジティブな意味で使われたのはいつごろからだろうか。その手がかりを朝日新聞記事データベースで探してみると，その最初期は 90 年 3 月 10 日の「ウイークエンド経済」という経済記事であった。

　そこでは，「消費最前線に変化あり　あなたもおたく族している？」と題された記事で，知識豊かなこだわり派として，新たな消費者のありかたとしておたくが紹介されている。

　つまり，おたくが注目されたのは，その経済的役割であって，それはまさに日本の経済状況の悪化を表している。日本経済は，80 年代後半，バブルと呼ばれる好景気に未曾有の盛り上がりを見せた。不動産は高騰し，東京 23 区の地価でアメリカ全土が買えるとまで言われた。この資産価値の上昇によって，高度消費社会が進展し，ブランドものの服でも車でも不動産でも，高価なものから飛ぶように売れたという。消費こそ善という価値観が蔓延した時代であ

る。若者の間では，こうした消費文化と直結した恋愛を楽しむ傾向がもてはやされ，そこに生じる階層や葛藤も含めて「恋愛資本主義」とも揶揄された。テレビでは，トレンディ・ドラマが人気を博することになる。

　もちろん，旧来の意味でのおたくたちは，この流れの外にあり，恋愛資本主義からもバブル市場からも疎外者として扱われていた。しかし，バブル崩壊で状況は一変する。90年3月に金融引き締め，不動産融資総量規制が行われバブルがはじけ，日本は長い不況の時代に突入した。我が世の春を謳歌した消費文化は一気に縮小し，消費の低迷は深刻な状況となっていったのである。

　この経済的不況の到来で，おたく消費が注目を集めることになる。すなわち，おたくは流行に背を向けて，自分が好きなジャンルのものであれば，たとえ自分の生活（や家庭生活，人間関係すら）を投げ打ってでも，映像ソフトやゲームソフトにお金を使うのである。バブル期には大きな市場の陰で見向きもされず，ごくニッチな状況であったが，おたくたちはアニメに同人誌に秋葉原に堅固な経済圏を形作ってきた。日本経済の地盤沈下によって，このおたく経済が相対的に浮かび上がってきたのである。

　この状況を象徴的に表すのが，時代的には少し下がるが，日本でも有数の経済系シンクタンク，野村総合研究所（NRI）が2005年に発表した『オタク市場の研究』というレポートである（野村総合研究所オタク市場予測チーム，2005）。ここでは，おたくの定義を「強くこだわりを持っている分野に趣味や余暇として使える金銭または時間のほとんどすべてを費やし（消費特性），かつ，特有の心理特性を有する生活者」としている。つまり，自分の趣味に躊躇なく金銭をつぎ込める，とおたくの定義が変更されている。宮﨑事件で異常者のレッテルを貼った社会が，消費市場の低迷という現実の前に豹変したのである。ちなみに，このレポートではおたくの心理特性を，「共感欲求」「収集欲求」「顕示欲求」「自律欲求」「創作欲求」「帰属欲求」という6つの因子で説明しており，かなり意図的に旧来のおたくステレオタイプからの脱却が図られているように読める。その後，多くの企業がオタク市場をターゲットとしたマーケティングに次々と乗り出したのは，当時のおたくた

ちには驚きをもって迎えられたが，こうした動向は現在では全く珍しいことではなくなっている。

　経済の動きに政治も連動した。2002 年に当時の小泉首相は施政方針演説の中で「知財立国宣言」を行い，知的財産戦略会議を設立する。経済産業省は「コンテンツ産業による波及効果は，経済文化の双方から国家ブランド価値増大に貢献」するという方針を打ち出した。これらは輸出産業振興による経済浮揚を意図しての施策である。続けて制定されたコンテンツ促進法（第二条）では，映画・音楽・演劇・文藝・写真と並んで，漫画・アニメーション・コンピュータゲームを産業と位置づけた。2000 年に「文部科学白書」がマンガを日本の代表的な文化として紹介したことも，当時のおたくたちを驚かせた。かつて教育界にとってマンガは俗悪な撲滅すべき対象ですらあったのだ。手塚治虫や永井豪の作品が弾圧の対象となり，ＰＴＡの悪書追放運動によって焚書まで行われたことを初期のおたくたちは忘れない（焚書は比喩ではなく，本当にマンガが校庭に集められて燃やされる例が相次いだのである）。そのマンガが，日本を代表する文化として位置づけられたというのだ。日本の大人たちはおたく国策化へと，手のひらを返したのである。ここに太平洋戦争の敗戦後，軍国主義から民主主義へと手のひらを返した大人たちに抱いた強烈な不信にも似た，初期のおたくにとっての自己認識の問題が浮上するのである。

5. おたくエリート論の台頭

　おたく文化の渦中にあった青少年たちは，大人たちの思惑に基づく「おたく（経済）評価」の流れを，基本的には前向きにとらえた。当時，おたく文化の享受者であった筆者もそんな一人だった。流通するコンテンツが増加し，ニッチな関連商品も市場に投入されるようになるのは，金はかかるが単純にうれしい時代の到来に違いない。しかし，初期のおたく（第一世代と称される人たち）が心理的に混乱したことも想像に難くない。彼ら，彼女らは，それまでの白眼視や差別に耐えて，それでもその趣味を追い求めてきた層である。学生運動以来のメインカルチャーに対する反発もあっただろう。世間や親の

迫害にめげることなく，自分の好きな「子どもじみた趣味」にこだわり続けた。だが，そのことを堂々と語ることは世間体から難しく，そのために自らを「おたく」と自虐的に自己規定し，疎外されつつも小さなコミュニティを築いてきたのである。そんな自分は全く変わっていないのに，その価値観がにわかに転倒した。背景に経済的なオトナの事情を見つけ出した者は，さらにシニカルとなるだろう。

　また，こうしたおたく許容的な環境は，おたくマインドの変質にもつながる。認知的不協和理論が示しているように，強い禁止や制止は，対象に対する興味関心を持続強化するが，その禁止や障害が弱い状態では，かえって情熱が失われてしまう傾向が生じる。不協和がこうした心理的作用を促すことは，障害が多い恋愛（たとえば親が絶対反対）で，特に愛情がかき立てられる現象などに見られ，ロミオとジュリエット効果という俗称もある。おたくをめぐる社会状況の変化は，いわば第一世代のおたくにとってアイデンティティの揺らぎをもたらしたと想像できる。

　こうした状況下で，オタク精神の拠り所として大きな影響をもたらしたのは，古くからのおたく文化の中で育ったおたく第一世代がメディアの発信の側に回り，思想的にも精神的支柱となる論を次々と発信したことである。中でもこの時期に社会的に影響力を持ったのは，岡田斗司夫であった。彼はSFファンダムで活躍したアニメ制作側の人間であり，おたくを称揚する多くの著書を世に出した。そこでは，おたくとは映像感受性を極端に進化させた眼を持ち，高度なリファレンス能力を持つと特徴づけられている。加えて，おたくの独特な外見も，流行のファッションに流されず，社会的な外見よりも自分を重視する新たなマーケットリーダーととらえられていた。東京大学では，多くのオタクカルチャー発信側の人間をゲストとしたおたくゼミを開講，屈折したインテリ学生をおおいにひきつけたのである。

　岡田は，いわゆるオタク文化にかかわる若者を，単なるファンと，対象に熱心にかかわるマニアと，そして「ジャンルをクロスオーバーした史観・世界観を持つ層」としてのおたくというヒエラルキーで表現し，おたくを最上層に位置づけた（図2.3）。すなわち，おたくとは簡単になれるものではなく経

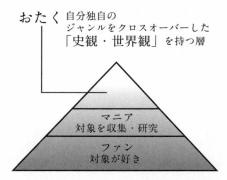

おたく 自分独自の
ジャンルをクロスオーバーした
「史観・世界観」を持つ層

マニア
対象を収集・研究

ファン
対象が好き

図2.3　岡田（1996）が提唱した「おたく」の位置づけ

済的，時間的，知性的投資を必要とする知的エリートなのである。当然これは，クリエイティブなおたくの理想像であり，多くのおたく消費者に通じるものではない。後に岡田は，一種のシャレで言ったことと述懐しているが，このおたく像は創造性に優れるクリエイター・80年代から苦難の道を歩んだ創世期のおたくの理想像を示し，アイデンティティ危機にある知的なおたく層の若者たちを勇気づけ，またそこから新しいおたく人材が育つ素地を形作ることになった。

　さらにこの時期には，岡田斗司夫だけでなく，唐沢俊一，本田透といった業界に深くかかわる論者だけでなく，浅羽通明，大塚英志といった言論人，秋葉原の都市論を発した森川嘉一郎，経済評論家の森永卓郎，社会学からは宮台真司，大澤真幸，精神分析の斎藤環，そして現代思想から東浩紀といった面々が，それぞれの立場からオタク論を世に問い，おたくの思想的基盤を形作っていった。中でも現代思想の面から独自の論考を展開した東浩紀については後述する。

　こうしたおたく再評価において見逃せない要因となったのが，日本のアニメが海外で高い評価を得て，その評価が日本に逆輸入されたことである。海外には宮﨑事件のスティグマは希薄であり，また子ども向けのアニメはもともとアジアや欧米の市場で（海賊版を含めて）よく知られていた。そのアニメ文化で育った若者に向け，日本のおたく的なアニメはジャパニメーションという言葉とともに作品としての影響力も持つようになった。『GHOST IN THE SHELL／攻殻機動隊』が1996年に全米ビデオ売上第一位を記録したというニュースや，ハリウッドの映画人がジャパニメーションにおおいに入れ込んでいるという話も，ほこらしげに日本にもたらされるようになった。

こうした動きは，世間的には，従来型の日本経済の衰退→おたく文化の海外輸出というマーケット拡大に第一の関心があったことは言うまでもない。実際には，日本のアニメーション作品（ジャパニメーション）が世界的には成功していると言いがたいことも，冷静に検証されている（大塚・大澤, 2005）。しかし，おたく層にとっては，いわばこの海外からの評価は，おたくの理論武装に「必要」だったと考えるべきだろう。すなわち，コンテンツの価値を語る上で，その素晴らしさは一部のおたくだけでなく，海外からも認められているのだという論法は，経済面はともかく，文化としてのおたくを軽蔑する世間に対する強力な反論の拠り所になる。すなわち，文化を見る目がないのは，あなたたち日本の常識人の方だ，という論法がなりたつのである。これは，自らのおたく趣味に後ろめたさを感じていればいるほど，必要な自己正当化でもある。

　日本では低く見られていた文化が，海外での評価によってその価値が再発見される例は他にもある。芸術というより一種の消費財だった「浮世絵」がヨーロッパの印象派の画家たちに驚きを持って迎えられ，ジャポニズムを生んだように，また日本でほとんど注目されていなかった黒沢明映画が，海外で評価されると日本を代表する巨匠と賞賛されるようにもなった。おたくの第一世代にとって，海外での評価は，一般社会に対する強力な理論武装として機能したのである。

　余談だが，こうした徹底した理論武装が必要だったジャンルが70～90年代にサブカルチャーとして一世を風靡したプロレスであった。世間から八百長と後ろ指をさされるサブカルチャーに入れ込むために，プロレスをめぐる言説は，時には「活字プロレス」と呼ばれるほど，時には実際の試合やレスラーをも凌駕して肥大化していったと指摘されている（大塚, 2016）。

　SFをはじめとした近代日本文化史に優れた切り口を見せた長山（2005）は，こうしたおたくの変化について，日本の若者がそれまで「正しい，正しくない」を規準にものごとを考えていたことに対して，「好き・嫌い」を公言し，実践し始めた意味で画期的な現象だったという。社会的正しさの呪縛は初期のおたくを縛り続けており，自分が成長せずに，自分の好きなことにこだわ

ることを「おたく」と卑下しなければならなかった。このように，正しいことや意義のあること，海外で評価されていることに仮託しないと自分の趣味にこだわることができなかった世代から，物心ついた頃からオタク文化に囲まれていた屈託のない世代へとオタク文化は引き継がれていく。こうした世代交代が，オタク文化の多様性をさらに広げていくことになった。

6. 高度情報化社会・ポストモダン

　オタクを社会との相互作用という点で見るならば，メディア環境の発達によって，大きく進展・変容し，またそのカルチャーが新しいメディア環境の変容をもたらすという循環が生じていることがわかる。初期のおたくカルチャーの成立にとってテレビとホームビデオ，そしてゲーム機が欠かせないものであった。そしてパソコン通信の時代から 1995 年（インターネット元年）を経て，インターネットを中心とした高度情報化社会の到来はオタク文化をさらに発展させ変容をもたらした。それは，ネットゲーム，ボーカロイド，YouTuber, e スポーツといった新しいテクノロジーと結びついた文化の登場や，インターネットを介してそれまで孤立していたオタクコミュニティが結びつき，発信や交流の場を爆発的に拡大させることにもつながった。特に，創作者にとっては作品発表の場としてのネットの占める割合は増加し，さらに創作者と消費者を直につなぐ SNS によるコミュニティ活性化は，マスコミの思惑を超えて広がった。こうしたインターネットテクノロジーの普及は，サイバースペースを舞台として現実の国家を超えたグローバルな市場や価値観を生み出す。グローバルな経済活動の先駆者となった経営者・企業家に，オタク文化のバックグラウンドがあることはよく知られている。

　注意すべきは，高度情報化社会は，インターネットやコンピュータといったテクノロジーの活用が可能になった（それによる直接の作用としてネットコミュニケーションや，新しい市場が可能になった）社会というだけの意味ではない。テクノロジーの利用は高度情報化の一要素にすぎない。高度情報化社会の到来は，人の価値観を変え，社会と文化の変容をもたらすのである。そこ

では，サブカルチャーとメインカルチャーという対立が無効になるという大きな変化がもたらされるのである。

　すでに80年代にアルビン・トフラーが予測したように，情報化の到来によって従来の物質産業から経験産業が経済の主役となるだけでなく，時間や距離という障害が克服され，誰でも情報を容易に入手活用できる環境が整う。これによって，既存の専門家や知の権威の特権が失われる。個別化分散化した情報発信や情報アクセスが可能となり，集権的なマス・メディアの影響力が低下する。それは，すなわち多様なサブカルチャーが発展する素地となる。何より情報化社会の進展は，価値観を相対化し，伝統文化やメインカルチャーの解体を促進するのである。この点を，宗教学者の井上（1999）は，伝統宗教の衰退として次のように説明する。たとえば，伝統ある宗教というと，東大寺の大伽藍にせよノートルダム聖堂にせよ，その目に見える偉容から，そこに宗教的な伝統や権威を誰にでも体感させるだろう。新興の小さな宗教教団にその伝統はない（だからこそ，新興宗教は大伽藍を作りたがるのだろうが）。しかし，伝統的な大宗教と，小さな新興宗教が，インターネットのカタログ上でユーザーの選択を待って並び立つ状況が生じるとどうであろう。ネット上の情報では，伝統があるからとか悠久の歴史があるからといった説得力が乏しくなる。伝統宗教を支える歴史的に蓄積されてきた価値や座標軸がゆらぎ，喪失されていくのである。このように，情報化社会の進展は「伝統的な宗教が持っていた価値も容易に相対化されてしまう」ことを井上は指摘した。これは文化的にもメインカルチャーの特権喪失，解体を促すのである。高度情報化社会においてサブカルチャーだったオタク文化は，メインカルチャーvsカウンターカルチャーの二元対立から，メインなしサブの横並び状況へと必然的に変化するのである。

　これを思想史的にとらえるならば，旧来大きな影響力をもって社会を規定していた近代思想が解体相対化され，そこにはポストモダンと呼ばれる文化思想状況が現出することに並行している。近代（モダン）文明とは，「大きな物語」と呼ばれるような理性や自由，進歩といった西洋的なイデオロギーの共有によって規定されていた時代である。そこには伝統的な文化や宗教も一

役買っている。ところが，そうした大きな物語が20世紀終わりには様々な機能不全を起こし，文化を規定する根本的な条件が変容するポストモダン状況に入ったとされてきた。そこでは，従来のイデオロギー体系が無効化し，オリジナルやコピーの区別すら意味を持たなくなり，情報の集積と消費によって文化状況が形作られていくとされる。この観点から，おたくと現代思想，日本社会を論じた東浩紀『動物化するポストモダン——オタクから見た日本社会』（2001）は，知的なオタクたちに大きなインパクトを与えた。

7. 90年代　おたくの変容

「おたく」が社会的に構成された概念であれば，社会が変わればおたくも変わる。おたくが変われば，社会も変わる。社会学者宮台（1998）は，90年代のおたくの変容を，男性のコントロール志向の地位代替機能という点から考察した。地位代替機能とは，現実の世界で思うように地位上昇できない人が，別の世界でその願望を達成することであり，俗世で望めない地位上昇を宗教教団などで埋め合わせることなどが代表的なものである。

　前述のように，初期のおたくはカウンターカルチャーの色合いを濃く持っていた。そこでは，政治運動に挫折した若者，また高度経済成長に乗れなかった者，そして受験競争や学歴社会での自己実現に失敗した若者，といった当時の社会階層での受難者が多く含まれていた。これらの初期のおたくには，社会で何事かを果たし得なかったという反動屈折と，それをおたくの中で上昇していこうという志向が残っていた。そこでは，あたかも一般社会の地位競争のように，「濃い・にわか」といったおたくのヒエラルキーや，蘊蓄競争のような階級闘争が顕著にあったと宮台は指摘している。これは，岡田のおたくエリート論や，浅羽（1998）による，「おたく高度『学歴』社会起源説」とも通底している。浅羽の論ではアニメやらSFやらの知識を受動的に集積するのがおたくであり，ジャンル内で完結する平面的な知識は本質論や体系化に向かわない点に特徴があるとしている。これは，各科目ごとに知識の集積を問われ，思考の意義や本質が問われることがない受験勉強と通底し

たものだという。すなわち，おたくの知識集積競争は，受験勉強による序列社会の地位代替ともとらえることができるだろう。ところが，日本社会が成熟停滞し，苛烈な競争が陰をひそめ，価値観の多様化の中で，上へ上ることの意味がわからなくなる時代へと日本は移行してきた。この成熟社会においては，上昇・コントロール志向はきわめて「見返りの少ない不適切な生き方」（宮台，1996）となる。そこで主流になるのは，みんな楽しくて幸せなコミュニケーションの時間を過ごしていくコミュニケーション志向がおたくカルチャーの主流化（おたくの女性化）となっていく。

　また，前述した岡田をはじめとした，おたくエリート論も，それまで差別疎外されてきたおたくを勇気づけることにはなったが，市場的には大きな問題をはらんでいた。おたくが，岡田の言うようにエリートであり知的投資を要するのであれば，おたく市場の広がりが限定されてしまうことは想像に難くない。経済を回すためには，もっと多くの人々を「おたく」にしなければならない。その仕掛けが必要になるのである。

　ここで「萌え」というキーワードが注目を集めることになったと考えられる。おたく層が嗜好する独特でロリコン的ともいえる要素は，おたく命名以前からも存在していた。しかし，その後に吾妻ひでおの作品世界に頂点を極めながらも，必ずしも初期のおたく文化では主流のものではなく，SFにおける重要な小道具の一つという位置づけだったように感じられる。しかし，そのおたくの嗜好を，直接的ではなくオブラートに包んだ形で表現した「萌え」という命名はインパクトがあり，90年代前半にインターネットで広がり，2005年に新語流行語大賞にノミネートされて社会に認知される。しかも，この「萌え」には，いわば性的満足をえるような正統的なセクシャルな要素ではなく，斜に構えた虚構的なセクシャルとして，多くのおたく層の琴線に触れるものであった。

　こうした「萌え」を中心としたおたく文化が，おたくの世代交代をおおいに促すことになる。屈折しながら自分の趣味を深く究めていったおたく文化から，おたく文化を一つのネタとしてコミュニケーションを楽しみ，オタクって難しいものではないんだ，萌えればオタクでいいんだ，という心理行

動傾向を主体とする（旧世代から見た）「ライト」なおたくが主流となる。そこに，以前のような偏見や屈折は払拭されていく。

　筆者は1998年と2007年に大学生を対象とした「おたくステレオタイプ」の調査を行った（菊池, 1999, 2008）。たとえば98年の段階で，おたくにネガティブなイメージを報告した学生は6割を超えていたが，07年にはその率が42％に低下し，35％がポジティブなイメージを記述するようになった。また，「自分のことを「おたく」と言われて，思い当たるフシがあるか」という問いに対して，肯定的な回答が増加し，「非常に思い当たる」と答える女性は倍増した（5％から15％へ）。

　萌えていれば誰でもおたくという思想的転回は，成熟社会に適応した，おたくのあり方として広く受け入れられた。この傾向は，1995年のアニメ『新世紀エヴァンゲリオン』や，2005年にテレビドラマとなった『電車男』のヒットで，一般にも広く浸透していった。ちなみに，『新世紀エヴァンゲリオン』は，長年にわたって独自の文化を築き上げてきた日本SFアニメの集大成にして最高峰という評価をためらうことなく与えられる作品であり，大胆で謎めいたストーリー展開やキャラクターの魅力，ビジュアル，音楽が詰め込まれ，その伝説的な最終回も含めて日本アニメの神髄とも言える傑作である（と思う）。しかし，この『エヴァ』の初期ヒットが，社会の主流（大人の企業人）にどう報じられたかというと，作品内容よりも映像ソフトやコミックなど関連商品の市場規模の大きさと，その後のアニメ投資の可能性といった記事ばかりであり，テレビアニメにおける制作委員会方式（リスク分散のための複数の企業による出資制作形態）の成功例として論じられていたことは，覚えておきたい。

　ともかくも，こうして90年代後半から2000年代にかけてからおたく市場とおたく層は爆発的な拡大を見せる。そこには，豊かなおたく市場文化の中で，屈託なく絶え間ない情報を享受するおたくを大量に生み出し，そうしたおたく層の広がりが，おたく文化の裾野を広げ，細分化し，屈折と反動をエネルギーとしたおたくの旧世代は一気に世代交代し，彼らを中心に熱く議論されていたオタク文化論も姿を消しつつある。一方で，物心ついた時からお

たく文化に慣れ親しんだ世代を中心に，旧世代からは想像もつかないような新たな創造性を備えたおたく市場やおたく文化が創り出されてきた。BL，歴女，2.5次元，地下アイドル，声優ブーム……。質量ともに充実したおたく分化は爛熟期を迎えているようで，まだまだこれからさらに変容と進化を続けるエキサイティングな世界である。

　繰り返すがオタクの変容には，こうした世代交代だけでなく，経済市場からの要請による国策化という側面があることを見逃してはならない。経済の衰退と，おたく文化に「すがる」政策がリンクするケースを，現在も見いだすことができる。平成以降の日本を静かに蝕む経済的大問題は，地方の人口減や地方経済の疲弊という形でも現実化した。度重なる地方活性化の施策をもっても，この地方の凋落は止まることがない。バブル崩壊でそれまで見向きもされなかったおたく経済が注目を集めたように，ここに至って地方の凋落にはアニメの「聖地巡礼」というキラーコンテンツがひねり出され（その初期においては素朴なオタクの行動だったにせよ），地方活性化の方策を探し求める地方自治体をも巻き込んだ観光地化の取り組みが引きも切らない状況が生じた。アニメやマンガの舞台となった現場を訪ねる聖地巡礼は，日本政策投資銀行が2015年にまとめたレポートでは，全国に5000のアニメツーリズムの聖地があるという（←すでにこの「日本政策投資銀行がまとめている」という点に何があるのか注目してほしい）。

　動機はともあれ，こうしたオタク文化の発展を受けて，旧来のネガティブなスティグマとしての「おたく」イメージを一新するため，カタカナの「オタク」表記が多用されるようになる。このおたく→オタクの変化はオタク・ノーマライゼーションと呼ばれる。カタカナ化は，単に表記の問題ではなく，そこに若者特有の心理的側面を反映した独自の意味を込め，差別化することを企図しているのである（則松・堀尾，2006）。

　こうしたオタク層の拡大は，オタク・ステレオタイプの変容を引き起こし，これがまた多様なオタク文化の変容を加速する働きが生じた。すなわち，古澤（2007）が言うように，一般の日本人にとってオタクが外集団から，内集団に変化したのである。初期のおたく迫害期においては，社会の主流から見

たおたくという集団は，わけのわからない連中が，内輪で意味不明な活動をしているという理解不能性を帯びており，それがおたくへの偏見につながっていた。このように集団外からの見方がステレオタイプ的な極端な見方に偏ることは，外集団均質化効果として広く知られている。一方で，自分が所属する集団は外集団よりも，優れたものであり，多様性を持つと評価される内集団バイアスとセットになると，そこに外集団を貶める差別意識が生み出される。これはおたく差別，民族間の人種偏見，ジェンダー差別などに共通する構造と言えるだろう。しかし，いまやオタク的な文化・産業は，はっきりと日本社会に地位を占め，少なくとも多くの人にとっては完全な外集団ではなくなった。その結果，オタクの多様性の認知が促進され，それがまた，オタク社会や文化を豊かなものにしていくという相互作用を加速していくのである。

8. 変わり続けるおたく

本書を手にした方は，おそらくは多少はオタク性の自覚があるに違いない。オタクの系譜をたどることは，オタクの文化や特性について理解を深めることにとどまらず，自分自身のアイデンティティを見つめ直すことにつなげてほしいと筆者は思っている。文化としてのオタクが社会との相互作用によって変容を続けてきたように，自分自身も社会との関わりの中でどのように生きてきたのだろうか，そして，どこに，どこまで行こうとしているのか。オタクの先人たちをたどる系譜学が自分自身を問い直すきっかけとなり，さらにあなたにとってのオタク文化を豊かにしていくことを願っている。

最後に，補足的ながら心理学の視点から興味深い潮流を一つ指摘しておきたい。それは，近年は「発達障害者」の社会への適応に多くの関心が集まっていることである。それに伴って無責任なものも含めて社会的な議論が過熱し，発達障害バブルとも言われる状況が生じている。特に自閉症スペクトラム障害（ASD）は，限定された行動や興味，その反復に強いこだわりを見せる特徴があり，しばしば対人コミュニケーションの持続的な欠陥を伴う。こ

れは，いわばステレオタイプ的な初期のおたくの特性と重なるものであり，実際に，いくつかの一般向け書籍では次のような記述が見て取れる。

> 「アスペルガー症候群に代表される高機能の自閉症スペクトラムの人たちは，成長するとともに『オタク』などと呼ばれるようになることがあります」（本田，2013）
> 「自閉症スペクトラム障害というものの実態は (1) 対人関係の形成，コミュニケーションが不得手で (2) 興味の範囲が著しく限られていたり，こだわりが激しい（つまり，いわゆるオタク的特徴が顕著な）……」（シルバーマン，2017；訳者あとがき）

　肝心なのは，こうした発達障害とオタクの共通点を指摘する一般向けの書籍では，発達障害による当事者や周辺の困惑や不全行動を認めながらも，その延長線上に，おたくが見せる創造性，集中力，こだわりを発達障害の個性としてポジティブにとらえる視点とその評価が見られることである。こうしたオタク的な特性が発達障害者の「特異な才能」の発揮につながり，たとえば，スティーブ・ジョブズやビル・ゲイツ，エジソン，アインシュタイン，キャベンディッシュ，マックスウエルといった，錚々たる面々が，オタクであり発達障害の傾向をもっていたことが語られる。こうした才能のとらえ方には，一部の「結果として」成功した発達障害（と推測される）事例が注目を集めるバイアスも，多く入り込んでいることはいうまでもない。それでも，こうした考え方は，軽度の発達障害を，病気や欠陥ととらえるのではなく，神経系の多様性によってもたらされる個性（ニューロダイバーシティ論）と考え，社会の側が状況を整えることで，その集中力やこだわりを前向きにとらえていこうという考え方につながっている。
　こうしたとらえ方は，サブカルチャーとしての範疇を超えた社会課題とつながる議論であり，軽々しく論じるのは難しい領域にある。とはいえ，理念としてはともかく，実際に子どもの発達障害が身近にある学校教員はこうした通俗的なステレオタイプからの考え方をどの程度受け入れられるのだろう

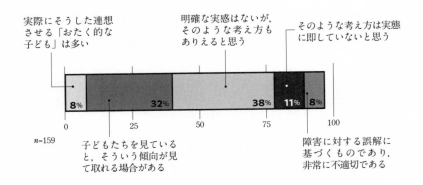

図1.4 小中高校の教員への調査から見られたオタクと発達障害のとらえ方

か。筆者はサブカルチャーの心理と社会についての調査の一環として，159人の小中高学校教員に，次のような質問で回答を求めたことがある（菊池，2018）。

> 精神科医や心理学者の中には，「おたく（オタク）」を発達障害や自閉症スペクトラムの一種ととらえる考え方もあります。対人関係や対人適応に困難を抱えることが多い子どもが，一つのことに集中してこだわりを見せたり，また時には特異な才能を見せることなどが，その見方の根拠です。あなたは，この主張をどう評価しますか？

この質問は，誘導的であまり良い聞き方ではないのはお恥ずかしい限りだが，その点は注意しつつもこの回答分布（図1.4）からは，発達障害に敏感である学校教員であっても，両者の特徴を重ねて見る見方を少なくとも明確に否定する立場は少数派であることが明らかになった。発達障害者の社会適応問題は，心理学や精神医学だけでなく，実際の社会に広く存在する課題として多方面で取り組まなければならない。そこで，しばしば無責任に言及される安易なイメージに，社会はもっと自覚的であって欲しい，と筆者は考えている。

9. まとめ

　「オタク」は，日本のサブカルチャーを代表する独特の文化ジャンルである
のと同時に，それらに没頭する若者の心理行動特性を揶揄したステレオタイ
プでもある。本章では，この「おたく」の誕生から，現在の「オタク」爛熟
期に至る系譜をたどることで，この概念が心理と社会の相互作用の中で様々
に変容を繰り返してきたことを概観した。

　初期の「おたく」は明らかな差別語として誕生し，さらに悲惨な連続殺人
事件がネガティブな偏見を世間に決定づけた。「おたく」は，この迫害ともい
える厳しい社会環境の中で自嘲的になりながらも自分の趣味の追求を続けて
きた。そして，その社会的評価がにわかに逆転したきっかけは，バブル崩壊
と日本社会の低迷によって，その消費動向やコンテンツの市場的価値が主流
経済から注目されたことだと考えられる。加えて，メディアの送り手側にま
わったおたく第一世代による理論武装がなされたことや，海外でのおたく評
価が逆輸入されたことも，これを補強した。さらに大きくは，高度情報化社
会の急激な発達や，文化を規定する社会や思想の変容が進み，サブカル
チャーという位置づけ自体が意味を失いつつあることも重要である。こうし
た中で，「おたく」から「オタク」へのオタク・ノーマライゼーションが起
こった。

　現在，オタクはすでに主流から疎外されたサブのカルチャーではなく，日
本を代表する主流文化となっている。ここでおたくの系譜を振り返って考え
ることで，当たり前のようにとらえている現在の文化や自己のあり方が，社
会との相互作用の中で形作られ，また社会をも変えてきたことを知り，おそ
らくはオタク的な心理を持っているであろう読者のみなさんが，自分自身に
ついて深く考えるきっかけとしていただきたい。

引用文献

浅羽通明（1990）．ニセ学生マニュアル［死闘篇］——知的スノビズムを超えるための気になる講義総覧　徳間書店

團康晃（2013）．「おたく」の概念分析——雑誌における「おたく」使用の初期事例に着目して　ソシオロゴス，37, 45-64.

古澤照幸（2007）．ニセ心理学にだまされるな！　同友館

本田秀夫（2013）．自閉症スペクトラム—— 10人に1人が抱える「生きづらさ」の正体　SBクリエイティブ

井上順考（1999）．若者と現代宗教——失われた座標軸　筑摩書房

今井むつみ（2010）．ことばと思考　岩波書店

菊池聡（2000）．「おたく」ステレオタイプと社会的スキルに関する分析　信州大学人文科学論集人間情報学科編, *34*, 63-77.

菊池聡（2008）．「おたく」ステレオタイプの変遷と秋葉原ブランド　地域ブランド研究, *4*, 47-78.

菊池聡（2018）．おたくの系譜学——社会的相互作用としてのおたく　日本心理学会第82回大会シンポジウム「サブカルチャーの心理学（1）　おたくのダイバーシティとスペクトラム」

宮台真司（1998）．宮台真司これが答えだ！——新世紀を生きるための100問100答　飛鳥新社

長山靖生（2005）．おたくの本懐——「集める」ことの叡智と冒険　筑摩書房

中森明夫（1989）．僕が「おたく」の名付け親になった事情　『おたくの本』（別冊宝島104）　JICC出版局

野村総合研究所オタク市場予測チーム（2005）．オタク市場の研究　東洋経済新報社

則松智子・堀尾香代子（2004）．若者雑誌における常用漢字のカタカナ表記化——意味分析の観点から　北九州市立大学文学部紀要, *72*, 19-32.

岡田斗司夫（1996）．オタク学入門　新潮社

大塚英志・大澤信亮（2005）．「ジャパニメーション」はなぜ敗れるか　角川書店

大塚英志（2016）．「おたく」の精神史——一九八〇年代論　星海社

斎藤環（2000）．戦闘美少女の精神分析　太田出版

シルバーマン, S.（著）正高信男（訳）（2017）．自閉症の世界——多様性に満ちた内面の真実　講談社

宇野常寛（2018）．若い読者のためのサブカルチャー論講義録　朝日新聞出版

山崎浩一（1989）．ぼくらは何ひとつあの事件のことを知らない　太田出版（編）『Mの時代——ぼくらとミヤザキ君』太田出版

3章
アニメ・マンガオタクの理解

岡田有司・家島明彦

人は生まれながらにオタクではない。個人の発達という観点で考えた時，人は，いつ，どのようにしてオタクになっていくのだろうか。本章ではサブカルチャーの中でも日本のアニメとマンガに注目し，アニメ・マンガのオタクについて検討する。本章の目的は2つある。まず，日本の若者を対象にアニメ・マンガに関する意識・行動調査を実施し，現代青年のアニメ・マンガ受容の様相を明らかにすることである。次に，実態調査を踏まえて考案した多様なオタクを捉えるための仮説的な枠組み（OI モデル）を提案することである。

1. はじめに

なぜ心理学でアニメ・マンガ[1]を取り上げるのか。一つの答えは，心理学の研究対象として，アニメ・マンガの人に対する影響力の強さを見過ごすことはできないということである。アニメ・マンガは，ストーリーや人物設定，描写において非常に自由度が高く，多様な世界観や生きざまを描き出せるメディアである。小説とは違ってビジュアルに表現でき，しかも，映画・ドラマの実写とは異なり架空のことを描き出す際の制約が少ない。だからこそ少

---

1 本章における「アニメ」とは，国内外のエンタテインメント・アニメーションを指し，「マンガ」とは絵と文字とコマからなる表現，物語を指す。人気マンガはアニメ化されることが多く，また人気アニメもコミカライズ（マンガ化）されることが多いため，本章ではアニメとマンガを一緒に扱う（以降アニメ・マンガと表記する）。

年少女から大人まで幅広い世代を魅了し続けてきたといえるだろう。実際，人がアニメ・マンガから何かしらの心理的影響を受けていることは様々なメディアから窺い知ることができる。SNS（ソーシャル・ネットワーキング・サービス）の中には「大切なことはアニメ・マンガから教わった」というコミュニティや，アニメ・マンガのタイトル名のコミュニティがあり，そこに数万人単位の老若男女が所属している。人々がアニメ・マンガに心を動かされたり心を奪われたりする現象を心理学が研究対象にすることは自然なことである。

　アニメ・マンガは子どもだけが楽しむものではなく，青年や大人も楽しむものであり，生活の中に浸透している。現在では，アニメ・マンガは一種の文化として捉えられるまでに発展し，国内だけでなく国外においても広がりを見せている。こうしたアニメ・マンガが好きな青年は少なからず存在し，しばしばオタクと呼ばれる。本章では，アニメ・マンガのオタクを理解するために，質問紙調査のデータも踏まえながらどのような視点が必要であるのかを整理し，オタクの心理学研究の可能性・方向性について探ってみたい。

2. アニメ・マンガの浸透

　日本のアニメ・マンガは，一般大衆に広く愛好されるポップカルチャー（ポピュラーカルチャー，大衆文化）として，多くの人に消費されている。消費者が多いということは，裾野が広いということであり，アニメ視聴者やマンガ読者の多様化が進んでいるということでもある。少なくとも現代日本においては，アニメを見たりマンガを読んだりすることは珍しいことではない。菊池が2章で述べた，オタク層の拡大，さらにはオタクの多様化（オタクという概念の拡大や定義の揺れ）が生じているといえるであろう。では，いったいどこからがアニメ・マンガオタクになり，その判断は何を基準になされるべきなのだろうか。そして，アニメ・マンガオタクはそうでない人たちとどのような意識・行動の違いがあるのだろうか。これらのことを明らかにするためには，アニメ・マンガに関連する意識・行動について調査を行い，アニメ・マンガオタクを同定した上で，そうでない人たちと比較することが必要である。

3. アニメ・マンガとオタク

オタク概念の拡大と様々なオタクの定義

　2章で菊池が述べたように，オタクという概念は拡大してきている。一言にオタクといってもそこにはアニメ，マンガ，SF，ゲーム，パソコン，アイドル，鉄道，カメラなど様々なジャンルのオタクが存在する。もちろん，ジャンルが異なっても共通する部分はあるが，一方であるジャンルのオタクに固有の特徴が存在する可能性もあり，一括りにオタクとして研究を行うことはかえって本質を見えなくしてしまう危険性もある。オタクという言葉がもともとアニメ，コミック，SF等を中心とするサブカルチャーに傾倒する者から生じたこと，様々なジャンルの中でもマンガ，アニメについてのオタク出現率が高い（野村総合研究所オタク市場予測チーム，2005）ことなどを踏まえると，まずはアニメ・マンガを中心としたオタクに注目し，その実態を明らかにしていくことは意義があるだろう。そこで，本章ではオタクの中でもアニメ・マンガオタクに焦点をあてる。

　しかし，アニメ・マンガオタクをどう定義するのかは容易ではない。2章における菊池の議論のほかに，アニメ・マンガオタクに関するこれまでの議論をいくつか紹介する。例えば，岡田（2008）は現在のオタクは「オタク＝秋葉原にいる人」「オタク＝社会性がない人」「オタク＝萌える人」の3つの要素から語られ，これが世間が捉えているオタクだと述べており，社会のオタクに対する言説に基づきオタクを定義している。また，東（2001）はオタクを「ひとことで言えば，コミック，アニメ，ゲーム，パーソナル・コンピュータ，SF，特撮，フィギュアそのほか，たがいに深く結びついた一群のサブカルチャーに耽溺する人々の総称である」と捉えており，この視点に基づけばオタクは近接するジャンルのオタクと重なり合うものとして理解されよう。齋藤（2006）もオタク的対象物として，アニメ，TVゲーム（ギャルゲー中心），ジュニア小説，声優アイドル，特撮，C級アイドル，同人誌，やおい，戦闘美少女を挙げており，東と同様，これらはオタクと親和性が強いジャンルと

考えられる。そして，齋藤はオタクには「虚構コンテクストに親和性が高い人」「愛の対象を『所有』するために，虚構化という手段に訴える人」「二重見当識ならぬ多重見当識を生きる人」「虚構それ自体に性的対象を見出すことができる人」という4つの特徴があるとしており，虚構に対する認識・関わりの特異性からオタクを捉えているといえる。

このように，オタクをめぐっては論者によって様々な捉え方がなされており，それぞれの論において一定の説得力のあるオタク像が提示されている。ただし，これらのオタク論は必ずしも実証研究に基づくものではない。アニメ・マンガオタクの正確な理解のためにはデータに基づく検討が必要であるが，実証的にオタクを捉えようとした研究は意外に少ない。この問題に関して，山岡（2016）は『腐女子の心理学』において心理学的な視点から腐女子やオタクの様々な心理的・行動的特徴について明らかにしており，この本は心理学領域における体系的な実証的オタク研究の嚆矢といえる。そこでは，山岡が作成したオタク度尺度と腐女子度尺度（山岡，2016）に基づき腐女子やオタクが分類され，その特徴について検討がなされている。ただ，以下で述べるようにオタクを捉えるためには山岡の研究で考慮された視点以外にも重要な要素があると考えられる。

アニメ・マンガオタクを捉えるための2つの軸

アニメ・マンガオタクの特徴を明らかにするためにはオタクとそうでない者を何らかの基準で区分し，丁寧にオタクの特徴を検討していく必要がある。上述のようにアニメ・マンガオタクについては様々な指摘がなされているが，本章では初めからその特徴を特定しようとするのではなく，まずはどのオタクにも関係のある2つの軸からオタクを操作的に定義し，その上で彼らの特徴を実証的に明らかにしていくというアプローチをとる。

1つ目の軸として，本章では「アニメ・マンガへの接触」に着目する。アニメやマンガの見方や捉え方についてはオタクによっても異なると考えられるが，アニメ・マンガオタクであれば何らかの形でアニメやマンガに接触しているはずである。ただし，後で見るようにアニメはみるけれどもマンガは

あまり読まない者やその逆の者も想定されるため，本章ではアニメとマンガ
それぞれに対する接触について検討していく。

　2つ目の軸として，アニメ・マンガオタクであるという認識があるか否か
（「オタク自認」）にも注目する。オタクかどうかを判断する上で，本人に自覚
があるかどうかは重要な要素である。アニメ・マンガへの接触が多く本人も
オタクの自覚があるというように両者が一致しているケースはわかりやすい
が，周囲から見ればアニメやマンガにハマっているにもかかわらず本人はオ
タクという自覚がないというように両者にズレがあるケースも実際には存在
する。こうした背景には，以前よりは弱まっているものの，依然としてオタ
クに対するネガティブなステレオタイプが存在する（菊池，2008）ことも関係
していると考えられる。反対に，自称オタクでありながら客観的には大した
ことがない場合，オタクのコミュニティでは「モグリ」「エセ」として認めら
れない場合も考えられるため，「名乗ったら即オタク」というわけでもないか
もしれない。オタクであるか否かは本人が規定することなのか，あるいは周
囲に規定されるものなのかはオタクをめぐる議論の中でも難しい問題である
が，この問題を乗り越えるためには単に接触の程度や頻度の多さだけで捉え
るのではなく，そこにオタク自認という軸も考慮することが必要だといえよ
う。

4. オタクを調査する

1) アニメ・マンガオタクに関する質問紙調査概要

　アニメ・マンガオタクについて，著者らはこれまでに以下の2つの調査
（調査①・②）を実施してきた。両調査ではアニメ・マンガオタクに関する
様々な項目について尋ねているが，本章ではアニメ・マンガへの接触，オタ
ク自認・他認，アニメ・マンガ関連行動，アニメ・マンガへの熱中度合いに
ついて取り上げる。なお，質問紙調査では調査①と調査②で共通して尋ねて
いる項目といずれかの調査のみで尋ねている項目がある。図表には，両方の
調査のデータを用いた場合には「調査①＋②」，調査①のデータのみを用いた

場合には「調査①」と表記してある。

調査①

調査実施時期　2017 年 6 月〜 2018 年 1 月

調査協力者　大学 5 校，短期大学 1 校の 675 名（男 153 名，女 521 名，不明 1 名）

調査手続　授業内外で質問紙を配布し回答を求めた。

調査②

調査実施時期　2019 年 3 月

調査協力者　18 〜 22 歳の青年 797 名（男 399 名，女 398 名：大学・短期大学生 413 名，専門学校生 55 名，高校・高専生 137 名，大学院生 1 名，その他学生 2 名，学生以外 189 名）

調査手続　株式会社マクロミルを通じて Web 調査を実施した。

2）アニメ・マンガへの接触

(1) アニメ・マンガへの接触頻度および時間

　アニメをよくみる（非常によくみる＋よくみる），マンガをよく読む（非常によく読む＋よく読む）者の割合はともに 25 ％となっており，4 人に 1 人はアニメ・マンガへの接触が高いと回答している（図 3.1, 図 3.2）。アニメ視聴時間・マンガ読書時間について，4 人に 1 人は 1 週間に 60 分以上接触していることが明らかになった（図 3.3）。アニメを非常によくみる，マンガを非常によく読む，1 週間の平均アニメ視聴時間 3 時間以上，1 週間の平均マンガ読書時間 3 時間以上，と回答した者の全体における割合は，それぞれ約 1 割であった。

　アニメ・マンガへの接触頻度と時間の関連を示したものが表 3.1 である。これを見ると，アニメ視聴頻度と視聴時間の相関は .80，マンガ読書頻度とマンガ読書時間の関連は .74 と高い相関があり，接触頻度が高い者ほど接触時間も長いことが確認された。また，アニメ視聴頻度・時間はマンガ読書頻度・時間とも中程度の相関があり，アニメへの接触が多い者はマンガへの接

図 3.1　普段アニメをどの程度みるか
（アニメ視聴頻度）（調査①＋②）

図 3.2　普段マンガをどの程度読むか
（マンガ読書頻度）（調査①＋②）

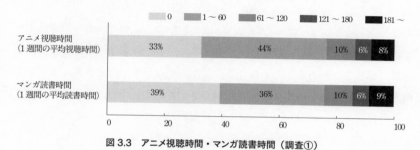

図 3.3　アニメ視聴時間・マンガ読書時間（調査①）

表 3.1　アニメ・マンガへの接触頻度・時間の関連（調査①）

	アニメ視聴時間	マンガ読書頻度	マンガ読書時間
アニメ視聴頻度	.80***	.50***	.41***
アニメ視聴時間	-	.37***	.43***
マンガ読書頻度		-	.74***

*** $p<.001$

触も多い傾向にあることが示された。

3）オタク自認・他認

　自分をアニメ・マンガオタクだと思うか（オタク自認），周囲からアニメ・マンガオタクだといわれることがあるか（オタク他認）についての回答結果を図 3.4，図 3.5 に示した。これを見ると，3 分の 1 の者は自分をオタクだと思っているようである（そう思う＋ややそう思う）。一方，オタク他認についてはオタク自認よりもやや少なく，23％の者が周囲からオタクといわれることが

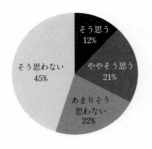

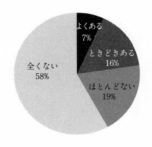

図3.4　自分はアニメ・マンガオタクだと思う　　図3.5　周囲からアニメ・マンガオタクだといわ
　　　（オタク自認）（調査①+②）　　　　　　　　　　れることがある（オタク他認）（調査①+②）

あるという結果になった（よくある+ときどきある）。このギャップの理由とし
ては，自認は自己認識のみで可能であるのに対し，他認は他者からの指摘が
必要になることがあると考えられる。また，本人がオタクを自覚していても，
周囲に開示していない場合は他者が気づきにくいという可能性もあるだろう。
オタク自認と他認の相関は.79であり，基本的にはオタクの自覚がある者は
周囲からもオタクと認知されていることが多いといえる。

4）オタク分類の試み

　ここでは，アニメ・マンガ接触頻度とオタク自認に基づきオタクを分類す
ることを試みる。すでに表3.1で示したように，アニメ視聴頻度はアニメ視
聴時間と，マンガ読書頻度はマンガ読書時間と高い相関のあることが確認さ
れていることから，これらの指標はアニメ・マンガへの接触を捉えるうえで
妥当だと考えられる。次に，オタク自認と他認については，オタクの自覚が
あっても他者には開示していないケースも考えられるので，ここではオタク
であるか否かを判別する際に，オタク自認に注目する。オタク自認とアニメ
視聴頻度の相関は.46，オタク自認とマンガ読書頻度の相関は.36であり，ア
ニメ・マンガ接触頻度が高くてもオタクを自認しない場合やその逆の場合も
あるといえる。以上を踏まえ，アニメ視聴頻度，マンガ読書頻度，オタク自
認の3つの指標に基づきオタクの分類を試みたものが表3.2である。

　表の見方についてであるが，例えばアニメ視聴頻度・マンガ読書頻度とも

表 3.2　アニメ・マンガ接触頻度とオタク自認に基づくオタクの分類（調査①＋②）

		マンガ読書頻度											合計
		全く読まない		ほとんど読まない		あまり読まない		わりと読む		よく読む		非常によく読む		
		自認	非自認	自認	非自認	自認	非自認	自認	非自認	自認	非自認	自認	非自認	
アニメ視聴頻度	全くみない	42	120	18	44	4	27	4	19	11	14	11	4	318
	ほとんどみない	5	72	6	90	4	43	5	51	8	17	6	6	313
	あまりみない	2	36	3	38	10	87	6	60	5	10	2	6	265
	わりとみる	1	16	1	14	8	28	19	69	14	10	7	6	193
	よくみる	38	14	8	10	2	2	16	4	73	23	20	5	219
	非常によくみる	12	4	5	3	2	0	8	4	23	2	75	11	149
合計		362		240		217		269		210		159		1457

に「非常によくみる（非常によく読む）」と回答した者は，オタクであることを自認している者（自認）が 75 名，自認をしていない者（非自認）が 11 名，合計すると 86 名いたということになる。なお，「自分はアニメ・マンガオタクだと思う」という質問項目に対して「そう思う」「ややそう思う」と回答した者をオタク自認，「あまりそう思わない」「そう思わない」と回答した者をオタク非自認としている。

　アニメ・マンガオタクの分類に際して，アニメ視聴頻度で「よくみる」「非常によくみる」あるいはマンガ読書頻度で「よく読む」「非常によく読む」と回答した者をオタクであるか否かの一つの基準とした。表を見ると，アニメ視聴頻度・マンガ読書頻度ともに高い者もいるが，一方のみの頻度が高い者もおり，アニメ・マンガオタクの中でもアニメを志向するタイプやマンガを志向するタイプがいることがわかる。アニメ・マンガ接触頻度の高低とオタク自認・非自認の有無を組み合わせて 4 つの群に分類した結果は以下のとおりである。

① **接触高・自認群**

（アニメ・マンガ接触頻度「高」＋オタク自認「有」；■ のセル）→ 346 名（23.7%）

② **接触高・非自認群**

（アニメ・マンガ接触頻度「高」＋オタク自認「無」; ▮▮▮ のセル）→ 159
名（10.9%）

③ **接触低・自認群**

（アニメ・マンガ接触頻度「低」＋オタク自認「有」; ▮▮▮ のセル）→ 138
名（9.5%）

④ **接触低・非自認群**

（アニメ・マンガ接触頻度「低」＋オタク自認「無」; ▮▮▮ のセル）→ 814
名（55.9%）

　まず，アニメ・マンガ接触頻度が高くオタクも自認している者は合計 346
名であり，「接触高・自認群」と命名した。アニメ・マンガ接触頻度は高いが
オタクを自認していない者は合計 159 名であり，「接触高・非自認群」と命名
した。アニメ・マンガ接触頻度は低いがオタクを自認する者は合計 138 名で
あり，「接触低・自認群」と命名した。アニメ・マンガ接触頻度が低くオタク
も自認していない者は合計 814 名であり，「接触低・非自認群」と命名した。
以下では，これら 4 つの群がアニメ・マンガ作品にどのように親しんでいる
のか，アニメ・マンガに心理的・行動的なレベルでどのようにコミットして
いるのかについて検討していく。

5）オタク 4 分類とアニメ・マンガ作品

　ここでは，4 つの群がどのような媒体でアニメ・マンガ作品をみたり読んだ
りしているのか，それぞれの群がどのような作品を好んでいるのかについて
みていく。

（1）アニメ・マンガ作品への媒体別接触数

　まず，視聴しているアニメ作品の数について，「ひと月に何作品のアニメを
みているのか」を媒体別に尋ねた（図 3.6）。図を見ると，アニメ作品はテレビ
放映で視聴されることが最も多いが，無料の動画配信サイトでも一定の作品
が視聴されていることがわかる。

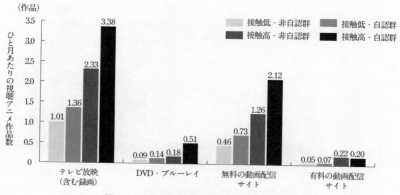

（作品）

凡例：
接触低・非自認群 ／ 接触低・自認群 ／ 接触高・非自認群 ／ 接触高・自認群

図3.6　媒体別の視聴アニメ作品数（調査①）

　4つの群の違いを検討するため一元配置の分散分析を行ったところ，「テレビ放映（含む録画）（$F_{(3, 656)}$=41.93, p<.001, η^2=.16）」「DVD・ブルーレイ（$F_{(3, 656)}$=11.84, p<.001, η^2=.05）」「無料の動画配信サイト（$F_{(3, 656)}$=4.70, p<.01, η^2=.02）」で有意差が認められた。多重比較（Tukey法）の結果，「テレビ放映（含む録画）」では「接触高・自認群」が他の群よりも視聴アニメ作品数が多いこと，「接触高・非自認群」は「接触低・非自認群」よりも多いことが示された。「DVD・ブルーレイ」では「接触高・自認群」が他の群よりも多かった。「無料の動画配信サイト」では「接触高・自認群」が「接触低・非自認群」よりも多くなっていた。

　次に，読んでいるマンガ作品の数について，「現在何作品のマンガを読んでいるのか」を媒体別に尋ねた（図3.7）。図を見ると，マンガ作品はオンライン配信で最も読まれており，次いで単行本となっていた。現在では週刊誌や月刊誌を買って読む若者はあまり多くないといえる。

　アニメ作品と同様，一元配置の分散分析を行ったところ，「週刊誌作品（$F_{(3, 656)}$=41.93, p<.001, η^2=.04）」「月刊誌作品（$F_{(3, 656)}$=41.93, p<.001, η^2=.04）」「単行本（$F_{(3, 656)}$=41.93, p<.001, η^2=.12）」「オンライン配信（$F_{(3, 656)}$=41.93, p<.001, η^2=.14）」の全てにおいて有意差が認められた。多重比較（Tukey法）の結果，「週刊誌作品」では「接触高・自認群」が「接触低・自認群」「接触低・非自認群」よりも読書マンガ作品数が多いこと，「接触高・

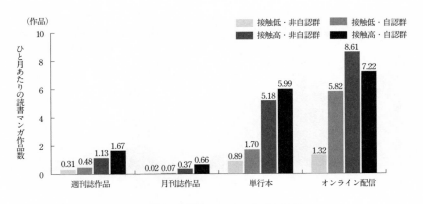

図3.7　媒体別の読書マンガ作品数（調査①）

非自認群」は「接触低・非自認群」よりも多いことが示された。「月刊誌作品」では「接触高・自認群」が「接触低・自認群」「接触低・非自認群」よりも多かった。「単行本」では「接触高・自認群」「接触高・非自認群」が「接触低・自認群」「接触低・非自認群」よりも多くなっていた。「オンライン配信」では「接触低・非自認群」が他の群よりも少ないことが明らかになった。

　これまで4つの群の媒体ごとのアニメ・マンガ作品数の違いについて検討してきたが，基本的に「接触高・自認群」「接触高・非自認群」はどの媒体においてもみたり読んだりする作品数が多い傾向にあった。また，有意差はなかったが「接触高・非自認群」は「接触高・自認群」よりもオンライン配信で読むマンガ作品数が多くなっていた。対照的に「接触低・非自認群」「接触低・自認群」は触れている作品数が少なかった。ただし，「接触低・自認群」はオンライン配信で読むマンガ作品数が「接触低・非自認群」よりも有意差ありで多くなっていた。

　上記の分析はアニメ・マンガ作品を日常的に楽しんでいるかどうかについてのものであったが，レンタルやインターネットカフェ等で集中的にアニメ・マンガを楽しむことも考えられる。表3.3，表3.4は「不定期にまとめてアニメ・マンガ作品を楽しむことがあるか」を尋ねたものである。各群における「ある」の割合を見ると，アニメ・マンガとも「接触高・自認群」が最も高く，「接触低・非自認群」が最も低いというのは作品数の分析と同様であるが，

　　　　　　　　Ⅰ　サブカルチャーとオタクを理解する

表 3.3　不定期にまとめてアニメをみることがある（調査①）

	ない	ある
接触低・非自認群	309 (71.2%)	125 (28.8%)
接触低・自認群	16 (36.4%)	28 (63.6%)
接触高・非自認群	32 (42.1%)	44 (57.9%)
接触高・自認群	20 (19.6%)	82 (80.4%)

表 3.4　不定期にまとめてマンガを読むことがある（調査①）

	ない	ある
接触低・非自認群	258 (63.4%)	149 (36.6%)
接触低・自認群	20 (48.8%)	21 (51.2%)
接触高・非自認群	33 (44.0%)	42 (56.0%)
接触高・自認群	38 (37.3%)	64 (62.7%)

「接触低・自認群」については作品数の分析結果とは異なっていた。「接触低・自認群」の「ある」の割合はアニメでは 63.6%，マンガでは 51.2% といずれも「接触低・非自認群」より多く，「接触高・非自認群」と同程度の水準であった。先の分析結果も踏まえると，「接触低・自認群」は日常的に触れているアニメ・マンガ作品は多くないが，集中的にアニメ・マンガに接触する機会はあると考えられる。

(2) 4 つの群が好むアニメ・マンガ作品

ここでは，それぞれの群が実際に好んでいるアニメ・マンガ作品について検討する[2]。調査では「現在ハマっているアニメ・マンガ作品」を 3 つずつ挙げてもらった。全ての回答者がハマっている作品を 3 つずつ記入したわけではなく，記入する作品が 1 つのみであったり，ハマっている作品がない場合には無記入というケースも含まれる。群ごとに記入された作品名を集計し，その後その群の人数で除し割合を求めた。この割合が高いほど人気のある作品と解釈した。表 3.5，表 3.6 では割合が 3% 以上の作品を示している。

これらの表を見ると，各群における人気作品といっても高いもので十数% であり，この表で上位に来ているからといってその群の多くの者がその作品を好んでいるとはいえない。こうした結果になった背景には，アニメ・マン

2　ただし，用いたデータは調査①のデータで，この調査は 2017 年 6 月〜2018 年 1 月に実施されたこと，女性の比率が高くなっていることに留意してほしい。

表3.5　4つの群における人気アニメ作品

接触低・非自認群	%	接触低・自認群	%	接触高・非自認群	%	接触高・自認群	%
名探偵コナン	8.47	名探偵コナン	13.64	ONE PIECE	10.53	おそ松さん	9.71
ONE PIECE	5.95	ONE PIECE	11.36	3月のライオン	3.95	Fateシリーズ*	8.74
クレヨンしんちゃん	3.20	おそ松さん	11.36	ハイキュー!!	3.95	鬼灯の冷徹	7.77
サザエさん	3.20	Fateシリーズ*	6.82	ボールルームへようこそ	3.95	賭ケグルイ	6.80
ちびまる子ちゃん	3.20	NARUTO	4.55	僕のヒーローアカデミア	3.95	ハイキュー!!	5.83
		ラブライブ!シリーズ*	4.55	魔法使いの嫁	3.95	血界戦線	5.83
		活撃 刀剣乱舞	4.55	名探偵コナン	3.95	コードギアス	4.85
		進撃の巨人	4.55			名探偵コナン	4.85
		氷菓	4.55			ONE PIECE	3.88
		僕のヒーローアカデミア	4.55			銀魂	3.88

＊『Fate』と『ラブライブ!』については，作品群をまとめて『Fateシリーズ』，『ラブライブ!シリーズ』と記入した者が多かったため，シリーズとしてカウントした。

表3.6　4つの群における人気マンガ作品

接触低・非自認群	%	接触低・自認群	%	接触高・非自認群	%	接触高・自認群	%
ONE PIECE	5.95	ハイキュー!!	15.91	ONE PIECE	10.53	ハイキュー!!	12.62
		ONE PIECE	11.36	東京喰種トーキョーグール	9.21	東京喰種トーキョーグール	6.80
		僕のヒーローアカデミア	9.09	思い,思われ,ふり,ふられ	6.58	ONE PIECE	5.83
		東京喰種トーキョーグール	6.82	進撃の巨人	6.58	銀魂	5.83
		名探偵コナン	6.82	僕のヒーローアカデミア	6.58	僕のヒーローアカデミア	5.83
		進撃の巨人	4.55	ReLIFE	5.26	黒執事	4.85
				ハイキュー!!	5.26	約束のネバーランド	4.85
				PとJK	3.95	亜人	3.88
						月刊少女野崎くん	3.88

ガ作品が非常に多岐にわたっており，個々人が好む作品が分散していることが挙げられる。また，特に接触低・非自認群ではそもそもハマっている作品があまりなく，記入された作品数が少なかったこともある。こうした点に留意は必要であるが，表には群による特徴が表れている箇所もある。

　特徴的なのは「接触低・非自認群」であり，この群で人気のある作品は『ONE PIECE』『名探偵コナン』といった少年誌で人気の作品や『クレヨンしんちゃん』『サザエさん』といった幅広い世代に親しまれている長寿アニメとなっている。これに対し，そのほかの群では『おそ松さん』『Fate（シリーズ）』といったいわゆる深夜アニメや『東京喰種トーキョーグール』『進撃の巨人』などの青年向け作品も挙げられている。これらを踏まえると，「接触低・非自認群」は子どものころから親しんでいる作品を継続して好む傾向にあると考えられる。逆に言えば，青年を対象としたアニメやマンガにはシフ

トしなかった群ともいえる。「接触低・自認群」「接触高・非自認群」「接触高・自認群」については人気の少年誌の作品と青年向け作品の双方を楽しんでいるといえるが，この表からは3群の好みの傾向の違いを見出すことは難しい。ただし，「接触高・自認群」では挙げられている作品名がやや多く，より多様な作品にハマっていると推察される。

6) オタク4分類とアニメ・マンガへの心理的・行動的コミットメント

ここでは，上記4つの群によって，アニメ・マンガへの心理的・行動的コミットメントがどのように異なるのかを検討する。心理的コミットメントについてはアニメ・マンガへの熱中度合いを測定する尺度を新たに作成し検討する。行動的コミットメントについては，アニメ・マンガ関連行動を測定する尺度を新たに作成し検討する。

(1) 4つの群によるアニメ・マンガへの心理的コミットメントの違い

アニメ・マンガへの心理的コミットメントを把握するために，アニメ・マンガへの熱中度合いを測定するための項目（12項目）を作成した。これらの項目について，主成分分析を実施したところ，1因子での解釈が妥当と判断された（表3.7）。内的一貫性についても十分な値であった（$a = .97$）。

次に，「接触高・自認群」「接触高・非自認群」「接触低・自認群」「接触低・非自認群」の4群によってアニメ・マンガへの熱中度合いがどのように異なるのかを一元配置の分散分析で検討した（図3.8）。分析の結果，群による有意な差が認められ（$F_{(3, 652)} = 252.79$, $p < .001$, $\eta^2 = .54$），多重比較（Tukey法）を実施したところ，得点は高い順に「接触高・自認群」＞

表 3.7　アニメ・マンガへの熱中尺度に関する主成分分析結果

尺度項目	成分1
アニメ・マンガに夢中になっている	0.91
アニメ・マンガにはまっている	0.90
アニメ・マンガに強い思い入れがある	0.89
ついついアニメ・マンガをみてしまう	0.88
アニメ・マンガは自分の生きがいだ	0.87
アニメ・マンガをみているときは充実している	0.87
アニメ・マンガを楽しみにしている	0.87
アニメ・マンガのことなら人並み以上に詳しい	0.85
アニメ・マンガをみているときは幸せだ	0.83
アニメ・マンガをみるとわくわくする	0.82
アニメ・マンガのことが頭を離れない	0.82
アニメ・マンガについての夢をみる	0.69

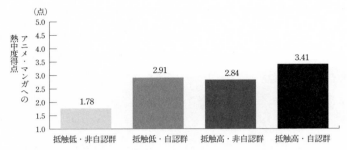

図 3.8　4 つの群によるアニメ・マンガへの熱中度合いの違い（調査①）

「接触低・自認群」「接触高・非自認群」＞「接触低・非自認群」であり，「接触低・自認群」と「接触高・非自認群」には差がなかった。

(2) 4 つの群によるアニメ・マンガへの行動的コミットメントの違い

　アニメ・マンガへの行動的コミットメントを把握するために，アニメ・マンガ関連行動を測定するための項目（38 項目）を作成した。項目の作成にあたっては，アニメ・マンガオタクを自認する者 3 名にアニメ・マンガオタクがとりやすい行動を挙げてもらい，それを参考に作成した。因子分析（主因子法，プロマックス回転）を実施し，いずれの因子にも因子負荷が .40 以下だった項目，複数の因子に .40 以上の因子負荷を示した項目を除外し分析を繰り返した結果，表 3.8 の結果（4 因子 32 項目）が得られた。

　第 1 因子（F1）についてはアニメ・マンガ関連のグッズ等の所有やキャラクターに対する愛着を感じさせる項目が含まれていた。アニメ・マンガグッズはキャラクターに関するものも多いといえ，これらのことを考慮し「キャラクター所有」因子と命名した。第 2 因子（F2）についてはアニメ視聴やアニメに関する情報についての項目が含まれており「アニメ受容」因子とした。第 3 因子（F3）はマンガを読むことに関する項目から構成されていることから「マンガ受容」因子と命名した。第 4 因子（F4）はコスプレやコミックマーケットなどイベントに関する項目が含まれており「オタクイベント」因子とした。

　次に，「接触高・自認群」「接触高・非自認群」「接触低・自認群」「接触低・非自認群」の 4 群によってアニメ・マンガ関連行動がどのように異なる

表 3.8　アニメ・マンガ関連行動尺度に関する因子分析結果

	F1	F2	F3	F4
F1:「キャラクター所有」因子　α=.94				
アニメグッズを買う	**0.87**	0.09	0.03	-0.15
アニメ・マンガのグッズを身につける	**0.84**	-0.10	0.03	0.02
アニメのポスターを部屋に貼る	**0.76**	-0.08	-0.02	0.14
アニメ・マンガキャラクターのフィギュアを持っている	**0.74**	-0.01	0.04	0.00
アニメ専門ショップ（アニメイト等）に行く	**0.64**	0.33	-0.02	-0.07
マンガ・アニメキャラクターのTシャツなどを着る	**0.63**	-0.19	0.05	0.23
アニメのDVDやブルーレイを持っている	**0.62**	0.05	0.02	-0.02
アニメ雑誌を読む	**0.54**	0.10	0.07	0.11
アニメ・マンガキャラクターに恋愛感情を抱いている	**0.53**	0.11	-0.07	0.14
好きなアニメーターがいる	**0.52**	0.08	0.05	0.13
美少女・美少年が出てくるゲームをする	**0.50**	0.34	-0.10	0.07
恋愛シミュレーションゲームをする	**0.46**	0.20	-0.09	0.13
同人誌を読む	**0.44**	0.23	0.03	0.16
アニメ・マンガキャラクターの絵を描く	**0.41**	0.08	0.13	0.17
F2:「アニメ受容」因子　α=.94				
新しく始まるアニメをチェックする	0.04	**0.90**	-0.14	0.06
深夜時間帯に放映されるアニメをみる	0.05	**0.86**	-0.04	-0.03
話題のアニメを知っている	-0.13	**0.85**	0.10	0.07
人気のアニメをみる	-0.23	**0.80**	0.15	0.08
アニメソングを聴く	0.26	**0.62**	0.06	-0.11
友達とアニメの話をする	0.10	**0.62**	0.19	-0.01
アニメの声優に詳しい	0.35	**0.54**	-0.07	-0.01
アニメの録画をする	0.11	**0.51**	0.11	-0.02
好きなアニメキャラクターがいる	0.25	**0.45**	0.23	-0.18
F3:「マンガ受容」因子　α=.89				
マンガを読む	-0.10	-0.03	**0.95**	0.00
マンガを買う	0.07	-0.03	**0.85**	-0.04
友達とマンガの話をする	-0.07	0.27	**0.65**	0.04
好きな漫画家がいる	0.23	0.08	**0.55**	-0.04
マンガを立ち読みする	0.04	0.02	**0.55**	0.13
F4:「オタクイベント」因子　α=.86				
アニメ・マンガキャラクターのコスプレを撮影する	-0.05	0.03	0.01	**0.88**
アニメ・マンガキャラクターのコスプレをする	-0.02	0.01	0.02	**0.81**
アニメ・マンガ関連のクラブやサークル活動をする	0.24	0.00	-0.02	**0.61**
同人誌即売会（コミックマーケット等）に行く	0.30	-0.02	0.03	**0.51**

因子間相関	F1	F2	F3	F4
	F1	0.76	0.58	0.61
	F2		0.70	0.35
	F3			0.23

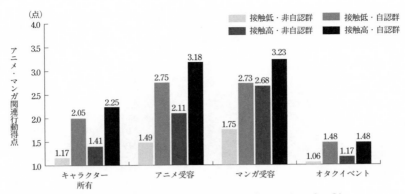

図3.9　4つの群におけるアニメ・マンガ関連行動の違い（調査①＋②）

のかを一元配置の分散分析で検討した（図3.9）。その結果，「キャラクター所有」（$F_{(3, 1445)} = 383.32$, $p<.001$, $\eta^2 = .44$），「アニメ受容」（$F_{(3, 1451)} = 645.80$, $p<.001$, $\eta^2 = .57$），「マンガ受容」（$F_{(3, 1452)} = 345.47$, $p<.001$, $\eta^2 = .42$），「オタクイベント」（$F_{(3, 1451)} = 75.39$, $p<.001$, $\eta^2 = .14$））の全てにおいて有意差が認められた。

　多重比較（Tukey法）の結果，「キャラクター所有」と「アニメ受容」については得点が高い順に「接触高・自認群」＞「接触低・自認群」＞「接触高・非自認群」＞「接触低・非自認群」であった。「マンガ受容」では，「接触高・自認群」＞「接触低・自認群」「接触高・非自認群」＞「接触低・非自認群」であり，「接触低・自認群」と「接触高・非自認群」には差がなかった。「オタクイベント」では，「接触高・自認群」「接触低・自認群」＞「接触高・非自認群」＞「接触低・非自認群」であり，「接触高・自認群」と「接触低・自認群」には差がなかった。

(3) オタクの4分類とアニメ・マンガへの心理的・行動的コミットメント

　分析結果から，「接触高・自認群」はアニメ・マンガへの心理的・行動的コミットメントの諸側面において最も得点が高く，アニメ・マンガに熱中しているだけでなく実際に様々なアニメ・マンガ関連行動も多く経験しているといえる。対照的に「接触低・非自認群」は心理的・行動的コミットメントの得点が最も低く，アニメ・マンガとはあまり縁のない生活を送っていると考

えられる。

「接触高・非自認群」と「接触低・自認群」については心理的コミットメントについては同程度であったが，行動的コミットメントについては違いがみられた。具体的には，マンガの受容に関する行動では違いがなかったが，キャラクター所有，アニメ受容，オタクイベントに関する行動は「接触低・自認群」の方が多くなっていた。これらの行動が「接触高・非自認群」よりも多いことはやや意外であったが，アニメ・マンガへの接触がそれほど多くないのにオタクであるという自覚がある「接触低・自認群」の特徴を踏まえると，この群はアニメ・マンガに幅広く接触するのではなく特定の作品にピンポイントでコミットしているのかもしれない。あるいは，ゲームやグッズなど，アニメ・マンガの周辺コンテンツの方に比重を置いているオタクである可能性もある。オタク団体への所属や，オタクイベントやコスプレ活動への関与が，オタク自認を促しているのかもしれない。一方，「接触高・非自認群」はアニメ・マンガへの接触自体は多いが，アニメをみたりマンガを読んだりする以上の行動にはつながりにくく，深入りはしないタイプと考えられる。このことがオタクではないという認識にも表れているものと推察される。

7）調査に基づくアニメ・マンガオタクの理解

この調査ではアニメ・マンガへの接触，オタク自認という2つの軸から操作的にアニメ・マンガオタクの分類を行い，様々な分析を行ってきた。ここでは得られた知見をまとめ，調査に基づきどのようにアニメ・マンガオタクが捉えられたのかについて考察する。

まず，「接触低・非自認群」についてだが，この群はアニメ・マンガに接触する頻度が低く自分をオタクだとは認識していない群であり，アニメ・マンガに対する心理的・行動的コミットメントも最も低かった。好きな作品として挙げられたものも広く大衆に支持されている作品であり，オタク的な要素はないといえる。この群の割合は55.9％とマジョリティであり，若者の5〜6割はアニメ・マンガオタクとは無縁だと考えられる。対照的に「接触高・自認群」はアニメ・マンガへの接触頻度が高く，アニメ・マンガへの心理

的・行動的コミットメントも最も高かった。様々な媒体で多くの作品に触れており，この群はアニメ・マンガオタクといえるだろう。この群の割合が，23.7％であったことを踏まえると，アニメ・マンガオタクに該当する若者が2割強は存在することになり，もはやマイノリティとはいえない数である。

　これら2つの群に対して「接触高・非自認群」と「接触低・自認群」についてはやや複雑である。これらの群はそれぞれ1割程度でありそれほど多くはないが，アニメ・マンガオタクを理解する際に重要な群だと考えられる。「接触高・非自認群」はアニメ・マンガへの接触頻度が高く，親しんでいる作品数も多いがアニメ・マンガオタクであるという自覚はない。周囲からはアニメ・マンガにハマっているように見えオタクとみなされる可能性もあるが，行動レベルのコミットメントはそれほど高くなく，アニメ・マンガに深くハマっていくタイプではないといえる。オンラインで読むマンガ作品数が多いことも示されており，単なる「暇つぶし」としてスマホでマンガを読んでいる可能性も考えられる。そのため，広く浅くアニメ・マンガを楽しむ傾向が強いと考えられる。「接触低・自認群」はアニメ・マンガへの接触頻度は低いがオタクの自覚があるという群であり，日常的に親しむ作品の数はオンライン配信のマンガを除き多くない。ただし，不定期にまとめてアニメやマンガを楽しんでおり，行動レベルのコミットメントでは「接触高・非自認群」よりも高くなっていた。これらのことを考慮すると，この群は「接触高・非自認群」とは対照的に，特定の作品に狭く深くハマる傾向があると考えられる。また，先述のように，メディアミックスによってアニメ・マンガとともに展開される，ゲームやグッズといったアニメ・マンガ以外のコンテンツに重点を置いている可能性もあるだろう。

　本章ではオタクをアニメ・マンガへの接触とオタク自認の2つの軸から捉えたが，上記のように接触が多くてもオタクの自覚がない（あるいはその逆）というように，両者が一致しないケースもあった。アニメ・マンガオタクであるか否かは自己が規定するものなのか，あるいは他者に規定されるものなのかは難しい問題であり，様々な議論があるだろう。この問題について，筆者らはアニメ・マンガオタクの裾野が拡大している現状においては，オタク

か否かと二分して捉えるのではなく，複数の軸からアニメ・マンガオタクを類型化していくことが，オタク理解の有益な手段の一つになると考えている。本調査で抽出された「接触高・非自認群」「接触低・自認群」はオタク概念の複雑さを表しているとともに，オタク・非オタクと二元論的に捉えるのではなく，アニメ・マンガオタクにおける連続性と多様性を考慮する必要があることを示唆している。この点については次節であらためて検討する。

　冒頭で述べたように，アニメ・マンガは若者に広く浸透しており，彼らの意識や行動に少なからず影響を与えている。この節では質問紙調査に基づきアニメ・マンガオタクを分類しその理解を試みたが，もちろんここでの分析でアニメ・マンガオタクの全てを掬い上げられたわけではなく，別の分類の仕方や視点からアプローチすることも可能である。アニメ・マンガオタクが何者なのかについては未だ明らかになっていないことが多くあり，こうした実証研究に基づくオタクの理解がさらに蓄積されていく必要があるだろう。

5. アニメ・マンガオタクをモデル化する

　最後に，これまでの議論も踏まえ，アニメ・マンガオタクを総合的に捉えるためのオタク度モデル（Otaku Intensity Model：OI Model）を提案したい。このモデルは，アニメ・マンガオタクを成立させる主要因として「個人」と「作品」という2つの側面に着目し，「個人の心理的・行動的コミットメント」と「作品のマニアック度合い」の2軸でアニメ・マンガオタクを捉えようとするモデルである（図3.10）。このOIモデルは，アニメ・マンガオタクのスペクトラム（連続性）とダイバーシティ（多様性）を表現することができる。これまでのオタク論はオタクの一般的イメージ（表象）の分類や歴史的変遷が中心

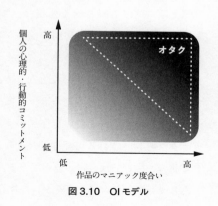

図3.10　OIモデル

であったが，OIモデル図は縦軸に「個人の」と書いてあるように，基本的には個人の発達に焦点を当てるものである。前者はオタクへの社会学的アプローチ，後者はオタクへの心理学的アプローチといえよう。

　縦軸である「個人の心理的・行動的コミットメント」とは，どのくらいアニメ・マンガに熱中しているのか，アニメ・マンガに関する行動をとっているのかなどのことであり，心理的・行動的なコミットメントが高いほどアニメ・マンガオタクと判断される可能性も高くなるだろう。具体的には，度を超えてアニメ・マンガに熱中する人（心理的コミットメントが高い人），度を超えてアニメ・マンガにお金や時間を費やす人（行動的コミットメントが高い人）は，結果としてアニメ・マンガ作品に関連する知識やグッズなどが増え，「作品のマニアック度合い」にかかわらず，アニメ・マンガオタクと判断される可能性が高くなる。

　横軸である作品のマニアック度合いとは，どのくらい作品がマニアックで一般的に知られていないか（知名度の低さ），社会的には支持されていないマイナーなジャンルであるか（そのオタクであることを開示することへの障壁の高さ）などのことであり，作品のマニアック度が高いほどオタクと判断される可能性も高くなる。具体的には，ほとんどの人が知らないようなマニアックな作品を好んでいる場合（作品のマニアック度合いが高い場合），個人の心理的・行動的コミットメントがそれほど高くなくてもアニメ・マンガオタクと判断される可能性が高くなる。

　例えば，何度も繰り返し鑑賞し，関連グッズを買ったりしているうちに，作品内容のみならず作者や制作秘話など関連する周辺領域のことにまで興味を抱き深い知識を得たような場合，その作品が広く知られた人気作品（マニアック度が低い作品）であったとしても，アニメ・マンガオタクであると判断される可能性が高くなるだろう。一方，そんなに時間もお金も費やしていなかったとしても，好んでいる作品のマニアック度が高ければ，アニメ・マンガオタクと判断される可能性が高くなるだろう。同じアニメ・マンガオタクでも前者と後者では意味が違ってくる。

　あるマンガ・アニメオタクがいた場合に，このOIモデルに当てはめて考え

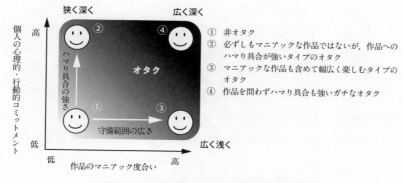

図 3.11　OI モデルで示すオタクの多様性と連続性

ることで，どのようなタイプのオタクなのかが理解できるようになると考えられる。また，オタクに至るまでどのような変化があったのか，を書き入れることで，オタクとしての成長・発達・変化などの軌跡を描くこともできるかもしれない（図3.11）。例えば，オタクを対象にした質的研究（フィールドワークやインタビュー調査）を行い，「△△という作品を知ってからハマってどんどんのめりこんでいった」や「今思えば□□との出会いが自分をオタクの道に引き込んだよね」といった語りデータを収集・蓄積していくことで，オタクとしての発達の軌跡を描くことができるかもしれない。このように，OIモデルは現代におけるオタクの多様性（ダイバーシティ）と連続性（スペクトラム），また，オタクの発達プロセスについても表現できる可能性がある。OIモデルをもとにした今後の研究が待たれる。

6. まとめ

　本章では，アニメ・マンガのオタクに焦点をあて，その実態を把握するために現代青年を対象としたアニメ・マンガに関する意識・行動調査を実施した。その結果，オタクの裾野の拡大を裏付けるようなデータが得られ，アニメ・マンガオタクの多様性が示された。具体的には，多くのアニメ・マンガに親しんでおりアニメ・マンガオタクの自覚もある者（接触高・自認群）が

23.7％にのぼるとともに，アニメ・マンガへの接触は多いがオタクの自覚のない者（接触高・非自認群：10.9％）や，アニメ・マンガへの接触は多くないがオタクの自覚がある者（接触低・自認群：9.5％）も存在することが示された。また，調査で得られた知見も踏まえ，オタク・非オタクと二元論的に捉えるのではなく，個人の発達という観点からオタクを捉え直すための OI モデル（Otaku Intensity Model）が提案され，アニメ・マンガオタクを多様性（ダイバーシティ）と連続性（スペクトラム）の双方から捉えることの重要性が示された。

引用文献

東浩紀（2001）．動物化するポストモダン──オタクから見た日本社会　講談社

菊池聡（2008）．「おたく」ステレオタイプの変遷と秋葉原ブランド　地域ブランド研究, *4*, 47-78.

野村総合研究所オタク市場予測チーム（2005）．オタク市場の研究　東洋経済新報社

岡田斗司夫（2008）．オタクはすでに死んでいる　新潮社

斎藤環（2006）．戦闘美少女の精神分析　ちくま文庫

山岡重行（2016）．腐女子の心理学──彼女たちはなぜ BL（男性同性愛）を好むのか？　福村出版

山岡重行（2019）．腐女子の心理学 2──彼女たちのジェンダー意識とフェミニズム　福村出版

column 1 | 海外のオタク事情

家島明彦

　ゲーム，アニメ，マンガを中心として，日本のサブカルチャーは世界中の若者に消費されている。海外における日本のアニメ・マンガの受容や海外のオタク事情を解説する書籍も少なくない（e.g. ケルツ，2007; マシアス，2006）。堀淵（2006）によれば，「japanophile（ジャパノフィル）＝日本偏愛」という造語や，日本（人）に憧れる日本オタク（とくに白人）を揶揄する「wapanese（ワパニーズ[1]）」という造語が生まれるほど，アニメ・マンガは米国で「超親日」（オタク）を生み出しているようである。筆者も留学中に，自らの Web サイトの URL に「japanigro（ジャパニグロ）」という造語を使う黒人と出会ったり，好きなアニメのキャラクターにちなんで子どもに「ユースケ」と「ヒトミ」と名付けたメキシコ人の話を聞いたりした経験がある。日本のアニメ・マンガで育った海外青年は着実に増えてきており，海外におけるオタクの裾野も拡がりつつあるように見える。

　一方で，小田切（2008）は，「海外での日本産コンテンツの人気」や「日本の文化的影響力」を示唆する言葉「クールジャパン」を巡る言説について整理し，その上で「受容される現場への関心の欠落」を指摘している。つまり，日本で言われているほど実際には海外で日本のマンガやアニメが消費されていない可能性，盛り上がっているのは一部のマイノリティにしかすぎない可能性について指摘しているのである。実際に現地に赴いて調査を行うことが重要である。

　そこで海外フィールドワークを通して得た個人的な経験や海外青年を対象とした質問紙調査やインタビュー調査の結果を報告する。海外での実態調査は，受容される現場での日常的営為を（部分的にだが）明らかにすることができるであろう。

　結論から言えば，海外でもオタクが増えてきているが，日本ほどオタクの裾野が拡大しているわけではない。国際オタクイベント協会（International Otaku Expo Association）のサイトを見れば，世界各地でのオタク向けイベント開催状況（回数や参加者数）がわかり，確かに世界中でオタクの実人数が増えていることがわかる。しかし，分母を考えてみると割合としては依然としてマイノリティに留まることもわかる。

1　一部のサイトでは蔑称として使用禁止になっている。もともとは white（白人）＋ Japanese（日本人）で whapanese（ホワパニーズ）であった，w は western（西洋）や wanna be（なりたい）であった，など語源については諸説ある。

実際に海外でフィールドワークをしてみると現状を知ることができる。かつて「MANGA という言葉は国際語として世界で通じるようになった」という言説があった。確かに海外の大手書店では，実際に MANGA の表記で日本のマンガが棚に並んでいることもある。しかし小さな書店においては MANGA の表記はおろか，日本のマンガ自体見あたらないことがほとんどである。実際は MANGA という表記を目にすることができるのは，ごく限られた書店の，限られたスペースにおいてのみである。最近では国際空港の売店で日本のマンガを見かけることも滅多にない。これが現状である。

　現地で実際に調査をしてみることも重要である。米国で大学生に質問紙調査を実施したところ，普通の大学生は MANGA という言葉自体を知らない人が多く，20 代の若者であっても「MANGA って何？」と聞いてくる人がいることが明らかとなった。また，日本人大学生の 9 割以上が小学校高学年以前にマンガを読み始めているのに対し，米国人大学生の 9 割以上が小学校高学年以前にはマンガを読んだことがないという結果も得られた（家島, 2009a）。さらに，一般的な米国人大学生の半分以上は，そもそもマンガ自体を読んだことがない（あるいは，知らない）という結果も示された（家島, 2009b）。

　海外のオタク事情について知りたいなら，メディア報道や一般に流布している言説を鵜呑みにせず，実際に現地に赴いてフィールドワークや調査を行うことが重要である。

引用文献

堀淵清治（2006）．萌えるアメリカ——米国人はいかにして MANGA を読むようになったか　日経 BP 社

家島明彦（2009a）．海外における日本マンガ事情と多文化横断的研究の可能性　日本心理学会第 73 回大会発表論文集, 82.

家島明彦（2009b）．現代青年がマンガを読む契機，時期，動機に関する日米比較　日本社会心理学会第 50 回大会・日本グループ・ダイナミックス学会第 56 回大会合同大会

ケルツ, R.（著）永田医（訳）（2007）．ジャパナメリカ——日本発ポップカルチャー革命　ランダムハウス講談社

マシアス, P.（著）町山智浩（訳）（2006）．オタク・イン・USA——愛と誤解の Anime 輸入史　太田出版

小田切博（2008）．「クールジャパン」と「MANGA」　ユリイカ 2008 年 6 月号「特集＝マンガ批評の新展開」, 第 40 巻 7 号　青土社

II

――

様々な「オタク」たち

4章

腐女子

山岡重行

> 最初期のオタクは，子供向けのマンガやアニメに熱中し，ヒーロー名を連呼する「テレビまんが」の主題歌を歌う異質な存在だった（1章参照）。時は流れオタク層は拡大し（2章参照），大学生世代の過半数が自分にオタク的要素があることを認めるようになった。多くの若者がマンガを読んでアニメを見てアニソンを聴いたりカラオケで歌うようになった。オタクは質的な違いではなく量的な違いになった。多くのマンガを読み，多くのアニメを見て，多くのアニソンを聴く者がオタクと呼ばれるようになった。マンガ・アニメオタクの裾野が広がるだけでなく，まえがきで書いたように，「＿＿＿オタ」とすることでオタクの適応範囲がサブカルチャー全般に広がりつつある。「オタク」が「＿＿＿オタ」になり適応範囲が拡大する一方で，「オタク」界のエッセンスを濃縮したような存在がある。「腐女子」である。この章では「腐女子」に焦点を合わせ心理学的に分析していく。

1. 腐女子の定義

　前述のように「オタ」と見なされる範囲が拡大しているが，本章では狭義の「オタク」，すなわち「アニメ・マンガ・ゲーム・特撮といったオタク系の趣味に熱中し多くの時間と資金と労力を投資する者」として議論を進めていく。では，オタクのエッセンスを濃縮した「腐女子」とはどのような存在なのであろうか。

　金田一「乙」彦（2009）の『オタク語事典』によれば，腐女子とは「男性

キャラクターや現実の男性同士の恋愛を妄想して楽しむ女性のことであり広義にはその趣味を持たない男性オタクに近い趣向の女性オタクも含む」とされている。この「広義」が意味するものはただの「女性オタク」であり，それでは「腐女子」の本質を捉えることができない。腐女子の本質は「男性キャラクターや現実の男性同士の恋愛を妄想して楽しむ女性」という部分にある。この「腐女子」という名称は，非腐女子からの蔑称ではない。ある女性マンガ家が自らを「男性同性愛に偏愛を示す，腐った女子だから腐女子」と述べたものが語源だとされている（堀，2009）。同性愛的な要素を含まない作品の男性キャラクターを同性愛的視点で捉えてしまう，自らの思考や発想を「腐っている」と自嘲したというのである。

男性キャラクター同士の恋愛を描いたマンガや小説などを「ボーイズラブ（以下，BL）」と呼ぶ。BL作品は同人BL作品と商業BL作品に大別できる。同人作品は，ある作品やキャラクターのファンが，原作のキャラクターや設定を使って新しい物語を作り（これを二次創作と呼ぶ），同人誌という形にしたものである。同人BL作品は，原作では友人だったりライバル関係にある二人の男性キャラクターのあいだに，恋愛関係が存在すると解釈できる台詞や仕草を見つけ出してカップリングし，その二人の男性キャラクターの恋愛を描いた二次創作マンガや小説を同人誌にしたものである。主にコミックマーケットなどの同人誌即売会などで販売され流通する作品である。商業BLは，オリジナルのBLマンガ雑誌やBL小説という形で販売され流通する作品である。

男性キャラクター同士の恋愛物語といっても，BL作品は男性同性愛者同士の恋愛を描いたものではない。BL作品のデフォルトは本来異性愛者である男性が男性を愛するというものである。本研究では「腐女子とはBL嗜好のあるオタク女性」と概念的に定義する。

2. 腐女子とオタクを操作的に定義する

山岡（2016）は，オタクの行動傾向を測るため，オタクであり腐女子を自

認する5名の女性にのべ15時間以上の面接調査を行い，自分自身や友人の
オタクたちに特徴的な行動傾向についての回答を得た。その回答を整理し，
19項目のオタク度尺度を作成した。

　また，同じ面接調査から腐女子の重要な特徴として，BL作品への志向性を
持つこと，原作では恋愛関係にない二人の男性キャラクターをカップリング
すること，カップリングした男性キャラクターの恋愛行動を妄想して楽しむ
ことの3点に注目し，以下の質問項目を作成した。「男女の恋愛小説やマンガ
よりもボーイズラブの恋愛ものを読む」，「ボーイズラブじゃないマンガや小
説でもシチュエーションやセリフによってカップリングに変換してしま
う」「気がつくと好きなキャラクターでボーイズラブな妄想をしてしまう」こ
の3項目から構成される尺度が腐女子度尺度である。

　この2つの尺度によって回答者を4つの群に分けることができる。すなわ
ち，オタク度も腐女子度も高い腐女子群，オタク度が高く腐女子度が低いオ
タク群，どちらも低い一般群，オタク度が低く腐女子度が高い耽美群である。
この4群を性別で分けると理論的には8群になる。しかし現実には，オタク
度も高く腐女子度も高い腐男子と，オタク度が低く腐女子度が高い男女耽美
群は存在するけれども，他の群と比較できないほどの少数派である。そのた
め，腐女子群，女性オタク群，女性一般群，男性オタク群，男性一般群の5
群を比較してその違いを検討している。ちなみに，「オタクのエッセンスを濃
縮した腐女子」と書いたのは，腐女子群は腐女子度が高いだけでなくオタク
度も男女オタク群よりも高い（山岡，2019）からである。腐女子はオタクの進
化形なのである。

3. 研究1：腐女子の誕生

　全国の小・中・高校生を対象に毎日新聞と全国学校図書館協議会は学校読
書調査を毎年実施している。この学校読書調査の中に，普段読んでいる雑誌
に関する質問がある。この回答を見ると，雑誌購読における明確な男女差が
認められる（表4.1，表4.2）。

表 4.1 雑誌読書に関する学校読書調査結果（男子）

	小4男子	小5男子	小6男子	中1男子	中2男子	中3男子	高1男子	高2男子	高3男子
2017年1位	月刊コロコロ(212)	月刊コロコロ(213)	月刊コロコロ(143)	週刊ジャンプ(49)	週刊ジャンプ(57)	週刊ジャンプ(46)	週刊ジャンプ(65)	週刊ジャンプ(70)	週刊ジャンプ(56)
2017年2位	週刊ジャンプ(39)	週刊ジャンプ(55)	週刊ジャンプ(54)	月刊コロコロ(42)	月刊コロコロ(20)	週刊マガジン(21)	週刊マガジン(19)	週刊マガジン(23)	週刊マガジン(25)
2017年3位	最強ジャンプ(28)	Vジャンプ(27)	最強ジャンプ(19)	週刊マガジン(12)	Vジャンプ(12)	卓球王国(6)	週刊サンデー(7)	週刊ヤングジャンプ(10)	週刊サンデー(10)
2017年4位	コロコロイチバン!(19)	最強ジャンプ(26)	Vジャンプ(16)	Vジャンプ(6)	週刊マガジン(10)	ジャンプスクエア(6)	ジャンプスクエア(6)	週刊サンデー(8)	週刊ヤングジャンプ(8)
2017年5位	Vジャンプ(18)	週刊マガジン(12)	ちゃぐりん(12)	最強ジャンプ(5)	サッカーダイジェスト(5)	月刊バスケットボール(4)	卓球王国(6)	ジャンプスクエア(8)	Number(6)
2016年1位	月刊コロコロ(180)	月刊コロコロ(143)	月刊コロコロ(160)	週刊ジャンプ(90)	週刊ジャンプ(80)	週刊ジャンプ(71)	週刊ジャンプ(66)	週刊ジャンプ(49)	週刊ジャンプ(71)
2016年2位	週刊ジャンプ(47)	週刊ジャンプ(52)	週刊ジャンプ(62)	月刊コロコロ(43)	週刊マガジン(14)	週刊マガジン(23)	週刊マガジン(27)	週刊マガジン(27)	週刊マガジン(26)
2016年3位	最強ジャンプ(20)	最強ジャンプ(21)	最強ジャンプ(17)	週刊マガジン(15)	月刊コロコロ(13)	週刊サンデー(11)	週刊サンデー(7)	週刊ヤングジャンプ(7)	週刊ヤング(13)
2016年4位	Vジャンプ(14)	Vジャンプ(15)	Vジャンプ(17)	Vジャンプ(12)	週刊サンデー(5)	月刊バスケットボール(8)	ジャンプスクエア(8)	週刊サンデー(7)	週刊サンデー(11)
2016年5位	ちゃぐりん(10)	週刊マガジン(10)	別冊コロコロSpecial(14)	最強ジャンプ(8)	Vジャンプ(5)	週刊文春(7)	週刊ヤングジャンプ(7)	Newton(6)	ジャンプスクエア(8)
2015年1位	月刊コロコロ(230)	月刊コロコロ(178)	月刊コロコロ(124)	週刊ジャンプ(126)	週刊ジャンプ(165)	週刊ジャンプ(145)	週刊ジャンプ(138)	週刊ジャンプ(151)	週刊ジャンプ(165)
2015年2位	週刊ジャンプ(48)	週刊ジャンプ(50)	週刊ジャンプ(96)	月刊コロコロ(79)	週刊マガジン(33)	週刊マガジン(37)	週刊マガジン(35)	週刊マガジン(46)	週刊マガジン(60)
2015年3位	最強ジャンプ(25)	最強ジャンプ(26)	最強ジャンプ(19)	週刊マガジン(26)	月刊コロコロ(24)	電撃文庫MAGAZINE(20)	週刊ヤングジャンプ(18)	週刊サンデー(21)	週刊サンデー(28)
2015年4位	Vジャンプ(23)	Vジャンプ(25)	週刊マガジン(17)	Vジャンプ(23)	Vジャンプ(16)	週刊サンデー(18)	ジャンプスクエア(18)	週刊ヤングジャンプ(20)	週刊ヤングジャンプ(24)
2015年5位	ちゃぐりん(16)	ちゃぐりん(15)	Vジャンプ(17)	最強ジャンプ(14)	ジャンプスクエア(14)	ジャンプスクエア(14)	週刊サンデー(12)	ジャンプスクエア(12)	ジャンプスクエア(15)
2014年1位	月刊コロコロ(291)	月刊コロコロ(304)	月刊コロコロ(196)	週刊ジャンプ(189)	週刊ジャンプ(197)	週刊ジャンプ(171)	週刊ジャンプ(109)	週刊ジャンプ(140)	週刊ジャンプ(131)
2014年2位	週刊ジャンプ(86)	週刊ジャンプ(128)	週刊ジャンプ(138)	月刊コロコロ(75)	週刊マガジン(36)	週刊マガジン(41)	週刊マガジン(24)	週刊マガジン(49)	週刊マガジン(37)
2014年3位	最強ジャンプ(72)	最強ジャンプ(79)	最強ジャンプ(42)	週刊マガジン(28)	月刊コロコロ(24)	週刊サンデー(24)	ジャンプスクエア(12)	週刊サンデー(19)	Samurai ELO(22)
2014年4位	Vジャンプ(49)	Vジャンプ(69)	Vジャンプ(42)	Vジャンプ(23)	Vジャンプ(18)	ジャンプスクエア(11)	週刊サンデー(11)	ジャンプスクエア(17)	週刊サンデー(14)
2014年5位	コロコロイチバン!(26)	別冊コロコロSpecial(25)	ちゃぐりん(21)	最強ジャンプ(22)	週刊サンデー(11)	月刊バスケットボール(10)	月刊少年マガジン(6)	週刊ヤングジャンプ(16)	ジャンプスクエア(10)
2013年1位	月刊コロコロ(207)	月刊コロコロ(159)	月刊コロコロ(135)	週刊ジャンプ(125)	週刊ジャンプ(135)	週刊ジャンプ(133)	週刊ジャンプ(205)	週刊ジャンプ(215)	週刊ジャンプ(179)
2013年2位	週刊ジャンプ(69)	週刊ジャンプ(92)	週刊ジャンプ(123)	月刊コロコロ(32)	週刊マガジン(32)	週刊マガジン(25)	週刊マガジン(49)	週刊マガジン(77)	週刊マガジン(76)
2013年3位	最強ジャンプ(64)	Vジャンプ(45)	Vジャンプ(39)	Vジャンプ(32)	Vジャンプ(15)	ジャンプスクエア(15)	ジャンプスクエア(27)	週刊サンデー(35)	週刊サンデー(34)
2013年4位	Vジャンプ(47)	最強ジャンプ(36)	最強ジャンプ(31)	週刊マガジン(18)	月刊コロコロ(23)	週刊サンデー(14)	週刊サンデー(27)	ジャンプスクエア(27)	ジャンプスクエア(22)
2013年5位	コロコロイチバン!(22)	別冊コロコロSpecial(17)	別冊コロコロSpecial(13)	最強ジャンプ(15)	月刊バスケットボール(10)	週刊ファミ通(8)	月刊バスケットボール(11)	週刊ヤングジャンプ(17)	Samurai ELO(21)
2012年1位	月刊コロコロ(173)	月刊コロコロ(197)	月刊コロコロ(148)	週刊ジャンプ(140)	週刊ジャンプ(146)	週刊ジャンプ(130)	週刊ジャンプ(186)	週刊ジャンプ(214)	週刊ジャンプ(180)
2012年2位	週刊ジャンプ(69)	週刊ジャンプ(103)	週刊ジャンプ(142)	月刊コロコロ(47)	Vジャンプ(19)	ジャンプスクエア(20)	週刊マガジン(47)	週刊マガジン(78)	週刊マガジン(67)
2012年3位	最強ジャンプ(46)	最強ジャンプ(50)	Vジャンプ(48)	Vジャンプ(31)	ジャンプスクエア(16)	週刊マガジン(20)	週刊サンデー(34)	ジャンプスクエア(36)	週刊サンデー(30)
2012年4位	Vジャンプ(29)	Vジャンプ(30)	最強ジャンプ(31)	週刊マガジン(29)	月刊コロコロ(15)	Vジャンプ(10)	ジャンプスクエア(21)	週刊サンデー(27)	ジャンプスクエア(20)
2012年5位	ちゃぐりん(25)	ちゃぐりん(23)	ちゃぐりん(27)	月刊バスケットボール(19)	週刊マガジン(13)	週刊サンデー(9)	週刊ファミ通(19)	Newton(24)	週刊ファミ通(20)

※月刊コロコロ＝月刊コロコロコミック，週刊ジャンプ＝週刊少年ジャンプ，週刊マガジン＝週刊少年マガジン，週刊サンデー＝週刊少年サンデー，コロコロイチバン＝コロコロイチバン！，ジャンプスクエア＝ジャンプSQ.，別冊コロコロSpecial＝別冊コロコロコミックSpecial

4章 腐女子

表 4.2　雑誌読書に関する学校読書調査結果（女子）

	小4女子	小5女子	小6女子	中1女子	中2女子	中3女子	高1女子	高2女子	高3女子
2017年1位	ちゃお(119)	ちゃお(154)	ちゃお(92)	nicola(78)	nicola(60)	Seventeen(67)	Seventeen(95)	Seventeen(68)	Seventeen(39)
2017年2位	月刊コロコロ(34)	りぼん(54)	ニコ☆プチ(38)	Popteen(27)	Popteen(39)	Popteen(47)	Popteen(48)	Popteen(26)	mini(32)
2017年3位	りぼん(34)	月刊コロコロ(38)	nicola(38)	ちゃお(24)	Seventeen(35)	nicola(40)	mini(31)	週刊ジャンプ(24)	non-no(30)
2017年4位	ね〜ね〜(18)	ニコ☆プチ(25)	りぼん(28)	週刊ジャンプ(20)	Myojo(30)	Myojo(30)	non-no(22)	mini(22)	Popteen(17)
2017年5位	なかよし(17)	nicola(18)	週刊ジャンプ(24)	ニコ☆プチ(19)	ポポロ(25)	mini(21)	Myojo(21)	non-no(19)	週刊ジャンプ(13)
2016年1位	ちゃお(135)	ちゃお(95)	ちゃお(103)	nicola(75)	nicola(52)	Seventeen(59)	Seventeen(106)	Seventeen(64)	Seventeen(36)
2016年2位	りぼん(67)	りぼん(38)	りぼん(49)	週刊ジャンプ(38)	Popteen(43)	Popteen(48)	Popteen(46)	non-no(34)	non-no(28)
2016年3位	月刊コロコロ(46)	月刊コロコロ(29)	nicola(29)	ちゃお(41)	Seventeen(41)	nicola(34)	non-no(27)	Popteen(29)	mini(27)
2016年4位	なかよし(30)	ニコ☆プチ(26)	ニコ☆プチ(39)	Popteen(30)	週刊ジャンプ(32)	ポポロ(22)	Myojo(22)	Myojo(25)	週刊ジャンプ(18)
2016年5位	週刊ジャンプ(17)	nicola(22)	月刊コロコロ(24)	りぼん(29)	ポポロ(20)	Myojo(22)	ポポロ(21)	週刊ジャンプ(23)	Popteen(17)
2015年1位	ちゃお(138)	ちゃお(147)	ちゃお(91)	nicola(104)	nicola(95)	Seventeen(92)	Seventeen(164)	Seventeen(109)	non-no(59)
2015年2位	月刊コロコロ(67)	りぼん(48)	nicola(42)	週刊ジャンプ(69)	週刊ジャンプ(67)	週刊ジャンプ(59)	non-no(68)	non-no(76)	Seventeen(56)
2015年3位	りぼん(54)	月刊コロコロ(37)	りぼん(40)	ちゃお(61)	Seventeen(53)	Popteen(43)	Popteen(54)	Popteen(52)	Popteen(54)
2015年4位	なかよし(28)	ニコ☆プチ(26)	ニコ☆プチ(37)	ピチレモン(39)	Popteen(49)	nicola(42)	週刊ジャンプ(39)	Ranzuki(34)	週刊ジャンプ(44)
2015年5位	週刊ジャンプ(21)	なかよし(22)	週刊ジャンプ(22)	りぼん(37)	ピチレモン(35)	ポポロ(28)	Myojo(35)	週刊ジャンプ(31)	mini(38)
2014年1位	ちゃお(217)	ちゃお(218)	ちゃお(154)	nicola(124)	nicola(108)	Seventeen(103)	Seventeen(103)	Seventeen(164)	non-no(66)
2014年2位	りぼん(106)	りぼん(80)	ニコ☆プチ(60)	週刊ジャンプ(72)	Seventeen(73)	nicola(62)	Popteen(54)	non-no(68)	Seventeen(49)
2014年3位	なかよし(57)	なかよし(56)	りぼん(57)	ピチレモン(61)	週刊ジャンプ(72)	週刊ジャンプ(55)	non-no(49)	Popteen(54)	Popteen(40)
2014年4位	月刊コロコロ(52)	月刊コロコロ(41)	nicola(56)	ちゃお(42)	ピチレモン(49)	Popteen(48)	週刊ジャンプ(38)	週刊ジャンプ(39)	週刊ジャンプ(32)
2014年5位	週刊ジャンプ(33)	週刊ジャンプ(36)	週刊ジャンプ(46)	ポポロ(40)	ポポロ(41)	ポポロ(33)	Ranzuki(29)	JELLY(26)	JELLY(24)
2013年1位	ちゃお(132)	ちゃお(135)	ちゃお(101)	nicola(70)	nicola(65)	Seventeen(107)	Seventeen(155)	Seventeen(131)	non-no(101)
2013年2位	りぼん(46)	りぼん(64)	りぼん(45)	ピチレモン(45)	Seventeen(55)	Popteen(52)	non-no(82)	non-no(111)	週刊ジャンプ(66)
2013年3位	月刊コロコロ(32)	週刊ジャンプ(37)	ニコ☆プチ(45)	週刊ジャンプ(35)	ポポロ(37)	週刊ジャンプ(37)	Popteen(69)	Popteen(73)	Popteen(63)
2013年4位	なかよし(28)	ニコ☆プチ(26)	nicola(44)	Seventeen(29)	週刊ジャンプ(31)	ポポロ(31)	週刊ジャンプ(50)	週刊ジャンプ(62)	Seventeen(57)
2013年5位	週刊ジャンプ(20)	nicola(22)	なかよし(28)	ちゃお(29)	Popteen(30)	Myojo(31)	Ranzuki(38)	Ranzuki(29)	Zipper(50)
2012年1位	ちゃお(174)	ちゃお(132)	ちゃお(122)	nicola(67)	nicola(74)	Seventeen(100)	Seventeen(130)	Seventeen(120)	Popteen(87)
2012年2位	りぼん(50)	りぼん(55)	nicola(62)	ポポロ(48)	Seventeen(69)	Popteen(50)	Popteen(89)	Popteen(102)	non-no(82)
2012年3位	なかよし(34)	週刊ジャンプ(43)	ニコ☆プチ(60)	ピチレモン(43)	ポポロ(43)	週刊ジャンプ(38)	non-no(60)	non-no(86)	Zipper(56)
2012年4位	ちゃぐりん(30)	なかよし(36)	りぼん(42)	週刊ジャンプ(36)	Myojo(36)	ポポロ(37)	週刊ジャンプ(55)	週刊ジャンプ(65)	Seventeen(56)
2012年5位	週刊ジャンプ(28)	ニコ☆プチ(25)	ピチレモン(37)	ピチレモン(27)	ピチレモン(34)	nicola(31)	Ranzuki(51)	Ranzuki(55)	週刊ジャンプ(50)

月刊コロコロ＝月刊コロコロコミック，週刊ジャンプ＝週刊少年ジャンプ

男性は小学生では「コロコロコミック」「コミックボンボン」，そして「少年ジャンプ」を読む者が多い。中学生から高校生になると「少年ジャンプ」「少年マガジン」「少年サンデー」が多くなる。小学校から高校まで，男性は一貫してマンガ雑誌を読んでいるのである。それに対して女性の場合，小学生では「りぼん」「ちゃお」「なかよし」といった少女マンガ雑誌を読んでいるが，中学になると「ピチレモン」などのローティーン向けファッション雑誌や「Myojo」などのアイドル雑誌になり，高校生になると「non-no」「SEVENTEEN」などのハイティーン向けのファッション雑誌が多くなるのである。では女性は，中高生になるとマンガ雑誌は読まなくなるのだろうか。確かに中学生になると少女マンガ誌を読む女性は少なくなるが，中高生になると「少年ジャンプ」を読む者が増えてくるのである。「少年ジャンプ」はアニメの原作マンガも多く掲載されている。マンガやアニメ好きな女性オタクたちは少女マンガから卒業すると「少年ジャンプ」をはじめとする少年マンガに移行すると考えられる。

　基本的に，少女マンガを読んできた女性は少女マンガ的な物語を好み，少年マンガを読んできた男性は少年マンガ的な物語を好むと考えられる。マンガやアニメ好きな腐女子群と女性オタク群は女性一般群よりも少女マンガ的な物語を好み，男性オタク群は男性一般群よりも少年マンガ的な物語を好む傾向が強いと考えられる。ただし，オタク度が高い女性も「少年ジャンプ」を愛読している者が多いため，少年マンガ的な物語を好む傾向は強くなると考えられる。腐女子とオタクと一般人の，少女マンガ的な物語と「少年ジャンプ」的な友情・努力・勝利の物語に対する好みを比較した。

1) 方法

　調査対象者　首都圏私立大学2校の18歳から62歳の男女大学生688名（女性470名，男性184名，未記入31名）。平均年齢20.18歳（SD=3.723）。

　使用した質問　「少年ジャンプ」的な友情・努力・勝利の物語の好みを調べるための3項目と，少女マンガ的な物語に対する好みを調べるための12項目の質問を設定した。各質問文のようなストーリーや展開がどの程度好きかを，

表 4.3　少女マンガ・少年マンガ的な物語の好みに関する質問の平均値と分散分析結果

質問項目	因子 1	因子 2
女性主人公が恋人に身も心も捧げ一途に愛するストーリー	**0.813**	-0.160
女性主人公が傷ついた恋人の心を慰め癒やすストーリー	**0.789**	-0.129
平凡な少女が男性から愛されることで自分の価値に気づき自信を持つようになるストーリー	**0.724**	-0.106
女性主人公が恋人との葛藤を乗り越えて自分の夢を実現していくストーリー	**0.702**	0.052
男性主人公が命がけで恋人を愛するストーリー	**0.696**	-0.044
愛し合う恋人同士が力を合わせて二人の夢を実現していくストーリー	**0.674**	0.145
女性主人公が魅力的な男性に愛され幸福になるストーリー	**0.668**	0.027
平凡な女性主人公が美人で金持ちの恋のライバルに勝ち愛を手に入れるストーリー	**0.661**	-0.029
主人公たちが愛し合い，幸せをつかんでいくストーリー	**0.651**	0.146
女性主人公が愛に悩み傷つきながらも一人で強く生きていくストーリー	**0.586**	0.012
ハッピーエンドのラブストーリー	**0.562**	0.164
主人公たちが反発したりケンカしたりしながらも愛し合うようになるストーリー	**0.550**	0.201
男性主人公が自分の努力と才能，仲間の協力で夢を実現していくストーリー	-0.083	**0.942**
主人公が友情と努力で戦いに勝利するストーリー	-0.092	**0.869**
女性主人公が自分の努力と才能，仲間の協力で夢を実現していくストーリー	0.149	**0.702**

「1；全く好きではない〜 5；大好き」の 5 件法で回答させた。同時にオタク度尺度と腐女子度尺度（山岡, 2016）にも回答させた。

2）結果と考察

　物語の好みに関する 15 の質問項目に主因子法プロマックス回転の因子分析を行った（表 4.3）。その結果，質問項目作成時に想定していた少女マンガ的恋愛物語と「少年ジャンプ」的な友情・努力・勝利の物語に相当する 2 因子が得られた。第 1 因子は少女マンガ的恋愛物語の好みに関する 12 項目に負荷量が高く少女マンガ的恋愛物語嗜好性の因子であると解釈できる。この 12 項目の平均値を少女マンガ的恋愛物語嗜好性得点とした（ α =.913）。第 2 因子は友情・努力・勝利の物語の好みに関する 3 項目に負荷量が高く友情・努力・勝利物語嗜好性の因子であると判断できる。この 3 項目の平均値を友情・努力・勝利物語嗜好性得点とした（ α =.875）。

　調査対象者のうち，性別未記入者と女性耽美群と腐男子群合計 34 名を以下の分析から除外した。腐女子群，女性オタク群，女性一般群，男性オタク

表 4.4　少女マンガ・少年マンガ的な物語の好みに関する質問の因子分析結果
（主因子法プロマックス回転）

		腐女子	女性オタク	女性一般	男性オタク	男性一般	分散分析結果
少女マンガ的	M	3.354	3.320	3.333	3.058	2.971	F=4.888
恋愛物語嗜好性	SD	0.882	0.841	0.768	0.856	0.791	df=4/631
	n	126	139	194	95	82	p=.001
友情・努力・勝利物語	M	3.958	3.681	3.482	3.867	3.557	F=6.769
嗜好性	SD	0.864	1.004	0.861	0.924	0.886	df=4/639
	n	127	139	198	98	82	p=.001

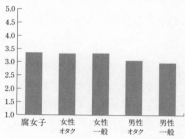

図 4.1　少女マンガ的恋愛嗜好性得点

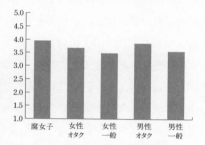

図 4.2　友情・努力・勝利物語嗜好性得点

群，男性一般群の少女マンガ的恋愛物語嗜好性得点と友情・努力・勝利物語
嗜好性得点の平均と標準偏差を表 4.4 に示した。5 群の平均点を 1 要因分散分
析により比較した。少女マンガ的恋愛物語嗜好性得点の分散分析の結果，群
の違いの有意な主効果（F=4.888, df=4/631, p<.01）が認められた（図 4.1）。
Bonferroni 法多重比較から，腐女子群，女性オタク群，女性一般群の女性 3
群は男性一般群よりも得点が高いことを示す有意差が認められた。友情・努
力・勝利物語嗜好性得点の 1 要因分散分析の結果，群の違いの有意な主効果
（F=6.769, df=4/639, p<.001）が認められた（図 4.2）。Bonferroni 法多重比較から，
腐女子群と男性オタク群は女性一般群よりも，また腐女子群は男性一般群よ
りも得点が高いことを示す有意差が認められた。

　予想通り，女性は男性よりも少女マンガ的な物語が好きであることが確認
できた。興味深いのは少年マンガ的な友情・努力・勝利の物語に対する好み
である。男性オタク群の得点が高いのは当然だとしても，腐女子群の得点の
高さは特筆に値する。平均点から，現代の大学生世代は「少年ジャンプ」的

な友情・努力・勝利の物語がみんな好きであるが，その中でも腐女子群の平均点は5件法でほぼ4.0であり，腐女子群は友情・努力・勝利の物語が大好きなのだと言うことができる。

　前述のように，多くの女子小学生が読んでいる雑誌は「ちゃお」「なかよし」「りぼん」の少女マンガ雑誌である。その下に「コロコロコミック」や「週刊少年ジャンプ」などの男子向けマンガ雑誌や「ニコ☆プチ」などの小学生向けファッション雑誌がランクインしたりもするが，女子の小学生時代は三大少女マンガ雑誌の時代だと表現しても良いだろう。少女マンガのテーマは圧倒的に恋愛が多い（諸橋, 2005, 雲野, 2006）。少女マンガを読むことで，女子は恋愛マンガの文法を学習するのである。

　女子はどのような表情で好きな相手を見つめるのか。恋人たちは見つめ合うだけでどれだけ心を通わせることができるのか。男子の少し乱暴な仕草の裏にどんな気持ちが隠されているのか。恋する女子はどのような仕草をするのか。どのような言葉で恋愛感情を表現するのか。どのようなシチュエーションになると自分の気持ちを告白しキスするのか。少女マンガのお約束，少女マンガの文法を女子はまず学習するのである。

　マンガやドラマの次のような場面を，少女マンガの文法で読み解いたらどうなるか考えて欲しい。例えばスポーツマンガである。

　「他のチームメイトは名字で呼ぶのに，その相手だけは下の名前で呼ぶ。チームでの練習以外に二人だけで自主練習をしている。その相手とは，試合中に頻繁にアイコンタクトをしている。言葉にしなくても相手の表情や動きだけで何をしようとしているのか，何を求めているのか瞬時に理解しアシストする。二人の自主練習の回想シーンが頭をよぎる。二人の協力プレーが成功して得点が入る。笑顔でハイタッチをする。熱戦を制して勝利した瞬間，真っ先に抱き合い喜びを分かち合う。先に手にした方がスポーツドリンクやタオルを相手に投げてあげる」

　少女マンガの文法で読み解くと二人は特別な関係，つまりは恋愛関係にあると読み解くことができるだろう。もちろん，少年マンガの友情表現を本気で愛情表現と認識するわけではない。それは作者が意図するものではないこ

とを十分理解した上で，少女マンガの文法を使うと愛情表現として読むこともできると感じるのである。しかし腐女子たちは少年マンガの友情描写を少女マンガの文法で愛情に読み替えるところに，ただ笑えるだけのパロディにはない魅力が生まれることを発見したのである。それはアニメファンの少女たちにとって今まで感じたことのない背徳的な香りのする禁断の果実だったのだろう。思春期・青年期のアニメファンの少女たちは，表向きはアニメのパロディで遊んでいるように偽装して，その実は性的な快を味わっていたのだと解釈できる。

　自分の好きな少年マンガに少女マンガの文法を当てはめて読む。自分の好きな二人の男性キャラクターの間に，恋愛関係を確信できるような描写を発見する。ここから腐女子のBL妄想が始まるのである。自分の好きな二人の男性キャラクターであっても，作品世界の中で恋愛関係と解釈できるような描写がなければカップリングは成立しないし妄想も始まらないのである。セリフや仕草，キャラクター設定からカップリングした二人の男性キャラクターのどちらが攻めでどちらが受けか自分の中で設定し，BL妄想を展開するのである。ちなみに，「恋愛関係が全くないキャラ同士なのに，恋愛関係に発展する妄想をしてしまうことがある」という質問に「ある程度当てはまる」と「とてもよく当てはまる」と肯定的に回答したのは腐女子群では66.22%であり，オタク群の23.23%を大きく引き離している（山岡，2016）。コミケなどで腐女子たちが購入する同人誌は，自分のBL妄想と同じカップリングを描いたものなのである。そのキャラクターや関係性は原作に準拠するために細かな説明は不要なのである。なぜその二人が恋愛関係になったのかは，自分の妄想設定があるから不要である。二人のキャラクターの男性同性愛行為だけを描いたBL同人誌を読む場合であっても，自分の解釈と脳内設定があるから，腐女子の脳内には豊かな恋愛物語が広がるのである。つまり，BL同人誌に関して腐女子はただの読者ではなくほぼ共同制作者であり，腐女子にとってのBL同人誌は自分のBL妄想を補完するものなのである。

　少女マンガで学習した恋愛表現の文法を，少年マンガの男性キャラクターの表現に適応することでBL妄想が発生し，それを楽しむことができる者が

腐女子となっていくのだと考えられる。つまり，腐女子は少女マンガを母親に，少年マンガを父親にして生まれたハイブリッドなオタクなのである。

4. 研究2：腐女子はBLに何を求めるのか?

　腐女子に関する最大の疑問は，なぜ彼女たちは男女の恋愛物語でなくBLを好むのかということだろう。前述の通り，BLは男性キャラクター同士の恋愛物語であり，腐女子はBL嗜好を持つオタク女性である。では腐女子がBLに求めるものは，男性同性愛と恋愛物語のどちらに重きを置いているのだろうか。腐女子が男性同性愛を求めるのであれば，現実の男性同性愛者向けの出版物や映像作品を好むはずであるが，そのような嗜好を持つ腐女子はほとんど存在しない。また，BLは「男性同士の恋愛物語」であるが，「男性同性愛者同士の恋愛物語」ではない。BL作品で多く描かれるのは，異性愛者である男性が，その性的指向を超えてたった一人の男性を愛する物語である（堀，2012）。ただ一人の相手に対する愛情の物語は純愛物語と呼ばれる。研究2では，山岡（2016）の純愛物語希求尺度を使用し，腐女子とオタクの恋愛物語に対する好みの違いを検討する。

　純愛物語希求尺度は，純愛物語のどのようなところに魅力を感じるかを測定する尺度であり，強い愛情，永遠の愛，命がけの愛，恋愛至上主義の4つの下位尺度から構成されている。「強い愛情」得点は，「好きな相手を大切にするという情熱は素敵だと思う」，など恋愛物語の登場人物の恋人への強い愛情に感じる魅力を測定する5項目（a=.897）の平均点である。「永遠の愛」得点は，「ラブストーリーの中では"永遠の愛"を信じたい」など物語の中で永遠の愛が実現することに感じる魅力を測定する3項目（a=.840）の平均点である。「命がけの愛」得点は，「ラブストーリーの中では，好きな相手と一緒に居られるのなら死ぬことも厭わないで欲しい」など愛のために自分の命や家族も犠牲にするところに感じる魅力を測定する4項目（a=.804）の平均点である。「純愛至上主義」得点は，「人間が生きる理由は，好きな相手を愛するためである」など物語の中の純愛に感じる魅力を測定する4項目（a=.760）

表4.5　純愛物語希求尺度下位尺度の平均値と分散分析結果

		腐女子	女性オタク	女性一般	男性オタク	男性一般	分散分析結果
強い愛情得点	M	4.284	4.368	4.045	4.214	3.955	$F=10.864$
	SD	0.741	0.685	0.883	0.670	0.825	$df=4/1256$
	n	196	215	497	143	210	$p=.001$
永遠の愛得点	M	3.580	3.662	3.393	3.434	3.198	$F=5.959$
	SD	1.048	1.145	1.120	0.961	1.035	$df=4/1255$
	n	195	215	496	143	211	$p=.001$
命がけの愛得点	M	3.216	2.901	2.720	2.941	2.680	$F=11.575$
	SD	0.950	1.058	0.982	0.844	0.859	$df=4/1255$
	n	196	214	496	143	211	$p=.001$
純愛至上主義得点	M	3.151	3.155	3.055	3.182	2.959	$F=2.213$
	SD	0.900	0.937	0.905	0.872	0.819	$df=4/1255$
	n	195	215	496	143	211	$p=.066$

の平均点である。「ラブストーリーに関する以下の文章にあなたはどの程度同意しますか」という教示文で回答を求めた。回答方法は「1：全くそう思わない〜5：とても強くそう思う」の5件法である。

1) 方法

調査対象者　首都圏私立大学4校の18歳から51歳の男女大学生1430名（女性1067名，男性363名）。平均年齢19.51歳（$SD=2.580$）。

手続　純愛物語希求尺度とオタク度尺度，腐女子度尺度（山岡，2016）から構成される調査用紙を作成した。通常の授業時間の一部を利用して質問紙調査を行った。

2) 結果と考察

調査対象者のうち，男女耽美群と腐男子群合計31名を以下の分析から除外した。腐女子群，女性オタク群，女性一般群，男性オタク群，男性一般群の純愛物語希求尺度の4つの下位尺度得点の平均と標準偏差を表4.5に示した。

強い愛情得点の1要因分散分析の結果，群の違いの有意な主効果（$F=10.864, df=4/1256, p<.001$）が認められた（図4.3）。Bonferroni法多重比較から腐女子群と女性オタク群は男女一般群よりも，また男性オタク群は男性一

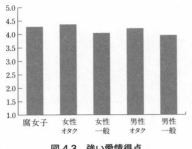

図 4.3　強い愛情得点

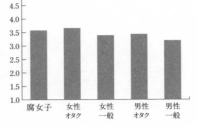

図 4.4　永遠の愛得点

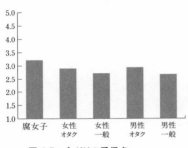

図 4.5　命がけの愛得点

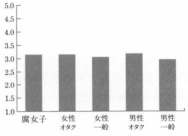

図 4.6　純愛至上主義得点

般群よりも強い愛情得点が有意に高いことを示す有意差が認められた。最低点でも 3.955 であり，どの群も恋愛物語の登場人物の恋人への強い愛情の描写に魅力を感じているが，その傾向はオタク度が高い腐女子群と男女オタク群に顕著なのである。男女を問わずオタク度が高い人物が純愛物語に求めるものは，物語の中で展開される恋人たちの強い愛情の描写なのだと解釈できる。

　永遠の愛得点の分散分析でも群の違いの有意な主効果（$F=5.959$, $df=4/1255$, $p<.001$）が認められた（図 4.4）。Bonferroni 法多重比較から腐女子群と女性オタク群は男性一般群よりも，また女性オタク群は女性一般群よりも永遠の愛得点が有意に高いことを示す有意差が認められた。最低点でも 3.198 であり，強い愛情得点ほどではないにしても，どの群も恋愛物語の中で永遠の愛が実現する描写に魅力を感じているが，その傾向は腐女子群と女性オタク群に顕著なのである。永遠の愛の実現は，オタク度が高い女性に強くアピールする

描写であると解釈できる。

　命がけの愛得点の分散分析でも群の違いの有意な主効果（$F=11.575$, $df=4/1255$, $p<.001$）が認められた（図4.5）。Bonferroni法多重比較から腐女子群は女性オタク群と男女一般群よりも命がけの愛得点が有意に高いことを示す有意差が認められた。この命がけの愛得点の平均値が中点の3.0を超えているのは腐女子群だけであり，これは腐女子群に強くアピールする要素であり，腐女子群を特徴付けるものであると解釈できる。

　純愛至上主義得点の分散分析では，群の違いの有意傾向の主効果（$F=2.213$, $df=4/1255$, $p<.10$）が認められた（図4.6）が，Bonferroni法多重比較を行ったところ有意差は認められなかった。

　研究2の結果をまとめると，どの群も恋愛物語の中で展開される恋人に対する強い愛情描写や永遠の愛が物語の中で実現することに強い魅力を感じているが，オタク度が高い腐女子群と男女オタク群は特に強い愛情描写を好み，腐女子群と女性オタク群は永遠の愛の描写を好むのである。ここに女性オタクと男性オタクの違いが現れたと解釈できる。オタク度が高い女性は「永遠の愛」という概念，あるいは言葉自体にロマンティックな魅力を感じるのかもしれない。恋愛物語の好みに関して腐女子群を特徴付けるものは，命がけの愛の描写を好むことである。BL作品は必然的にただ一人の相手に向けられる強い愛の物語を作り出す構造を持っている。前述のように，BLは男性同性愛者同士の恋愛物語ではなく，男性異性愛者同士の恋愛物語がデフォルトである。異性愛者であるにもかかわらず男性が一人の男性を愛するということは，本来魅力的であるはずの女性よりも，その男性に抗いがたい強い魅力を感じ強い愛情を感じていることを意味する。また，本来異性愛者であるため，その相手以外の男性は恋愛対象として目に入らない。これがBLのお約束なのである。BLは，「この相手以外は同性も異性も愛せない」という純愛物語を生み出すのである。

　腐女子群は命がけの愛得点が高く，愛のために自分の全てを犠牲にするような物語に強い魅力を感じるのである。同性愛者同士であれば，同性愛者のコミュニティで生活することができる。しかし異性愛者同士のBLでは，異

性愛者のコミュニティに留まることもできないし，自分を同性愛者ではないと規定しているために同性愛者のコミュニティに入ることもできない。今までで生活していた異性愛者の世界が，二人の関係を許容し祝福する可能性も低い。異性愛者同士のBLは，純愛物語を生み出すだけでなく，その愛を選択すれば，今まで生活していた世界の全てを犠牲にするという物語も，世界と敵対し心中したり命を奪われたりといった物語も作りやすい設定なのである。

5. 研究3：猟奇的な純愛

　男女の恋愛物語でもプラトニックラブやラブコメディなどのソフトなものから，濃密な性愛を描いたものやSMなど様々なバリエーションがあるように，BLにも純愛から，強姦・輪姦・拉致・監禁・調教などの過激な作品まで様々な作品が存在する。溝口（2000）は，BL作品における強姦は「劣情から来る暴力ではなく，過剰な愛情の発露であるという，独自の，荒唐無稽な，前提が機能」していると述べている。堀（2009）は，BL作品における強姦は「恋愛を劇的なものにするための一つの手段，"お約束"」なのだと述べている。

　山岡（2016）は，主人公が悲惨な目に遭う悲劇や猟奇的な恋愛物語のどのような側面に魅力を感じるのかを検討するために，猟奇愛志向性尺度を作成した。この尺度は，猟奇的な恋愛物語のどのようなところに魅力を感じるかを測定する尺度であり，3つの下位尺度から構成されている。猟奇愛得点は，「好きな相手orパートナーを苦しめ続けて自分しか見えないようにしようとするキャラが好きだ」などの10項目（a=.949）の平均点である。これは，過剰な愛の発露として暴力を用いて相手を支配するキャラクターやストーリーに感じる魅力の測度である。被虐キャラ得点は「好きなキャラの殴られているシーンや，めちゃくちゃにされているところを見たいと思う」などの7項目（a=.912）の平均点である。これは，好きなキャラクターが苛められ殴られ服従させられる場面やストーリーに感じる魅力の測度である。悲劇得点は「互いに愛し合っている者同士が引き裂かれるようなストーリーが好きだ」などの8項目（a=.879）の平均点である。これは，過酷な運命に翻弄され引き

表 4.6　猟奇愛物語志向性尺度下位尺度の平均値と分散分析結果

		腐女子	女性 オタク	女性 一般	男性 オタク	男性 一般	分散分析 結果
猟奇愛得点	M	2.701	1.880	1.269	1.985	1.646	F=89.775
	SD	1.154	1.003	0.547	0.726	0.689	df=4/978
	n	143	179	378	115	168	p=.001
被虐キャラ得点	M	3.304	2.164	1.319	2.147	1.840	F=174.824
	SD	1.022	1.014	0.551	0.722	0.746	df=4/984
	n	144	181	377	117	170	p=.001
悲劇得点	M	2.870	2.315	1.514	2.373	2.157	F=85.536
	SD	1.056	0.936	0.668	0.764	0.824	df=4/985
	n	144	181	378	118	169	p=.001

裂かれるなど，幸福な恋愛関係を成就させない悲劇に感じる魅力の測度である。「マンガや小説，ゲームなどでのストーリーおよびキャラクターに関する質問です。以下の文章にあなたはどの程度同意しますか」という教示文で回答を求めた。回答方法は，「1：全くそう思わない～5：とても強くそう思う」の5件法である。

　研究3ではこの猟奇愛志向性尺度を使い，腐女子とオタクのディープな恋愛物語の好みを検討する。

1）方法

　調査対象者　首都圏私立大学4校の18歳から51歳の男女大学生1014名（女性721名，男性293名）。平均年齢19.53歳（SD=2.660）。

　手続　猟奇愛物語志向性尺度とオタク度尺度，腐女子度尺度（山岡，2016）から構成される調査用紙を作成した。通常の授業時間の一部を利用して質問紙調査を行った。

2）結果と考察

　調査対象者のうち，男女耽美群と腐男子群合計19名を以下の分析から除外した。腐女子群，女性オタク群，女性一般群，男性オタク群，男性一般群の猟奇愛物語指向性尺度の下位尺度得点の平均と標準偏差を表4.6に示した。

　猟奇愛得点の1要因分散分析の結果，群の違いの有意な主効果（F=89.775,

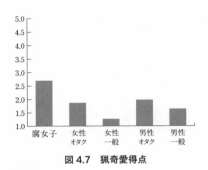

図 4.7　猟奇愛得点

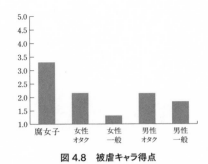

図 4.8　被虐キャラ得点

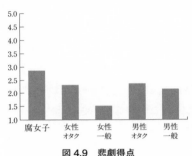

図 4.9　悲劇得点

df=4/978, p<.001）が認められた（図 4.7）。Bonferroni 法多重比較から，腐女子群，男性オタク群，男性一般群，女性一般群の順に得点が高いことを示す有意差と，腐女子群，女性オタク群，女性一般群の順に得点が高いことを示す有意差が認められた。他の群の平均値が 2.0 未満であるのに対し腐女子群の平均値は 2.70 であった。腐女子群でも中点の 3.0 未満であるが，やはり他の群と比較すると得点の高さが目につく。腐女子群であっても全員が猟奇愛志向を持つわけではないが，他の群と比較すると猟奇愛志向を持つ者が腐女子群に相対的に多いのである。

　被虐キャラ得点の分散分析でも群の違いの有意な主効果（F=174.824, df=4/984, p<.001）が認められた（図 4.8）。Bonferroni 法多重比較から，腐女子群，男女オタク群，男性一般群，女性一般群の順に得点が高いことを示す有意差が認められた。腐女子群の平均値だけ中点の 3.0 を超えており，やはり他の群と比較して腐女子群の得点の高さが目につく。悲劇得点の分散分析で

も群の違いの有意な主効果（$F=85.535$, $df=4/985$, $p<.001$）が認められた（図 4.9）。Bonferroni 法多重比較から，腐女子群，男女オタク群と男性一般群，女性一般群の順に得点が高いことを示す有意差が認められた。

　堀（2009）は「BL 作品における暴行の過程で，虐待されるキャラクターが虐待者の愛に気づき暴行を許しその愛を受け入れる」というのが BL 作品のお約束なのであり，「暴行により二人の愛が芽生え深くなってゆくこと」が作家と読者の共通認識なのだと主張している。つまり，腐女子は純愛物語とは異なる欲求として猟奇愛物語志向性を持つのではなく，純愛物語のバリエーションの一つとして「猟奇的描写のある純愛物語」を求めていると解釈できる。

　研究 2 の結果は，腐女子群は恋愛物語のキャラクターたちの強い愛情や永遠の愛情，愛のために自分の全てを犠牲にする命がけの愛に強い魅力を感じることを示している。拉致・監禁，暴行，強姦は無論犯罪である。しかし BL 作品においてそれらの暴行は，「暴力ではなく過剰な愛情の発露（溝口，2000）」であり，「恋愛を劇的なものにするためのお約束（堀，2009）」なのである。つまり歪んだ愛情であっても，そこには加害者を犯罪に駆り立てるほどの強い愛情があるのである。加害者も自分の社会的地位などを犠牲にする覚悟で命がけで愛するのである。「自分の好きなキャラクターが暴行され服従させられ苦しんでいる場面」とは，BL 作品の文法では，自分の好きなキャラクターが常軌を逸するほど強く愛されている場面を意味するのである。

6. 腐女子は純愛を求める

　悪と正義という抽象的な概念を擬人化したシンボルとしての悪役とヒーローの存在を受け入れることができない人は，変身ヒーロードラマを受け入れることができない。変身ヒーローのコスチュームは，「正義が悪を倒す」という単純かつ根源的な概念が成立するファンタジー世界であることを示す記号である。

　同様に，現実にはほぼ存在しない「本来異性愛者である男性キャラクター

同士の恋愛」は，「純愛がリアリティを持って成立するファンタジー世界」であることを示す記号なのだと考えられる。前述のように，ほとんどの腐女子は，現実の男性同性愛者向けの作品には興味を示さない。「純愛がリアリティを持って成立するファンタジー世界でのドラマ」であることが，BL作品の前提なのだろう。

　溝口 (2015) は，BL作品に関わるプロの作家の99%以上，編集者の90%以上，読者の99%以上が女性だとしている。このことから，BLが女性による女性のための男性同士の恋愛物語であること，そして現実の男性同性愛者はほとんどBLを見ないことがわかる。腐女子が現実の男性同性愛者の世界に接近しないように，現実の男性同性愛者もBL世界に接近しない。BLと現実の男性同性愛者の世界は，いずれも男性同士の愛を鍵概念としていながらも次元の異なる異世界なのであり，BLは女性のためのファンタジー世界なのである。

　おとぎ話や古典的な少女マンガでは，恋愛関係の成立あるいは結婚が物語のゴールとなることが多い。男女の恋愛物語だと，たとえハッピーエンドであっても，おとぎ話のような幼稚な物語，ご都合主義や綺麗事と受け止める人もいるだろう。自分の周囲の現実の人間関係は，そんな綺麗事では済まないのである。また，男女の恋愛物語だと異性への不安や緊張，コンプレックスといった現実の自分自身を反映してしまい，その作品を楽しめなくなってしまう人もいるだろう。

　湯山 (2014) は，BL作品が女性にとってポルノグラフィとして読まれているとしたうえで，女性読者はマンガ上の男女の性行為を見ると女性側に感情移入するが，それは生々しすぎるし惨めな気持ちになりかねないと主張している。そのため，自分の性の事情を絡ませずにお気軽に性の快楽を楽しむことができるBL作品を嗜好すると湯山は解釈している。これらの理由から，思春期から青年期の若者の少なくともある一部分にとっては，男女の純愛物語は訴求力が低いと考えられる。純愛物語は享受したいが男女の純愛ものは楽しめない，そのような人達の受け皿の一つがBL作品なのである。

7. まとめ

　腐女子とは，「BL嗜好を持つオタク女性」のことである。腐女子は，「BL嗜好を持つ」だけでなく，オタクよりもオタク度が高いオタクの進化形なのである。女子は小学生時代は少女マンガを読むが，中高生になるとマンガを読む女子は少年マンガ，特に「少年ジャンプ」を読むようになる。腐女子は少女マンガ的な恋愛物語も，少年マンガ的な友情・努力・勝利の物語も大好きである。腐女子は少女マンガの文法で少年マンガを読むと，親友やライバルが恋愛関係に見えるところからBL妄想を始めるのだと考えられる。

　ほとんどの腐女子は男性同性愛者向けの出版物等には興味を示さないのであり，腐女子が求めているものは「男性同性愛」自体ではないと解釈できる。純愛物語の好みを調べたところ，腐女子は特に「命がけの愛」を描いた純愛物語を好むことがわかった。また腐女子は，「自分の好きなキャラクターが暴行され苦しんでいる場面」を好み，そのような暴行シーンをそのキャラクターが強く愛されている純愛を描いた場面として理解する。腐女子はBLに，男性同性愛を求めるのではなく，猟奇的な描写も含めて純愛物語を求めているのである。

引用文献

堀あきこ（2009）. 欲望のコード——マンガに見るセクシュアリティの男女差　臨川書店

堀あきこ（2012）. リアルとファンタジー，その狭間で見る夢　ユリイカ12月号「特集BLオン・ザ・ラン！」，第44巻第15号, 178-183. 青土社

金田一「乙」彦（2009）. オタク語事典　美術出版社

溝口彰子（2000）. ホモフォビックなホモ，あいゆえのレイプ，そしてクィアなレズビアン　最近のやおいテキストを分析する　クィア・ジャパン, 2, 193-211.

溝口彰子（2015）. BL進化論——ボーイズラブが社会を動かす　太田出版

諸橋泰樹（2005）. マスメディアとジェンダー　井上輝子・江原由美子（編）女性のデータブック第4版　有斐閣, 119-137.

雲野加代子（2006）. マンガにおけるジェンダーについての考察——恋愛と武闘　大阪明浄大学紀要, 6, 77-85.

山岡重行（2016）. 腐女子の心理学──彼女たちはなぜBL（男性同性愛）を好むのか？　福村出版

山岡重行（2019）. 腐女子の心理学2 ──彼女たちのジェンダー意識とフェミニズム　福村出版

湯山玲子（2014）. 文科系女子という生き方──「ポスト恋愛時代宣言」！　大和書房

5章
ジャニオタ

山岡重行

近年，オタク自認が急速に進んでいる領域が「アイドルファン」である。前述のように，近年「アイドルファン」は「ドルオタ」，「ジャニーズアイドルのファン」は「ジャニオタ」と呼ばれるようになり，その名称が定着することで自分はオタクなんだと自然に認識するようになったようである。私の指導で「ジャニオタ研究」で卒業論文を書いた学生に，「オタクと自称して嫌じゃないのか」と質問したら，「ジャニーズファンだと，『にわか』な感じがするので，ジャニーズにはまりすぎた痛い奴という意味も含めてジャニオタで良い」と答えたことが印象に残っている。

女性アイドルは AKB グループの成功により各地のご当地女子アイドルや地下アイドルなど様々なグループが活動しているが，男性アイドルはほぼジャニーズ事務所の所属タレントである。つまり男性アイドルオタク＝ジャニオタなのである。1 つの芸能事務所が男性アイドル界をほぼ独占しており，男性アイドルファンは 1 つの芸能事務所に囲い込まれているのである。ジャニーズ事務所という同じ環境の中でジャニオタたちは独自の文化＝サブカルチャーを形成してきた。本章ではジャニオタたちの実態に迫ってみよう。

1. サブカルチャー化するジャニオタ

　野村総合研究所オタク市場予測チーム名義で 2005 年 10 月に発行された『オタク市場の研究』では，すでに「芸能人オタク」という名称でアイドルファンをオタクの 1 ジャンルとして扱っている。同書では，芸能人オタクを

「特定のアーティスト，タレント，俳優に対して，強いあこがれや共感を持ち，情報収集や応援活動を積極的に行い，これらの活動に対して，生活の中で高い優先度を与えている人」と定義している。一般消費者に対するアンケートやCDなどの発売枚数，コンサートの観客動員数などから算出した2005年時点の芸能人オタク人口は28万人，市場規模は610億円と算出されている。

「芸能人オタクの歴史」として以下のような記述がある。

> 男性アイドルの歴史は，ジャニーズ事務所の芸能人の歴史といっても過言ではない。ジャニーズ事務所の創業は1960年代初頭で，1975年に株式会社化された。最初の大ブレークは1972年にデビューした郷ひろみとされている。郷ひろみは，野口五郎，西城秀樹とともに新御三家と呼ばれ，女性の絶大な人気を得た。
>
> その後，1978年にたのきんトリオ（田原俊彦，野村義男，近藤真彦）がデビューし，これを皮切りにして，80年代，シブがき隊，少年隊，男闘呼組，少年忍者，光GENJIなど，次々人気グループを送り出し，ジャニーズ人気およびジャニーズの仕組みを確立した。
>
> （中略）
>
> そして，90年代に入っても，SMAP，TOKIO，V6，KinKi Kidsらジャニーズ事務所の芸能人の活躍により，芸能人オタクは活動を継続し，現在にいたっている。（『オタク市場の研究』99ページより引用）

補足すれば，その後，嵐，関ジャニ∞，NEWS，KAT-TUN，Hey! Say! JUMP，Kis-My-Ft2，Sexy Zone，A.B.C-Z，ジャニーズWEST，King & Prince，SixTONES，Snow Manなどジャニーズ事務所所属のアイドルグループが続々とデビューし，「男性アイドル＝ジャニーズ事務所のタレント」という図式はさらに磐石なものとなっている。

いわゆる歌謡曲を歌う歌手としての音楽活動とテレビのバラエティー番組への出演という1960年代に確立されたアイドルタレントの活動限界を超え，ニュースキャスターや本格的な俳優業に進出するジャニーズ事務所の芸能人

も増えてきた。

ジャニーズ事務所所属タレントの数も活動の場も飛躍的に増え，タレントの年齢が上がるのにつれてファンの年齢も高くなり，親子二代のジャニーズファン（以下ジャニオタ）も珍しくなくなった。ファンクラブ（FC）会員からの情報によると，会員数は 2017 年 12 月の時点で 520 万人以上であるという。複数のジャニーズアイドルのファンクラブに入会しているファンも存在し，延べ人数であることを考えても，仙台，札幌，名古屋などの各地方の主要都市の人口を上回る人数である。ファンクラブの年会費は 4000 円なので，単純計算で年間 200 億円以上のファンクラブ会費がジャニーズ事務所に支払われることになる。

経済規模も社会的な影響力もきわめて大きい男性アイドル市場をジャニーズ事務所が独占し，莫大な数のジャニオタを囲い込んでいる。1 つの事務所に囲い込まれたジャニオタたちは，他の芸能人オタクとは異なる独自な文化を形成している。

例えば，自分が好きな芸能人やキャラクターを「推し」と呼ぶことが一般化しているが，ジャニオタは「担当」と呼ぶ。「推し」も併用されているようだが，自分が一番好きなジャニーズタレントを「担当」あるいは自分の担当という意味で「自担」と呼び，自担ほどではないが好きなタレントを「推し」と呼ぶようである。

またジャニオタは，コンサートに行くことを「参戦」，コンサートに着ていく服を「参戦服」と呼ぶ。ジャニーズアイドルはグループ内で各メンバーのイメージカラーが決まっているが，ジャニオタの参戦服は自担のイメージカラーでまとめることがお約束だという。コンサートに行くと参戦服の色でどのメンバーの「担当」なのか一目で分かるのである。

ジャニオタから広がった言葉に「同担拒否」がある。「自分と担当が同じ人＝好きなメンバーやキャラクターが自分と同じ人を拒否する，交流しない」という意味である。アイドルは多くのファンに支持されることによって成り立つ職業であり，自分の担当も多くのファンが存在していることは十分理解した上で，「同担拒否」するという矛盾した欲求を持つジャニオタが存在

するのである。

　ジャニオタ層の拡大に伴い，過激な迷惑行為を行う者も増えてきた。ジャニーズ事務所の公式サイトには，「ファンの皆様への注意とお願い」が掲載されている。タレントの移動を妨げ，一般客への迷惑となり公共交通機関を混乱させる実際の事例として，「新幹線の車内でタレントの乗車車両の前後のデッキに留まり一般の方の通行を妨げる」「駅構内でタレントの進路を妨害する」「新幹線の車両に近づき発車を遅延させる」などがあげられている。ジャニーズ事務所はこのような迷惑行為をしないようにファンに対し再三お願いを出している。しかし，「ツアー移動時に一般のお客様に対して多大なご迷惑をおかけする状況が改善に至らなかったため」として，ジャニーズ事務所は2019年5月にHey! Say! JUMPのアリーナ会場でのコンサート中止を発表している。

　一部の過激な迷惑行為や，女性アイドルファンとは異なる独自の言動など，独自のサブカルチャーを形成しているジャニオタであるが，その実態はどうなのであろうか。男女の比率はどうなっているのか。どれくらいの金額をジャニーズアイドルのために消費しているのだろうか。どの程度のジャニオタが同担拒否をするのだろうか。本研究はジャニオタの実態を記述することを目的とする。

2. ジャニオタTwitter調査

方法

　ジャニオタの実態を明らかにするためには，多くのジャニオタのデータが必要である。大学の授業時間を利用した質問紙調査や，調査会社に依頼したネット調査では，大量のジャニオタを確保することはできない。ジャニーズのコンサート会場の入場待ちをしているジャニオタに調査の趣旨を説明し理解してもらったうえで調査用紙への回答を求めても，時間と人員の制限から大量のデータを収集することは期待できない。

　そこで本研究では，Twitterの投票機能を用いて調査を行うこととした。

Twitterとは，140文字以内の短文「ツイート」の投稿を共有するWeb上の情報サービスである。このTwitterのサービスの一つである投票機能を利用して，自身がジャニオタである卒論ゼミ生のアカウントを使用し，フォロワーを対象にアンケートを実施した。投票機能とは，4種類以下の選択肢の回答を設定したアンケートをツイートに付ける機能のことである。投稿者が質問と回答を設定してツイートをすると，それを見て興味を持ったフォロワーが任意で回答をしてくれるのである。投稿者以外のTwitterユーザーが匿名で回答することができる。

　私の卒論ゼミ生のジャニオタ専用アカウントは，フォロワー数が1810名（2017年12月現在）である。また，Twitterの機能でタイムラインに流れてきたツイートを「リツイートする」と，各自のフォロワーのタイムラインにそれが流れ，より多くの人のタイムラインに質問を拡散することができる。この利点に注目し，本研究では，Twitterの投票機能を利用した調査を行った。質問内容は140字以内，1問につき4択までしか回答を設定できず，回答選択肢の文字数も上限20字である。

　手続　Twitterの投票機能を用いて，合計55回のアンケート調査を行った。回答期限はいずれも質問を発信してから1日とし，質問に応じて2択から4択で回答を求めた。55回の調査で得られた回答総数は39909票だった。

　調査は2017年4月から11月にかけて実施した。

結果と考察

①ジャニオタの基本属性

　・**「あなたの性別は？」** 回答総数 $n=1484$（図5.1）

　　1，男性　1%　　　　2，女性　99%

　・**「あなたの年齢は？」** $n=1920$（図5.2）

　　1，15歳以下　11%　　2，15〜20歳　51%

　　3，20〜30歳　29%　　4，30歳以上　9%

　・**「あなたの職業は？」** $n=1467$（図5.3）

　　1，学生　57%　　　　2，正社員　29%

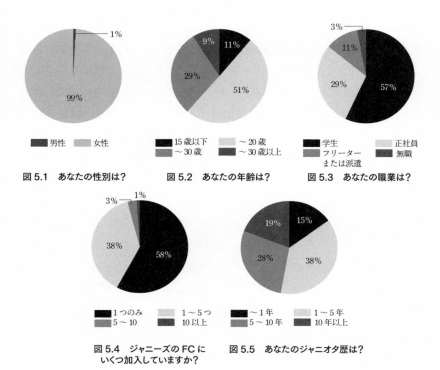

図 5.1　あなたの性別は？　　図 5.2　あなたの年齢は？　　図 5.3　あなたの職業は？

図 5.4　ジャニーズの FC に
いくつ加入していますか？

図 5.5　あなたのジャニオタ歴は？

　　3，フリーターまたは派遣　11%　　　　　4，無職　3%

・「ジャニーズの FC にいくつ加入していますか？」　*n*=1495（図 5.4）

　　1，1 つのみ　58%　　　2，1 〜 5 つ　38%

　　3，5 〜 10　3%　　　　4，10 以上　1%

・「あなたのジャニオタ歴は？」　*n*=1632（図 5.5）

　　1，〜 1 年　15%　　　2，1 〜 5 年　38%

　　3，5 〜 10 年　28%　　4，10 年以上　19%

　女性アイドルのファンには女性がある程度の割合で存在するが，男性アイ
ドルファン＝ジャニオタはほぼ女性であることが明らかになった。Twitter 利
用者が若年層に比重があるとしても，10 代後半から 20 代の女性がジャニオタ
の中核であると考えて良いだろう。また，調査対象者の中でジャニオタ歴 1

年未満の者は 15% である。本研究の Twitter 調査では初心者は少なく，ある程度以上のファン歴を誇る筋金入りのジャニオタの回答が得られたものと判断できる。

　ファンクラブの会員数であるが，前述の 520 万人の 6 割が入会しているファンクラブの数は 1 つだけで，残り 4 割が 3 つのファンクラブに入会していると仮定すると，2017 年当時のファンクラブ会員数は実人数でも 380 万人以上になる。

②ジャニオタはオタクなのか?

・「ジャニーズ以外に好きなものはなんですか?」 *n*=352（図 5.6）

　1，アニメ，漫画などの 2 次元系　54%

　2，舞台，特撮などの 2.5 次元系　7%

　3，声優，俳優などの 3 次元系　24%

　4，スポーツ他　15%

・「もしジャニーズがなかったらあなたはどうしていたと思いますか?」 *n*=313（図 5.7）

　1，生きていけなかったと思う　15%

　2，2 次元など別のオタクになっていたと思う　50%

　3，女性アイドルにハマっていたと思う　8%

　4，趣味のない人生を送っていたと思う　27%

・「あなたは腐女子ですか，夢女子ですか?」 *n*=765（図 5.8）

　1，腐女子　41%　　　2，夢女子　17%

　3，両方　19%　　　　4，どちらでもない　23%

・「コンサートであなたが感動，または興奮するところは?」 *n*=918（図 5.9）

　1，推したちが仲良くしているところ　67%

　2，推しからのファンサ[1]　23%

1　ファンサとはファンサービスの略で，コンサート会場の客席の一部のファンに対してアイドルがピースサインを出したり，手を振ったりと何らかのアピールをすることである。

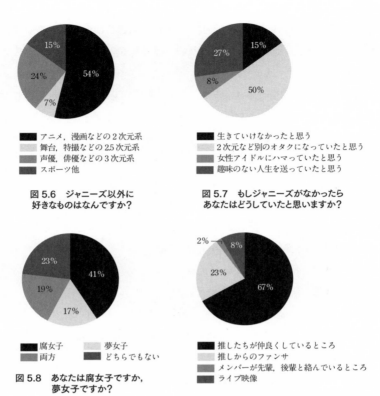

図 5.6　ジャニーズ以外に
好きなものはなんですか?

■ アニメ, 漫画などの2次元系
□ 舞台, 特撮などの 2.5 次元系
■ 声優, 俳優などの3次元系
■ スポーツ他

図 5.7　もしジャニーズがなかったら
あなたはどうしていたと思いますか?

■ 生きていけなかったと思う
□ 2次元など別のオタクになっていたと思う
■ 女性アイドルにハマっていたと思う
■ 趣味のない人生を送っていたと思う

図 5.8　あなたは腐女子ですか,
夢女子ですか?

■ 腐女子　　　□ 夢女子
■ 両方　　　　■ どちらでもない

図 5.9　コンサートであなたが感動,
または興奮するところは?

■ 推したちが仲良くしているところ
□ 推しからのファンサ
■ メンバーが先輩, 後輩と絡んでいるところ
■ ライブ映像

3，メンバーが先輩, 後輩と絡んでいるところ　2%

4，ライブ映像　8%

　回答者の人数が少なかったが，ジャニーズ以外で好きなものとして6割が
2～2.5次元と回答している。また，ジャニーズがなかったらどうしていたか
という質問に，50％が2次元など別のオタクになっていたと回答している。
ジャニオタの中にはマンガ・アニメ・特撮など2～2.5次元への親和性の高
い者がかなりの割合で存在していると解釈できる。
　さらに，ジャニオタの6割が腐女子であると回答している。腐女子はオタ
ク度が低い一般群やBL嗜好を持たないオタク群よりも，美少年キャラク

ターが好きである（山岡, 2016）。ジャニーズ事務所は美少年アイドルの牙城である。ジャニーズアイドルに腐女子が引きつけられることは, 至極当然のことなのである。

BL界には「J禁」という言葉がある。ジャニーズアイドルを題材にしたBLで,「ジャニーズ事務所関係者に見せること禁止」という意味である。グループの中でもプライベートで仲が良いメンバーや, ステージ上で近くにいて身体接触の多いメンバーが恋愛関係にあるという妄想をマンガ, イラスト, 小説等にしたもので, ネット上で公開したり同人誌にしたものである。J禁の存在はかなり前から聞いていたので, ある程度の腐女子の存在は予想していたが, ジャニオタの6割が腐女子という結果は予想以上だった。アイドル自身は実在の人物であっても, ステージネームを名乗りアイドルとしてのキャラクターを作り, そのキャラクターを商品化したビジネスを展開するのが芸能界である。芸能界にいる限り, 芸能人は自分というキャラクターを演じる2.5次元的な存在なのである。キャラクターとして捉えれば, 腐女子はいくらでも妄想がたくましくなる。マンガやアニメで親友やライバル関係にある男性キャラクターが恋愛関係にあることを妄想するのが腐女子であり, 原典で無関係のキャラクターのBL妄想はしない。その法則がジャニーズアイドルにも適応されるのである。コンサートで感動したり興奮したりするところとして, 約7割のジャニオタが「推したちが仲良くしているところ」と回答している。このようなステージ上での仲良しアクションや, プライベートで食事したり一緒に遊んだりといったSNSでの仲良しアピールなどの現実のシーンが, ジャニオタ腐女子の妄想の引き金となるのである。

ジャニオタ腐女子はジャニーズアイドル同士のラブストーリーを妄想して楽しんでしまうが,「夢女子」は自分とジャニーズアイドルのラブストーリーを妄想して楽しむ人々である。腐女子兼任の者も合わせるとジャニオタの36%が夢女子ということになる。まさしく擬似的な恋愛対象としてジャニーズアイドルを見ている人々なのである。この恋人目線に関しては④で改めて考察する。

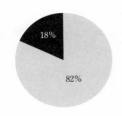

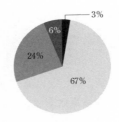

そう思う
そう思わない

金の使い方が荒いから
一部の過激ファンのせい
カルト集団のように見られているから
ジャニオタだから何をしてもいいと
思っていると思われているから

**図 5.10 ジャニオタは一般人から
マイナスなイメージを持たれている**

図 5.11 なぜそう思うか?

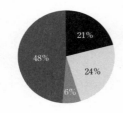

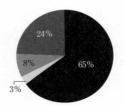

新しい友達ができた
行動力が増した
他人の意見を気にしなくなった
グループのことを考えると何でも乗りきれる
ようになった

お金がなくなった
ジャニオタ以外の友達が減った
周りの人の目線を気にするようになった
冷静さに欠けるようになった

**図 5.12 ジャニオタになってよかったことは
なんですか?**

**図 5.13 ジャニオタになって悪かったことは
なんですか?**

③ジャニオタ活動報告

・「ジャニオタは一般人からマイナスなイメージを持たれている」 *n*=1083

（図 5.10）

1, そう思う 82% 2, そう思わない 18%

・「なぜそう思うか?」 *n*=823（図 5.11）

1, 金の使い方が荒いから 3%

2, 一部の過激ファンのせい 67%

3, カルト集団のように見られているから 24%

4, ジャニオタだから何をしてもいいと思っていると思われているから 6%

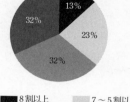

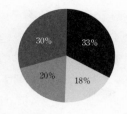

図 5.14　給与の何割をジャニーズに費やしていますか？

図 5.15　1日でジャニーズに費やす時間は？

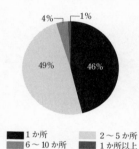

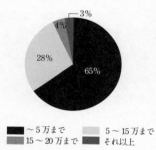

図 5.16　1回のツアーで何公演入りましたか？

図 5.17　ジャニーズのチケット代，遠征費，グッズすべて込みで一度にいくら使うか

- 「ジャニオタになってよかったことはなんですか？」 $n=929$（図 5.12）

  1，新しい友達ができた　21%

  2，行動力が増した　24%

  3，他人の意見を気にしなくなった　6%

  4，グループのことを考えると何でも乗りきれるようになった　48%

- 「ジャニオタになって悪かったことはなんですか？」 $n=914$（図 5.13）

  1，お金がなくなった　65%

  2，ジャニオタ以外の友達が減った　3%

  3，周りの人の目線を気にするようになった　8%

  4，冷静さに欠けるようになった　24%

- ・「給与の何割をジャニーズに費やしていますか？」　*n*=887（図 5.14）

    1，8 割以上　13%　　　　　　2，5 〜 7 割以上　23%

    3，3 〜 4 割以上　32%　　　　4，2 割以上　32%

- ・「1 日でジャニーズに費やす時間は？」　*n*=865（図 5.15）

    1，24 時間（寝ているときも）　33%

    2，約 16 時間（起きているときのみ）　18%

    3，約 8 時間（学校，仕事をしているとき以外のみ）　20%

    4，約 4 時間以下（自由な時間）　30%

- ・「1 回のツアーで何公演入りましたか？」　*n*=369（図 5.16）

    1，1 か所　46%　　　　　　　2，2 〜 5 か所　49%

    3，6 〜 10 か所　4%　　　　　4，11 か所以上　1%

- ・「ジャニーズのチケット代，遠征費，グッズすべて込みで一度にいくら使う
    か」　*n*=784（図 5.17）

    1，〜 5 万まで　65%　　　　　2，5 〜 15 万まで　28%

    3，15 〜 20 万まで　4%　　　4，それ以上　3%

　8 割強のジャニオタたちは，自分たちは世間一般の人たちから否定的イメージで見られる存在であるという認識を持っている。その理由として 2/3 のジャニオタが一部のファンの過激な行動のせいだと考えていることが分かる。世間から否定的に見られる存在なのに，なぜ彼女たちはジャニオタ活動をするか。それはジャニオタ活動によって，世間の否定的な視線などとは比べものにならないほどの快経験を得られるからである。

　「ジャニオタになってよかったこと」の回答で「グループのことを考えると何でも乗りきれるようになった」が約半数だったことから，ジャニーズアイドルはジャニオタたちの心の支えでありモチベーションであることが読み取れる。また，ジャニオタとして活動することでジャニオタ仲間が増え，互いに影響しあい，ジャニオタの行動規範が内在化されると解釈できる。「行動力が増した」という回答が約 1/4 あった。これはジャニオタ活動資金のための仕事やアルバイトから，各地のコンサートツアーへの遠征など，今までにな

かった行動レパートリーの追加や，今まで以上にアクティブなジャニオタ活動を肯定的変化と認識しているということなのだろう。

　逆に，「ジャニオタになって悪かったこと」に対して65％が「お金がなくなったこと」と回答している。ジャニオタの実人数を380万人以上と試算したが，これはジャニーズ事務所のファンクラブの会員数である。ジャニーズアイドルのコンサートチケットはファンクラブ会員の応募者からの抽選販売というシステムであり，一般販売はほぼない。ファンクラブに入会しない＝コンサートに行かないで雑誌，CD，DVD を購入する一般的なジャニーズアイドルファンも大勢いるだろう。一般的なファンのレベルを超えてジャニオタになるということは，ジャニーズアイドルのコンサートに行くことを目標に生活するということなのである。

　一度のコンサートのチケット代，遠征費，グッズ代として5万円以下が65％であるが，一度コンサートに行くたびに万単位のお金が必要になるのである。これは他のオタク活動にかかる金額と比較してもかなりの高額だろう。

　さらにジャニオタは可能な限りコンサートに参戦しようとするのである。全体の回答数は369と少なかったが，1回のコンサートツアーに2回以上参戦する者が過半数を占めている。前述のようにチケットはファンクラブ会員からの抽選販売なので，希望通りのチケットが入手できるわけではない。そのため複数会場のチケットに応募するのである。一か所もチケットが取れない場合もある状況なので，ジャニオタにとってチケットはきわめて高い報酬価をもつ。そのため複数会場のチケットが入手できた場合，可能な限り参戦したいと思うのがジャニオタとして当然の心理なのである。2/3が可処分所得の3割以上をジャニーズアイドルのために使い，過半数のジャニオタがジャニーズのために1日16時間以上を費やすのである。このジャニオタの生活・行動パターンと，宗教団体の熱心な信者の生活・行動パターンとの類似を指摘することも可能であろう。まさにファナティック＝狂信的な，アイドル＝偶像崇拝なのである。

　例えばアニメオタクや特撮オタクが劇場版映画の上映期間中，何回も劇場に足を運ぶことは珍しいことではない。入場券の金額は一定だし希望する時

間に映画を見に行くことができる。全く同じ内容の劇場版映画であってもオタクは何回も劇場に通うのである。まして，生身の人間が演じるステージは1回限りのものである。同じ脚本，同じ演出の芝居でもその回によって異なるものであり，全く同じ舞台にはならない。コンサートの場合，演出やステージ構成が同じでも，その時々によってステージのパフォーマンスやMC，それに前述のファンサは変化するのである。ジャニオタにとっては，次の会場ではファンサをもらえるかもしれないという動機付けも高まるだろう。一度に万単位の出費がかさんだとしても，ジャニーズアイドルのステージはジャニオタにとって至福の時間なのである。

④ジャニーズアイドルへの思い

- 「同担拒否ですか？」 $n=835$ （図5.18）

  1，はい9%　　　　2，いいえ91%

- 「自担のことをどういう目線で見ていますか？」 $n=279$ （図5.19）

  1，妹目線5%　　　　2，恋人目線30%

  3，母親目線51%　　　4，同級生目線13%

- 「コンサートに着ていくものは？」 $n=877$ （図5.20）

  1，普段のおしゃれ着54%　　2，コスプレ3%

  3，自担カラーの服36%　　　4，その他7%

　ジャニオタから広まった言葉ということもあり，「ジャニオタは同担拒否」というイメージを持つ者も多いようであるが，実態はほとんどのジャニオタは同担拒否などしないことが明らかになった。

　人間は合意的妥当化を求め，自分と類似した態度を持つ他者を好きになる傾向がある。社会的比較過程理論（Festinger, 1954）では，人は環境に適応するために，自分の意見や態度が正しいかどうかを知りたいという自己評価の欲求を持つと考えられている。意見や態度に客観的な判断基準はないので，他者と比較して自分の意見が正しいかどうかを判断する。他者が自分と同じ意見や態度を持っていることを知ると，自分は正しいと思うことができる。

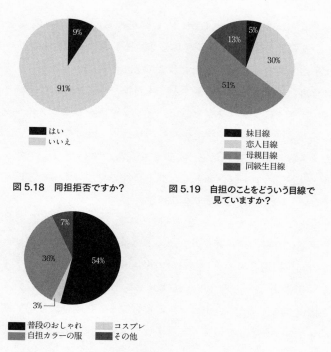

図 5.18 同担拒否ですか?

図 5.19 自担のことをどういう目線で見ていますか?

図 5.20 コンサートに着ていくものは?

他者との合意が自分の正しさの根拠となるのである。これを合意的妥当化と呼ぶ。本来正しいかどうかの判断とは無関係な趣味の領域でも，人間は合意的妥当化を求めてしまう。従って多くの「同担」の存在は，「自分の担当選択は正しい」という認識を与えてくれる本来好ましいものなのである。同じアイドルを推す同担とそのアイドルの魅力について語ることは，基本的に快感情をもたらす行為なのである。同担拒否は，この合意的妥当化を求める心理と相容れない矛盾する行為である。

　人に矛盾する行為をなさしめる要因の一つに恋愛感情がある。同担拒否の最もわかりやすい説明は，「ジャニオタはジャニーズアイドル（自担）を恋人目線で見ているため，恋のライバルである同担を拒否する」というものだろう。この説明が正しいのだとすると，同担拒否の少なさは恋人目線のジャニオタの少なさと関連するのだろう。実際，ジャニーズアイドルを恋人目線で

見ているジャニオタは30％しかいないのである。前述の「腐女子か夢女子か」という質問では，自分とジャニーズアイドルのラブストーリーを妄想する夢女子が回答者の36％存在した。この２つの質問の回答から，ジャニオタの1/3程度はジャニーズアイドルを恋人目線で見ていると解釈できる。ジャニーズアイドルはラブソングを歌い，ドラマや映画ではラブストーリーを演じることも多い。そのラブストーリーのヒロイン役に自分を当てはめればよいのだから，夢女子妄想はBL妄想よりもたやすいだろう。もっと多くのジャニオタがジャニーズアイドルを恋人目線で見ているのかと思っていたが，案外少ないというのが正直な印象である。

　もともとアイドルオタの中での「同担拒否」は矛盾する欲求なのである。それを可能にするのが一緒にコンサートに行くような少数のジャニオタ仲間の中での同担拒否なのである。自分の半径５メートルの中でのアイドル独占宣言が同担拒否なのだろう。それはジャニオタ仲間の中でのアイデンティティ強化にもつながる。自担カラーの参戦服も，担当への愛の表明であるとともにジャニオタとしてのアイデンティティを強化することにつながるのである。

　「恋人目線」でジャニーズアイドルを見るジャニオタが1/3で予想より少なかったのに対して，過半数のジャニオタが「母親目線」で見ていることは特筆すべき結果だろう。ジャニーズアイドルは，ジャニーズ事務所の研修生として歌やダンスのレッスンを積み，ジャニーズJr.として先輩アイドルグループのバックダンサーとしてステージデビューする。そのジャニーズJr.の中から選ばれたメンバーが，新たなアイドルグループとして正式にデビューするというシステムになっている。ジャニーズJr.になるとジャニーズ事務所のアーティストの一人として扱われるようになる。ジャニオタは正式デビュー前のジャニーズJr.の頃から見ていた少年が，ジャニーズJr.を卒業し，グループのメンバーとして正式にデビューし，アイドルとして人気を集めていくプロセスを見ているのである。これはAKBなどの女性アイドルグループにも当てはまることであるが，日本のアイドル業界は新人がデビューしスターになっていくプロセスを，まるで育成ゲームのようにコンテンツとして見せ

る売り方をしているのである。その成長プロセスを愛でてきたジャニオタは「恋人目線」ではなく，「母親目線」になっていくのだと解釈できる。

　また，回答者の年齢も関連すると思われる。10代前半で自分より年上や同年代のジャニーズアイドルに熱中しているときは「恋人目線」だったのだろう。ジャニオタ歴が長くなり，自分より年下のジャニーズアイドルを応援するようになると上記のように「母親目線」に移行するのかもしれない。

　恋人目線でジャニーズアイドルを見るということは，自分自身を「ジャニーズアイドルの恋人にふさわしいかどうか」という視点で見ることにもつながるだろう。これは自分自身に注意が向いた自覚状態ということになる。自覚状態になると自己の適切さの基準となる理想像と，理想には届かない現実の自己のギャップが強く意識され不快な感情状態になる（Duval & Wicklund, 1972）。つまり，アイドルではない自分にとって，このアイドルの恋人基準で自分を見ることはかなり厳しい現実を突きつけることになり，不快な感情状態になると考えられる。不快感情を低減するためには，注意が自己に向かわないようにすることが必要になる。アイドル基準での自己評価を避けるためには「恋人目線」よりも「母親目線」の方が都合が良いのである。平凡な女性キャラクターが王子様的な男性キャラクターから「そのままの君が好きなんだ」と恋人に選ばれるという古典的少女マンガのようなストーリーが自分の中でリアリティーを持たなくなると，「恋人目線」から「母親目線」に移行するのかもしれない。

⑤異性への思い

- 「異性について」　*n*=473（図 5.21）

  1，自担と比べてしまい，興味がない　30%

  2，ジャニオタで偏見を持たれ，異性が寄ってこない　11%

  3，ジャニオタであることを隠して付き合っている恋人がいる　17%

  4，ジャニオタであることを隠さず付き合っている恋人がいる　43%

- 「異性関係について」　*n*=749（図 5.22）

  1，恋人がいる　12%　　　　2，結婚している　7%

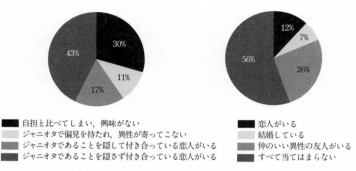

図 5.21　異性について　　　　　　図 5.22　異性関係について

図 5.23　男性を見るときの基準について

3，仲のいい異性の友人がいる　26%

4，すべて当てはまらない　56%

・**「男性を見るときの基準について」**　*n*=637（図 5.23）

1，ジャニーズが基準であり，身の回りの人は異性として認識していない
14%

2，基準は身の回りの異性で，ジャニーズは神である　33%

3，基準は身の回りの異性で，ジャニーズは住む世界の違う人である　43%

4，ジャニーズも身の回りの人も同じである　10%

国立社会保障・人口問題研究所は 2015 年 6 月，第 15 回出生動向基本調査

（結婚と出産に関する全国調査）を実施した。全国から無作為抽出した18歳から34歳の独身女性2570名の59.1%が交際している異性はいないと回答している（独身男性2706名では69.8%が交際している異性なし）。本研究のツイッター調査で異性関係に回答した749名のうち，7%の既婚者を除いた697名の中で恋人や仲の良い異性の友人がいないと回答した者は419名であり，独身女性の60.1%ということになる。本研究では18歳未満の回答者がある程度含まれていることを考慮し，仲の良い異性の友人がいる者も親密な異性が存在すると見なすと，独身のジャニオタで親密な異性がいない割合は出生動向基本調査とほぼ同じで約6割ということになる。

　一部にはジャニオタであることを隠す者もいるようだが，恋人がいるジャニオタの2/3以上はジャニオタであることを隠さずに交際しているのである。

　ジャニオタの男性を見る目（評価基準）であるが，一部にはジャニーズアイドルを基準にして一般男性を見てしまう者もいるようである。基準がジャニーズアイドルであれば，自分の身の回りにいる一般男性はその他大勢のモブにしか見えないだろう。ただし男性の基準をジャニーズアイドルとすることは，現実社会で男性との親密な関係を形成する可能性を低下させるだけでなく，ジャニオタ自身の評価を低下させる可能性も高くなる。ジャニーズアイドル基準で男性を評価することは，自分の生活環境にいる男性たちを魅力のない存在と評価することにつながる。周囲の男性に対する否定的評価は，負の返報性により周囲の男性たちからジャニオタに対する否定的評価を誘発する。つまり，周囲の男性をアイドル基準で落第評価することは，アイドル基準でジャニオタ自身も評価される事態を招き，多くの場合ジャニオタ自身も女性として落第評価を受けることになるのである。これでは生活環境に適応することができないだろう。従って，多くのジャニオタは身の回りの異性を基準にして男性を評価し，ジャニーズアイドルは別世界の存在と見なすようになるのである。

　ジャニオタにとって，ジャニーズアイドルは別世界にいて心の支えとなる存在であり，まさに信仰対象となる偶像なのである。迷惑行為だけでなく，町中に張られたジャニーズアイドルの大型ポスター前で土下座して拝んだり，

コンサート会場の前で自担の顔写真が大きくプリントされた「うちわ」を自分の前に置いて集団で拝んだりと，カルト宗教の信者の礼拝のような行為を公共の場で行うジャニオタも存在する。

3. ジャニオタ過激派の心理

　一部のジャニオタは，迷惑行為も含めて異様な行動をなぜ取ってしまうのだろうか。極端な行動を取るジャニオタであっても，おそらくジャニオタ仲間がいない状況だったら，このような極端な行動は取らないと考えられる。自分と同じような行動を取るジャニオタが近くにいるから，前述の合意的妥当化が生じ自分たちの行動はジャニオタ的に正しい行動だと思い，ジャニオタ仲間に対する同調が生じるのである。

　Deutsch & Gerard（1955）は，同調行動を情報的影響と規範的影響の観点から説明している。情報的影響とは，集団内で正しく反応するために，他者の反応を情報として利用することで影響を受け同調することである。一緒にコンサートに参戦するジャニオタ仲間たちが自担の顔写真の「うちわ」を礼拝していると，それがジャニオタ集団の中でのコンサート時の正しい行動だと思い，自分も礼拝の輪に加わるのである。規範的影響とは，メンバーに共有される思考や行動の準拠枠である集団規範の影響である。一緒に参戦するジャイオタ集団からの拒絶されないように，ジャニオタ集団の規範に従い羞恥心を押さえ込んで「うちわ」を礼拝するのである。一人では人前で「うちわ」を礼拝することができなくても，ジャニオタ仲間の一人になるとジャニオタが取るべき行動として礼拝するのである。

　また，同じような態度や価値観を持つ集団の行動は往々にして極端な行動を生み出してしまう。個人の持つ態度と，その個人が話し合って決定した集団としての態度は同じではない。集団としての態度がメンバー各個人の態度よりも，極端なものになることを集団極性化と呼ぶ。安全策を好むメンバーが話し合って出した結論は個々のメンバーの結論よりも慎重で安全を重視したものになる（コーシャスシフト：cautious shift）。逆にリスクをいとわないメ

ンバーが話し合って出した結論は個々のメンバーの結論よりも過激で危険なものになる（リスキーシフト：risky shift）のである。

　コンサートに行くジャニオタたちのグループでも「うちわ礼拝」をしないグループが多いようだが，「うちわ礼拝」を肯定するメンバーたちが集まるとどんどん大げさな礼拝行動に発展していくのである。

　「新幹線の車内でタレントの乗車車両の前後のデッキに留まり一般の方の通行を妨げる」という迷惑行動について考えてみると，デッキに留まることができる人数は限られている。自分の視野に入る人間が皆，ジャニーズアイドルがデッキに出てくるのを待つジャニオタであれば，それがジャニオタ的に正しい行動であると強く思うようになる。お互いにその思いを強め合う「エコーチェンバー効果」が生じるのである。このエコーチェンバー効果も集団極性化を促進し，集団を極端な方向に導いてしまう。

　このような一部の者の行為がSNS等によって拡散され，ジャニオタ全体が否定的イメージで見られているとジャニオタたちは感じているのである。ジャニオタの過半数が列車運行妨害などの行為を続けていたとしたら，ジャニーズ事務所は反社会勢力と見なされ営業自体が成り立たないだろう。ジャニーズ事務所が芸能界で大きな影響力を持ち大きな利益を上げていること自体が，過激な行動を取るジャニオタはごく少数の例外であることを物語っている。

4. まとめ

　ある対象に熱中し，その対象を熱狂的に支持する。それがファンでありオタクである。ジャニオタが他の分野のオタクと異なる点は，ジャニーズアイドルの一回限りの生のステージを体験するために投入する金額と熱量がかなり高いことだろう。ジャニオタたちは自分が投入し得るかなりの資源をつぎ込んで，ジャニーズアイドルのステージという至福の時を体験しているのである。

　ジャニーズアイドルとの疑似恋愛的な妄想を楽しむ夢女子が3割，ジャ

ニーズアイドル同士のBL妄想を楽しむ腐女子が6割存在する（2割は腐女子・夢女子兼任）。ジャニーズアイドルを「恋人目線」で見るのはジャニオタの約3割であるのに対し，「母親目線」で見るのは5割強だった。また，ジャニオタの特徴と見なされるような同担拒否をするのはジャニオタの1割弱だった。

　ジャニオタの多くは社会規範を守ってジャニオタ活動をしているが，世間的にはジャニオタに対して否定的イメージを持つ者も多い。そのジャニオタの否定的イメージは，一部の過激なジャニオタの行動がジャニオタ全体の行動であるかのように拡散された結果なのである。

引用文献

Deutsch, M. & Gerard, H. B.（1955）. A study of normative and informational social influence upon individual judgment. *Journal of Abnormal and Social Psychology, 51*, 629-636.

Duval, S. & Wicklund, R. A.（1972）. *A theory of objective self-awareness*. New York: Academic Press.

Festinger, L.（1954）. A theory of social comparison processes. *Human Relations, 7*, 117-140.

ジャニーズ事務所公式サイト「ファンの皆様へ注意とお願い」（2020年2月閲覧）　https://www.johnnys-net.jp/page?id=matters#20181017

野村総合研究所オタク市場予測チーム（2005）．オタク市場の研究　東洋経済新報社

山岡重行（2016）．腐女子の心理学──彼女たちはなぜBL（男性同性愛）を好むのか？　福村出版

6章

鉄道オタク

岡田　努

鉄道を趣味とする「鉄道ファン」の全体像を概観し，そのオタク的な特徴について考える。鉄道趣味の歴史，趣味の対象，そしてファンの分類などを概観し，さらに発達的な観点や対人行動，自尊感情のあり方について論考する。趣味の対象としての鉄道は「オタク」という言葉が生まれる以前から，長い歴史を持っていた。では「鉄道オタク」とはどのような人間を指すのか？鉄道趣味の中での鉄道オタクの位置づけ，またそのパーソナリティや対人行動についての心理学的考察は，これまで全くといってよいほどなされていない。本稿はそうした点について新たな光を当てるための出発点となる試みである。

なお，鉄道趣味周辺には「鉄道趣味者」「鉄道ファン」「鉄道マニア」「鉄道オタク」など様々な呼称があるが，本稿では鉄道を趣味の対象とすることを「鉄道趣味」，鉄道を趣味とする人物を「鉄道ファン」と記し，その中で非常に熱心に趣味活動を行う者を「鉄道マニア」，これらが「オタク」の中でどう位置づけられるかを記述する際に「鉄道オタク」という語を用いる。また「おたく」「オタク」「ヲタク」といった表記については，出典となった文献の表記をそのまま用いているが，同義のものとして用いる。

1. 鉄道趣味の歴史

　鉄道発祥の地であるイギリスでは，鉄道趣味の層は厚く，費用をかけた保存鉄道などが盛んである（青木, 1985）。鉄道趣味はいわば「大人の趣味」と

して社会的にも確立していると言えよう。

日本の鉄道趣味の先駆としては「岩崎・渡辺コレクション」と呼ばれる明治期の鉄道写真集が有名である。三菱財閥二代目当主の三男であった岩崎輝彌<ruby>彌<rt>や</rt></ruby>と海産物問屋の四男の渡辺四郎が，学生時代に写真師同行のもと，大型カメラで日本全国の鉄道を訪れ機関車の写真を残したものである。これらは後に交通博物館（現・鉄道博物館）に寄贈され，当時の産業遺産の貴重な記録ともなっている（非公開）（菅, 2004）。

その後，次第に鉄道を趣味とする人口が増加し，昭和初期には趣味誌も創刊されるなど，鉄道趣味は次第に広がっていった（青木, 2001）。しかしながら，戦前の日本では，カメラなど鉄道趣味に関わる機材は高価であり，鉄道趣味は，ごく一部の富裕層に限られた高級な趣味であったと考えられる。

第二次大戦の戦時中には警察などの圧力もあり鉄道趣味は潰えてしまったが，戦後 1953 年には鉄道ファンの全国組織「鉄道友の会」が発足した。また 1960 年代にかけて趣味誌が次々と創刊され，鉄道趣味は次第に市民権を得ていった。しかし，なんと言っても鉄道が大きく脚光を浴びたのは 1970 年代初頭を中心とした「SL（蒸気機関車）ブーム」であろう。動力近代化の流れの中で，日本国有鉄道（現在の JR）は 1975 年までに蒸気機関車を全廃する方針を決めていた（佐藤, 2019）。急速に消えていく SL に郷愁を覚え，従来の鉄道ファン以外にも多くの人が SL の写真を沿線で撮影するようになり，鉄道趣味人口が拡大した（青木, 2001）。さらに，この頃にはカメラの大衆化が進み，若者や子どもでもカメラを手にすることが可能となった。上野駅などの大都市のターミナル駅で特急列車を追いかける子どもの姿が話題となった。こうしたことを通して，鉄道趣味は「高級な」「おとなの趣味」から「子どもの趣味」へと裾野を広げていったと考えられる。

その後，近年では，マンガやドラマなどで鉄道ファンが主人公となる作品が現れ[1]，また後に述べるようにもっぱら男性の趣味であった鉄道趣味に女性

---

1 たとえば全国の鉄道や駅を乗り歩いた鉄道マニア（実在の人物）と鉄道に興味のない作家が一緒に鉄道の旅をするコメディ作品『鉄子の旅』（小学館）がシリーズ化され菊池直恵，ほあしかのこ，霧丘晶などによって描かれた。

の進出が目立つようになるとともに，美少女キャラクターなどいわゆるアニメなどの「オタク趣味」との融合，廃線跡歩きなど，多方面への広がりを見せている。

2. 鉄道趣味とは何か

　鉄道趣味には次のような特徴がある。第一に，通常はその趣味対象を直接所有することができないということである。鉄道ファンの大半は鉄道会社のオーナーではない（例外的に鉄道ファンが鉄道会社の社長に就任している例もあるが，企業であり公共交通機関である以上，趣味の延長で好き勝手な経営をするわけにはいかない）。また日本でも保存鉄道を運営し自分の好きなように列車を動かす団体も存在しないわけではないが，資金，技術や時間など必要なリソースはかなり大きく，誰でも参入できるものではない。

　第二に，鉄道は公共交通機関として乗客を目的地まで輸送することが本務であり，鉄道ファンのために存在するわけではない。そのため鉄道という対象物を提供する側と，鉄道ファンの利害はしばしば一致しない（石本, 1997）。

　辻・刈谷（2011a），辻（2018）は鉄道ファンへの聞き取り調査から，現代の鉄道ファンを少年文化と関連づけて4つのコーホートに分類した。

　①〈汽車少年〉（1930～40年代生まれ）：蒸気機関車，Oゲージなどスケールの大きなものを趣味対象とする。自作模型，おおむねポジティブな自己イメージを持つ。

　②〈電車少年〉（1950～60年代生まれ）：国鉄型特急電車や新幹線などの電車，模型ではHOゲージなどを対象とする。ポジティブな自己イメージを持つ。

　③〈オタク〉（1970～80年代生まれ）：ブルートレインブームがきっかけ，模型はNゲージを対象とする。オタクを自称する，ネガティブな自己イメージを持つ。

　④〈萌えヲタ〉（1990年代以降生まれ）：愛好対象が多様化，複雑化し，フィギュアなども対象になる。自己イメージのネガティブさが増す。

さらにこれらのコーホートは，鉄道が持つ社会的な意義の歴史的な4つの段階と対応しているという。すなわち以下の4つである。

① 敗戦までの，鉄道の第一次黄金時代。
② 戦後（1950～70年代）の鉄道の第二次黄金時代。
③ 低成長期（1970～90年代） 鉄道が斜陽化するとともに，蒸気機関車が全廃となる時期。
④ 現在（1990年代以降）。

ではその鉄道趣味にはどのような「ジャンル」があるのだろうか？

青木（2001）によれば，初期の鉄道趣味はあくまで車両の写真や模型が中心であったが，その後，列車に乗ることや廃線跡歩きなど拡大と細分化が進んでいるという。

西野（2001a）は車両派，模型派，写真派，旅行派，蒐集派，歴史派という分類をしている。

辻（2011b）は聞き取り調査に基づいて次のような層に分類している。模型，写真，切符収集，グッズ収集，旅行，インターネットで情報を楽しむ，その他である。また梶本・畦原（2013）は「撮り鉄」「乗り鉄（録り鉄）」「模型鉄」「収集鉄」「時刻表鉄」「車両鉄」「駅鉄」「駅弁鉄」「廃線鉄」「押し鉄」「葬式鉄」という分類をしている。

このように，鉄道趣味の分野は様々な分類が可能で一意的にはまとめられないが，ここでは，便宜的に「撮影・録音」「乗車・旅行」「廃線跡・未成線」「模型」「収集」「その他」に分類する。ただし，梶本・畦原（2013）が述べるように，実際にはどれか一つだけに特化した趣味行動をしているのではなく，濃淡はあれ多くは複数の分野にまたがっている。

1）撮影・録音

俗に「撮り鉄」「録り鉄」（いずれも「とりてつ」）と呼ばれる，鉄道の写真を撮影する，あるいは列車の走行音や車内アナウンスを録音することに熱中

するファンである。対象はかなり細分化しており，JRの特急列車，貨物列車，大手私鉄，ローカル私鉄，工場や製鉄所，炭鉱などで使われる特殊車両（図6.1），トロッコなどそれぞれ得意とするジャンルがある。また撮影シーンも風景の中で走行写真を撮りたい者，車両製造会社のパンフレットのように車両そのものだけを撮りたい者（形式写真派）などにも分かれる。いずれも情報をこまめに集め，目的の列車を撮影することに情熱を注いでいる。

図6.1　鉄道趣味対象の最周辺。炭鉱の運搬用に使われる特殊車両（2009年・釧路市内）

　一方，「撮り鉄」のマナーの悪さもしばしば話題となり，鉄道ファン全体の評判を落とす要因ともなっている。鉄道の敷地や私有地に勝手に入り込む，線路内で列車に接近して撮影するなど危険行為をする，撮影に邪魔な鉄道施設（標識など）を無断で撤去したり周辺の樹木などを勝手に伐採したりしてしまう，一般の乗客や他のファンを威嚇する等々，法律に触れる行為も含め，熱心さが過熱して問題行動を起こす者が一部に見られる。ファン自身もそうした批判は自覚していて，迷惑行為や危険行為を慎むように互いに注意しあう動きもあるが，撮り鉄＝迷惑な鉄道ファンというイメージは残念ながら一般の人々の意識に定着している。

2）乗車・旅行

　列車に乗ることそのものを趣味とするファンである。随筆家・作家内田百閒の『阿房列車』はそのさきがけとも言える作品である。「なんにも用事がな

いけれど，汽車に乗って大阪へ行ってこようと思う」「晩の八時半に大阪に着き，着いてみたところで用事はないから，三十分後の九時に大阪を出る第十四列車銀河の一等寝台で帰ってこようと考えた。」(『特別阿房列車』)と言って主人公(百閒)は列車の旅に出て行く。終戦直後の，鉄道の復興も進まず，さらには進駐軍輸送が優先される時代に，相当な無理をして最上級の一等車の切符を入手し，無目的な列車旅を敢行する姿は，乗車することが目的の「乗り鉄」そのものである。

これが進化(深化)すると，「乗り歩き」ないしは「乗り潰しマニア」という形に発展する。西野(2001c)によると，こうした乗り歩きマニアは，「鉄道ファンが鉄道に乗るのであって旅行をするのではない」という意識を持っており，旅行派と混同されることを嫌うという。

浜田(1997)は乗り歩きとして記録にとどめるのに必要な条件として以下の点を挙げている。

① 昼間列車に乗ること。すなわち，各地の車窓風景に触れなければならない。

② 各駅停車に乗ること。すべての駅を見る必要があるためである。従って別料金が不要な「快速」なども対象外になる。

② なるべく客車列車に乗ること。旅情を味わうためには，電車やディーゼルカーなど自走する車両ではなく，機関車が牽く客車列車が望ましいとしている。[2]

④ 必ず運賃や料金を支払って乗ること。不正乗車のことではなく，無料パスや特別の乗車証など，無料の優待で乗車したものは記録に入れないということである。

このほか「乗車中に眠った区間は乗車とみなさない」「新幹線は乗車区間に

含めない」などの「乗り鉄」のファンはそれぞれ独特な掟を定めている。また基本的に列車に乗ること自体が目的であるため，観光地に立ち寄ることや，地元の名産品などにはほとんど興味がない。そのような時間や費用があるなら，少しでも列車に乗りたいのである。

　乗り鉄たちは，こうした厳しい「戒律」を守りながら，鉄道趣味者の持つ「悉皆性」（一か所でも欠けると御利益がない）と巡礼精神によって，全路線を乗り潰す（西野，2001c）。

　一方そのような厳しい掟やマニア的なこだわりを持たず，旅行の点景として鉄道を楽しむ層（旅行派）もいる。近年増えてきたと言われる女性の鉄道ファンも，そのような旅行系を入口としているのではないかと推察できる。廃車寸前の古く汚れた車両に喜んで乗る「乗り鉄」とは違い，旅行派は清潔で快適な車両に乗って観光地を訪ねたりグルメを楽しんだりする。

3）廃線跡・未成線

　廃止になった線路や鉄道設備の跡をたどったり，あるいは建設途中で中断された未成線と呼ばれる設備を歩いたりする趣味である。西野（2001b）によれば，もともとは廃線に関する歴史的考察に始まり，やがてこれが，鉄道史研究のための現地調査といった研究指向性と，鉄道ファンの現地調査や純粋な廃線歩きなどに分化していったという。

4）模型

　実物ではなく，鉄道模型を対象とするジャンルである。列車が走る駅や街並みも含めたジオラマを作る趣味（レール幅 9 ミリの N ゲージが中心）や，車両を忠実に再現する（レール幅 16 ミリの HO ゲージが中心）などが主流であるが，人が乗れるような大きなサイズの車両を自宅の庭などに敷設するファンもいる。いずれにしろ，線路やジオラマの置き場所などスペースが必要となり，日本のような狭い住宅事情の中では，家族の了解も含め，趣味活動には苦労が伴うようである。

図 6.2　即売会に並べられた鉄道用品（2012 年・旧伏木貨物駅）

5）収集

　鉄道部品，用品（制服など），グッズ，きっぷ類，駅弁の掛け紙，パンフレットなど鉄道にかかわる「物」を集めるのが収集鉄である（図 6.2）。これは鉄道に限らず，切手，古銭，骨董品等々，様々な趣味の世界と共通する「コレクション」の一つと考えることができるだろう。西野（2002b）によれば，「収集」は本来鉄道趣味の中では周辺的なジャンルであったが，テレビのお宝番組などの影響もあり，賑わうようになってきたという。

6）その他

　その他，時刻表の中で架空旅行を楽しむ，写真を元に CG 加工によって実在しない車両画像をつくる「ウソ電」など，鉄道趣味のジャンルは無限の広がりを見せている。また，周辺的な趣味対象としてケーブルカー，ロープウェイなどの「索道」，モノレール，ガイドウェイバスなどを対象とするファンもいる。

3. サブカルチャーとしての鉄道趣味

山岡（2019）は，日本において「サブカルチャー」という語は，高級な文化に対する大衆文化，低級文化という意味で用いられているとしている。

鉄道趣味は，より専門性・学術性を高めたい指向性と，反対に「ゆるい趣味」指向の双方向に拡大を続けている。前者においては，大学の卒論レベルの研究記事が趣味誌に掲載されたり（青木, 2001），「鉄道史学会」のように日本学術会議協力学術研究団体として研究活動を行ったりする方向が見られる。また学術的な指向性はなくても，仲間内でだけ意味が通じるジャーゴンや本職の鉄道員が用いる業界用語を使って情報交換しながら，内集団としての安心感を維持するいわゆる「濃い」マニアも見られる。

他方，SLブームのころから「セミ・ファン」と呼ばれる「楽しければいいじゃないか」というファンも増加してきた（西野, 2002b）。先に述べた「旅行派」なども含め，特に強いこだわりもなく気軽に参入してくる層であり，後述するように，鉄道好きな子どもの保護者（「ママ鉄」）やアイドルなどを含め，女性の参入も多く見られる。

サブカルチャーを山岡の定義のように「メジャーな大衆文化」ととらえるなら，こうしたセミ・ファン層にまで裾野を広げた鉄道趣味全体こそが「サブカルチャー」を形成しうるのかもしれない。

4. 鉄道「オタク」とは何者か

1) 2つの鉄道オタク

大澤（2006）は，「オタク」と呼ばれる風俗の成立以前から，鉄道マニアには，狭い特定の鉄道趣味を通して，世界につながり，包括的な普遍性が欲望されるという，オタク的な関心や生き方の原点があったという。そうした「マニア」をもって「鉄道オタク」と見なす考え方が第一にありうる。

他方，鵜飼（1999）は，「おたく」として語られるのは，もっぱらマンガ，

アニメ，ゲームなどであり，鉄道マニアは「おたく」からも取り残された存在であるとしている。辻（2018）は，1970年代生まれの鉄道ファンコーホートから，「萌えヲタ・コミケ・B級アイドル」「コミケ・同人誌」「プラモデル・コミケ」などの「オタク文化」的な趣味を併せ持つ者が目立ち始めたとしている。このように，鉄道そのものではなく，アニメなど他のオタク趣味を兼ねることで「オタク」性を体現した者を鉄道オタクと称する場合もある。

　ここでは前者のように鉄道そのものに熱心な「鉄道マニア＝鉄道オタク」を「専業鉄道オタク」，後者のように他のオタク趣味によってオタク性を開花させている者を「兼業鉄道オタク」と仮に名付ける。

2）兼業鉄道オタクの特徴

　辻・刈谷（2011a），辻（2018）は鉄道趣味を，急激な近代化を遂げてきた日本社会において，眼前の対象を超越したところに存在する何かを想像させるロマンの媒介（メディア）として機能してきたと言う。一方，先に述べた第四段階のコーホートないし時代のことをポスト「鉄道」時代と称し，この時代においては内閉した「いま／ここ」において「妄想」を抱く対象が「モノ」ではなく「ヒト」や「キャラ（キャラクター）」との関係性へと遷り変わりつつあるとしている。もともと「モノ」であった鉄道車両を，イラストでデフォルメして「ヒト」へと擬人化するなどの「萌え」化はその現れであるとしている。兼業鉄道オタクはこうした変遷の中で生まれてきたものと言えるかも

図6.3　鉄道むすめ（2020年・富山ライトレール：現富山地方鉄道富山港線城川原駅）

図 6.4　昭和 30 年代の塗装に復元された東武鉄道の電車（2018 年・東武亀戸線）

しれない[3]。

　玩具会社や鉄道会社もまたこうしたオタクに呼応する動きを見せている。たとえばトミーテック社は全国の鉄道会社社員の制服を着た「鉄道むすめ」という美少女系のキャラクターを登場させ，鉄道会社もこれを宣伝媒体として利用している（図6.3）。また鉄道車両にアニメのキャラクターなどを描いたラッピング列車を走らせ，「オタク」層の集客をはかる動きもでている。しかしそうした列車は専業オタクを含むコアな鉄道マニアからは「痛車（いたしゃ）」「痛電車（いたでんしゃ）」などと呼ばれ敬遠されることもある。このようにキャラクターを描いた「痛車」は，鉄道ファンの趣味対象と言うよりも，アニメファンなど別のジャンルの「オタク」をターゲットにした企画であると言えよう。

　反対に，コアな鉄道マニア，鉄道オタクにとっては，アニメなどでラッピングされた車両よりも，過去に塗られていた古い配色，特に登場当時の塗装などがアピールとなる。鉄道会社でもこうしたファン向けに「復刻（復活）塗装」として，現代の車両にあえて昔の色を塗り直した（ラッピングした）車両

3　　ただし鉄道車両の擬人化そのものは古くから見られているが（たとえば阿川・岡部, 1959），それらは「萌え」文化が持つ美少女など当該キャラクターに対する疑似恋愛ないしは性愛的な視線を含まない点で性質を異にするだろう。

表 6.1　子どもが好きな乗り物
（バンダイ，2007 に基づいて再構成。数値は％，各年代，性別ごとに 250 名ずつ）

	0〜2歳		3〜5歳		6〜8歳		9〜12歳	
	男	女	男	女	男	女	男	女
電車	31.6	31.2	28.8	24.0	28.0	17.2	22.8	12.8
新幹線	6.8	0	21.6	4.8	18.4	0	16.4	11.6
電車＋新幹線	38.4	31.2	50.4	28.8	46.4	17.2	39.2	24.4
自動車（乗用車）	28.0	35.6	15.2	11.2	14.8	0	17.6	0
バス	12.8	9.6	8.8	19.2	0	8.0	0	0
飛行機	4.4	0	0	4.8	11.2	10.4	18.4	12.0
自転車（二輪）	0	0	6.8	22.0	16.4	21.6	10.0	20.0
三輪車	0	12.0	0	0	0	0	0	0
ショッピングカート	0	4.4	0	0	0	0	0	0
ジェットコースター	0	0	0	0	0	9.2	0	14.8

出典：バンダイこどもアンケートレポート 2007
https://www.bandai.co.jp/kodomo/pdf/question138.pdf

を走らせる企画が人気を呼んでいる。こうした復刻塗装は，ファン自身が実体験していない「過去の車両の色」に「実在しない郷愁」を感じ取ろうとしているという点では，辻が述べる「想像力のメディアであったことを想像する」という現代的な鉄道ファンの現れと言えるのかもしれない。

5．発達との関係

1）年齢との関係

　辻（2018）は，聞き取り調査の結果から，いずれのコーホートにおいても，鉄道ファンになった年代については小学生，多くは幼稚園やそれ以前であったとしている。西野（2002a）によれば幼児期には親の主導のもと，実物や絵本によって鉄道趣味が涵養されること，3 歳程度の幼児は経験によって認識できる頭の中の世界と異なる望遠レンズで撮影された鉄道写真には興味を示さないなどの特徴を指摘している。

　バンダイ（2007）が，保護者に尋ねた子どもの好きな乗り物の調査（表 6.1）によると，電車や新幹線が第一位として選ばれる割合は，0 〜 2 歳では性差は

ほとんどないが，それ以降の年代では男児の方が高い。また「電車」に限っても発達早期には男女ともに上位で選ばれている。

　宮本（2016）は，幼児期早期において男女ともに電車が選ばれる理由として，電車が，乳幼児期の感覚認知特性に合うような，子どもの関心を引きつけやすい特徴を持っているとしている。すなわち，まず動くものであること，そしてレールの上を走ることからその動きの予測を立てやすいこと，日常的に目にする動く物の中では比較的大きなサイズでありながら，子どもの視線をはみ出すほどではないことなどである。これらは動く物に関心をもちやすく，対象認識の範囲が自分の視線の範囲を超えにくい幼児の認知特性と合致するとしている。

　4歳以降になると，子どもの興味は他の乗り物に移行して鉄道を卒業していく男児も増えてくる（弘田, 2017）。

　このように乳幼児期早期には性別に関係なく電車好きがトップにあがるが，やがて多くの子どもは他の興味へと移っていく。そしてごく限られた子どもだけが一貫して鉄道好きなまま「鉄道ファン」に成長していくのだろう。

　ただし，このデータは，複数回答可であることから年代や性別間での単純な比較は難しく，また「乗り物」に限った選好についての調査のため，乗り物以外の他の興味対象との比較がわからない。また「好きな乗り物」という問いでは，乗り物そのものへの興味以外にも，目新しさなど様々な選好の内容が含まれてしまうため，「鉄道への興味」「子ども鉄道ファン」を示す指標とみなすには限界がある。

2）性差

　これまでも述べてきたように，鉄道ファンは圧倒的に男性が多いことが知られている。

　先に示したように，発達早期には男女児ともに鉄道への選好が高く見られるが，次第に男児の一部に偏る傾向が見られる。これは，養育者が与える刺激や社会的な圧力など環境状況要因によるものなのか，より生得的なものに帰属しうるものなのかについては，十分な検討はなされていない。

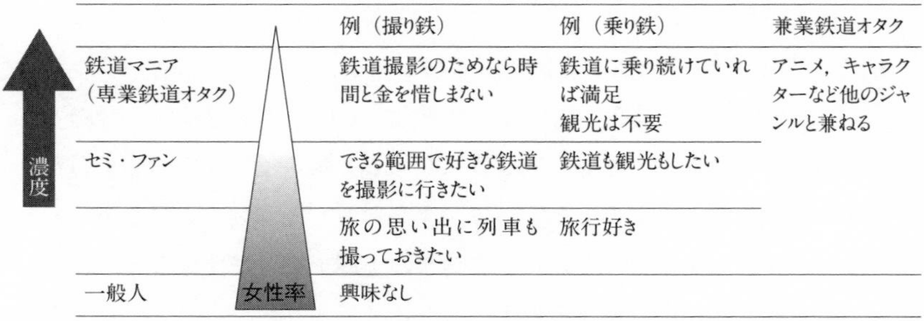

		例（撮り鉄）	例（乗り鉄）	兼業鉄道オタク
↑ 濃度	鉄道マニア（専業鉄道オタク）	鉄道撮影のためなら時間と金を惜しまない	鉄道に乗り続けていれば満足 観光は不要	アニメ，キャラクターなど他のジャンルと兼ねる
	セミ・ファン	できる範囲で好きな鉄道を撮影に行きたい	鉄道も観光もしたい	
		旅の思い出に列車も撮っておきたい	旅行好き	
	一般人	興味なし		

図 6.5　鉄道ファンの「濃度」と女性参入の関係

　鉄道趣味自体が持つ社会的要因としての「参入障壁」もある。非常に「濃い」マニアになると，鉄道に乗ったり撮影したりするためならば，何週間もの間，食事は栄養補助食か，売店のパンや立ち食い蕎麦で過ごし，風呂にも入らず，宿泊も夜行列車の車中泊や（最近では難しいが）駅構内で寝て過ごす（駅寝）といった生活も珍しくない。そこでは決して清潔とはいえない駅や古い車両のトイレなどの水回りを利用しなければならない。撮影派の場合，そのトイレさえない人里離れた場所で長時間列車を待たなければならない。そうした趣味のスタイルは，女性ファンを遠ざける一因になっているかもしれない。

　しかし近年では，鉄道趣味への女性の進出も次第に見られるようになってきた。そうした女性は「鉄子」「鉄女」などと呼ばれている。また鉄道好きな子どもに付き添っているうちに自分も鉄道好きになってしまう母親（ママ鉄）も見られる。しかしそうした女性鉄道ファンが注目されること自体，この趣味が男性に偏ってきた証だと辻（2018）は述べている。また，女性ファンが書いた鉄道の記事は，あくまで一般の旅行ファンの記事の範疇であり，鉄道ファンを満足させられるものではないという意見もある（西野，2001c）。このことへの賛否はともかく，男性ファンと女性ファンでは，鉄道趣味に求める内容に，質的な相違があるのかもしれない。鉄道好きを自称するエッセイストの酒井（2006）は，自らが男性の鉄道ファンに比べて鉄道に対するこだわりが圧倒的に少ないことを述べている。路線名や駅名を忘れてしまう，列車

に乗っても寝てばかりいる，早起きはできるだけ避けたいなど，先に述べた「乗り鉄」の「戒律」へのこだわりとは正反対の「ゆるさ」である。

以上のように，鉄道ファンは圧倒的に男性の比率が高いものの，徐々に女性も進出してきている。しかしその割合は，ファンとしての「濃さ」と負の相関関係を持つと考えることができる（図6.5）。

6. 発達障害との関連

男子少年の自閉症スペクトラム障害（ASD）のケースに鉄道好きが多いことは，臨床的な報告ではよく見られる（本田，2009 など）。駅名や車両形式，ダイヤなどにこだわって，データを正確に記憶し把握する能力は多くの情報を必要とする鉄道趣味にとって圧倒的な有利さを持っており，自閉症スペクトラム的な傾向は，鉄道趣味者の間では，違和感なく，以前から一定程度受け入れられているように思われる。しかし宮本（2016）は電車好きの多くが自閉症スペクトラム障害とは診断されないことなどから，むしろ周囲のおとなが鉄道関係の贈り物をするなどの刺激を与える環境要因が大きいのではないかとしている。この点については，実証的な検討が必要であろう。

7. 青年期心性との関係

鵜飼（1999）は鉄道マニア（撮り鉄）の行動観察から，周囲との会話が少なく，黙々とファインダーをのぞき込むだけで，一人で無言のままやってきて無言で去って行く者が多いとしている。他方，自分が見られることに対してはきわめて無防備で，普通なら恥ずかしいような行為を平気で行い，ファッションも気にしていないとしている。また刈谷・辻（2011），辻・刈谷（2011b）も鉄道ファンには友人数0人とする者が49.4%と最大であり，ネット上のオンライン・ファンコミュニティ「鉄道フォーラム」においても，フォーラム内で知り合った友人数0人（いない）と回答した者が79.1%と高いこと，鉄道関連団体に加入したことのない者が1/3強であることなどから，鉄道ファ

ンは，群れることを嫌い，個人主義的指向性が強いとしている。

　岡田（2010）は現代の青年の友人関係の特徴として，1）関係の希薄さ（対人関係からの退却），2）見かけのノリのよさ（群れ），3）やさしさ（傷つけられる・傷つけることへの恐れ）を挙げている。これらは同一の青年の中に共存するというよりも，それぞれの特徴を持つ異なる青年群として見出されると考えられている。山田・安東・宮川・奥田（1987）は新しい対人恐怖症の型として「ふれ合い恐怖」という症候群を見出した。これは，従来の対人恐怖症とは異なり形式的，表面的なごく浅い対人関係（出会いの場面）には困難を感じないものの，雑談，会食など対人関係が深まる場面や関係（ふれ合い場面）に恐怖を覚えるというもので，大学生など青年期後期の男子に多く見られるとしている。またふれ合い恐怖は臨床的にはさほど重篤ではないサブクリニカルな症候群であるとしており，このことから，臨床的問題をもたない一般の青年にも共通する「ふれ合い恐怖的心性」を想定することができよう。岡田（2002）によると，こうしたふれ合い恐怖的心性を持つ大学生は，他者に気を遣ったり群れたりすることがなく，対人関係から退却した所で他者の視線の圏外で安定し内的葛藤を回避していると考えられた。これはふれ合い恐怖を持つ青年は「他者無視傾向」が高いとする福井（2007）の結果とも合致する。

　以上のように，ふれ合い恐怖的な青年，あるいは対人退却的な青年像と，鉄道マニアの特徴には共通するものが見られる。

　岡田（2011）は，友人関係から回避的傾向がある青年は，友人を傷つけないよう気を遣う傾向が低く，その結果，他者から受容されていないと感じており，その延長で自尊感情が低いことを見出した。鵜飼（1999）は鉄道マニアについて，鉄道趣味を卑下し，社会的に認知されない周囲に隠すべき趣味であるという自覚を持っており，ひたすら隠蔽する態度が見られるという。そしてマニア自身，自らを女性に縁がなく，つきあい方も下手で，風采が上がらない，ださいという自覚を持っているという。このように，鉄道マニアには関係回避的な青年と共通する特徴が見られる。

　鵜飼はまた，鉄道マニアには，体格，体力を誇示するようないわゆる体育

会系の男性が存在しないことから，いわゆる「男らしさ」をめぐる争いに根本的に敗北した存在であるとしている。さらに対象である鉄道は，直接に所有・支配（運転）することもできない。すなわち，鉄道マニアとは，外見的な「男らしさ」と対象の持つ「男らしさ」から二重に疎外された中で，知識やグッズ収集などを通じて仲間内で「男らしさ」をめぐって競い合っている存在であるとしている。

　辻（2018）は，1950年代生まれ以降の鉄道ファンの中にネガティブな自己イメージを抱く者が見られるようになり，1990年代生まれ以降のコーホートではさらに強いネガティブな自己イメージを持つようになっていると述べている。一方で，それ以前の世代では比較的自己イメージがポジティブなことも示されている。

　このように，鉄道ファン・マニアは，他者からの低い評価を自覚しつつ，自尊心が低く，さらに年代が新しいほどそうした傾向が顕著であると言えよう。こうした特徴とファン自身の熱心さ（「濃度」）とには関連があるのだろうか。様々な要因ごとでのファンの意識のあり方の検討が今後必要となるであろう。さらに，先に述べたように「大衆化としてのサブカルチャー」として鉄道趣味が広がっていくならば，「体育会系鉄道ファン」や「他者（特に異性など恋愛対象）の視線を強く気にする，おしゃれな鉄道ファン」など新しい層がこの先生まれてくるかもしれない。

8. まとめ

　鉄道ファン，鉄道オタクとその行動に関する心理学からのアプローチはこれまでほとんど見られず，実証的なデータも見られない。本稿では，鉄道ファンの歴史や分類に触れ，社会学などの他分野でのデータを援用しつつ，そこから仮説生成的な考察を行った。今後オタク論，サブカルチャー論などの発展の中で，心理学からの実証的な研究が進むことを期待したい。また社会行動としてのサブカルチャーの中での鉄道趣味とともに，発達やその障害との関係についても，今後の検討が求められる重要なテーマである。

引用文献

阿川弘之・岡部冬彦（1959）．きかんしゃ　やえもん　岩波書店

青木栄一（1985）．イギリスの鉄道趣味 おぼえがき　鉄道ピクトリアル, *35*（1）　鉄道図書刊行会　pp. 50-53.

青木栄一（2001）．鉄道趣味のあゆみ──『鉄道ピクトリアル』の半世紀とともに　鉄道ピクトリアル, *51*（7）　鉄道図書刊行会　pp. 131-155.

福井康之（2007）．青年期の対人恐怖──自己試練の苦悩から人格成熟へ　金剛出版

浜田綱生（1997）．全線走破の楽しみ　赤門鉄路クラブ（編）紳士の鉄道学　青蛙房　pp.115-135.

弘田洋介（2017）．電車が好きな子はかしこくなる──鉄道で育児・教育のすすめ　交通新聞社

本田秀夫（2009）．自閉症スペクトラム障害のコミュニティケア・システム　精神神経学雑誌, *111*, 1381-1386.

梶本愛貴・畦原雄治（2013）．鉄道ヲタあるある──愛すべき鉄ちゃんの生態図鑑　トランスワールドジャパン

石本祐吉（1997）．「鉄道学」概論　赤門鉄路クラブ（編）紳士の鉄道学　青蛙房　pp. 1-9.

苅谷寿夫・辻泉（2011）．オンライン・ファンコミュニティの実態に関する研究──鉄道フォーラム・ウェブ・アンケート調査の結果から　松山大学総合研究所報, 68, 2-132.

松井豊（1990）．友人関係の機能　斎藤耕二・菊池章夫（編著）社会化の心理学ハンドブック──人間形成と社会と文化　川島書店　pp. 283-296.

宮本信也（2016）．鉄道好きのそだち　そだちの科学, *26*　日本評論社　pp. 79-81.

西野保行（2001a）．時評・鉄道＆鉄道趣味（2）　鉄道ピクトリアル, *51*（2）　鉄道図書刊行会　pp. 69-71.

西野保行（2001b）．時評・鉄道＆鉄道趣味（7）　鉄道ピクトリアル, *51*（7）　鉄道図書刊行会　pp. 169-171.

西野保行（2001c）．時評・鉄道＆鉄道趣味（11）　鉄道ピクトリアル, *51*（11）　鉄道図書刊行会　pp. 97-99.

西野保行（2002a）．時評・鉄道＆鉄道趣味（21）　鉄道ピクトリアル, *52*（9）　鉄道図書刊行会　pp. 116-118.

西野保行（2002b）．時評・鉄道＆鉄道趣味（24）　鉄道ピクトリアル, *52*（12）　鉄道図書刊行会　pp. 112-115.

岡田努（2002）．現代大学生の「ふれ合い恐怖的心性」と友人関係の関連についての考察　性格心理学研究, *10*（2）, 69-84.

岡田努（2010）．青年期の友人関係と自己──現代青年の友人認知と自己の発達　世界思想社

岡田努（2011）．現代青年の友人関係と自尊感情の関連について　パーソナリティ研究, *20*（1）, 11-20.

大澤真幸（2006）．オタクという謎　フォーラム現代社会学, *5*, 25-39.

佐藤正樹（2019）．特集：ヨンサントオを振り返る　後編　鉄道ファン2019年1月号　交友社　pp. 8-57.

酒井順子（2006）．女子と鉄道　光文社

菅建彦（2004）．交通博物館の至宝「岩崎・渡辺コレクション」　日本写真学会誌, *67*, 108-112.

辻泉・刈谷寿夫（2011a）．分析・鉄道趣味（1）──歴史的変遷に関する一考察　鉄道ピクトリアル, *61*（11）　鉄道図書刊行会　pp. 83-88.

辻泉・刈谷寿夫（2011b）．分析・鉄道趣味（2）──鉄道フォーラム・ウェブ・アンケート調査の分析から　鉄道ピクトリアル, *61*（12）　鉄道図書刊行会　pp. 106-111.

辻泉（2018）．鉄道少年達の時代―想像力の社会史　勁草書房

内田百閒（1991）．第一阿房列車　福武書店

鵜飼正樹（1999）．鉄道マニアの考現学──「男らしさ」から離脱した男たちの逆説　西川祐子・萩野美穂（編）共同研究 男性論　人文書院　pp.96-121.

山田和夫・安東恵美子・宮川京子・奥田良子（1987）．問題のある未熟な学生の親子関係からの研究（第2報）──ふれ合い恐怖（会食恐怖）の本質と家族研究　安田生命社会事業団研究助成論文集, *23*, 206-215.

山岡重行（2019）．腐女子の心理学2 ──彼女たちのジェンダー意識とフェミニズム　福村出版

7章
レコードコレクター

渡邊芳之

「レコードコレクター」と呼ばれる人たちがいる。彼／彼女らはレコードを大量に集めることを趣味とし，そのために多大な時間と費用をかけている。この章ではレコードコレクターたちが，なにを，どういう理由で集めるのかを，レコードという「物」自体の歴史や特徴と関係づけながら考えていくとともに，レコードを集めることがコレクターの人生とどう関わっているのかを見ていこう。

1. プロローグ

東京などの都市には中古レコードを扱うショップがたくさんあって，いつも賑わっている。店頭にあるレコードは俗に「エサ箱」と呼ばれる陳列棚に収められていて，客はそれを一枚一枚取り出しては眺め，品定めをしていく。それらのレコードの大多数はそれが新品で発売された時より安い価格をつけて売られているが，新品よりも高い値段をつけて売られているものもある。中には１枚何万円もの値段をつけて，エサ箱とは別に売り場の壁に展示されるものもある。こうした値段の高いレコードの中にはCDや音楽配信などでは聴くことができない希少な音楽を収めているものもあるのだが，ほとんどはCDでも発売され，音楽配信でも聴くことができる音楽を収めたレコードである。

たとえばビートルズの『ラバー・ソウル』（図7.1）のレコードには専門店で３万円とか５万円の値段がつけられているものがあるが，その音楽はCDで

も発売されていて 2500 円くらいで
新品が買えるし, Apple Music など
の音楽配信サービスではもっと安
い値段で聴くことができる。高価
な中古レコードなど買わなくても
その音楽は聴けるのである。もち
ろんそのことはみんな知っていて,
一般の音楽ファンは『ラバー・ソ
ウル』を CD や音楽配信で楽しん
でいるのがふつうである。

図 7.1　ビートルズ『ラバー・ソウル』(1965)

　「ヤフオク」などのオークション
を見ても,『ラバー・ソウル』の古いレコードに数千円から時には 2 万円, 3
万円という値段がついていて, それがつぎつぎに落札されていく。いっぽう
で同じオークションには『ラバー・ソウル』の中古 CD も出品されていて,
それは 500 円くらいで落札することができる。ただ音楽を聴きたい, それを
メディアで所蔵したいだけであれば, われわれはたった 500 円の出費で『ラ
バー・ソウル』を手に入れることができるのである。

　それなのになぜ数千円から数万円もする『ラバー・ソウル』が存在するの
だろうか, そしてそれをいったい誰が買っているのだろうか。それを買って
いるのが「レコードコレクター」, つまりレコードを集めることを趣味とし,
レコードを集めることに人生の多くを捧げている人々である。

2. レコードとレコードコレクター

　先にも述べたように, レコードコレクターとは「レコードを集めることを
趣味としている人」である。では彼／彼女らが集めているレコードとはいっ
たいなんなのだろうか。そしてレコードコレクターとはどういう人たちで,
一般の音楽ファンとはどこが違うのだろうか。

1）レコードとはなにか

　レコード（record）とは「記録」「記録する」という意味だが，19世紀の終わりころから，このことばが「音楽を記録し再生するメディア」を指す意味を持つようになった（森ほか，2011）。その代表的なものが，樹脂で作られた回転する円盤（ディスク）の表面に音の振動を溝として記録するとともに，その溝を針でたどることで記録された音を再生するメディア，現在でいう「アナログ・レコード」である。広い意味では，アナログ・レコードよりも後に開発された音楽テープや，デジタルで録音再生がなされるCD（コンパクト・ディスク），DVDなどもレコードの一種であって，たとえば「レコード業界」という言葉はこうした各種の音楽メディアの製造販売や音楽配信を一括して業務としている職域全体を指している（河端，1990）。

　いっぽう「レコードコレクター」という時の「レコード」は，さきの「アナログ・レコード」だけを指すことが多い。私も含めてレコードコレクターの多くはアナログ・レコードだけでなくCDもそれなりに所蔵しているが，そのCDを「コレクション」と考える人は比較的少ないだろう。本稿でもこのあとは「レコード」といえば「アナログ・レコード」を指すこととし，CDやDVD，テープなどについてはレコードと呼ばず，それぞれの名前で呼ぶこととする。

2）レコードコレクターとは誰か

　レコードコレクターとは文字どおり「レコードをコレクトする（集める）人」であるが，ではレコードをたくさん持っていればその人はレコードコレクターなのだろうか。あとの節でも述べるように，レコードの商品としての大量生産は1992年頃にすでに終わっていて，いま世界にあるレコードの大多数はそれより前に作られたものである。そうした，現在もう新品では手に入らなくなったレコードをたくさん持っている人というのは，大きく2種類に分かれる。

　第一のカテゴリーは，ある程度の年齢以上の人で，レコードがまだ大量生産されていた時代に，自分の聴きたい音楽のレコードを買っていた結果とし

てたくさんのレコードが集まり，それを今でも所蔵している人である。そうした人たちは音楽を聴くための自然な手段としてレコードを買い，その結果としてレコードをたくさん持っているのであって，「レコードを集めること」が目的だったわけではない。こうした人たちは「健全な音楽ファン」であって，レコードコレクターではない。健全な音楽ファンの多くはCD時代になってからはCDで音楽を聴くようになっているので，持っているレコードの大多数は1990年代以前に買ったものである。

　より若い世代でも，好きなミュージシャンが最近のアナログ・リバイバルブームに乗って発売したアナログ・レコードを買って持っている，それがある程度の数になっている，というような人も健全な音楽ファンであって，レコードコレクターとは呼ばれない。これらの健全な音楽ファンにも1000枚以上のレコードを持っている人というのは存在するので，健全な音楽ファンとレコードコレクターとの境界は，持っているレコードの数ではないと言える。

　第二のカテゴリーが，レコードコレクターである。レコードコレクターももちろん音楽ファンであり，レコードに収められた音楽を聴いて楽しむのだが，それと同時に，ときにはそれ以上に，「物」としてのレコードに愛着を持ち，それを集めて所蔵し，眺めたり整理したり分類したりすることに楽しみを見出す人たちがこれである。レコードコレクターを特徴づけることには2つがあって，ひとつは1990年代にレコードの生産が終わってからもたくさんのレコードを買い続けていることであり，そうなると買うのは基本的に中古レコードになる。私はいまも年間50枚くらいのレコードを買っているが，それは基本的にすべて中古レコードである。最近では，レコードの生産が終わってから生まれた世代でもレコードに興味を持ってレコードコレクターになっている人がいる。

　レコードコレクターのもうひとつの特徴は，「まったく同じ音楽の入ったレコードを複数持っている」ということである。たとえば私は『ラバー・ソウル』のレコードをイギリス盤のモノラルとステレオ，米盤ステレオ，ドイツ盤ステレオ，国内初出盤，国内再発盤，国内モノラルの7枚持っており，それに加えてCDも2種類持っているが，健全な音楽ファンであれば同じ音楽

の聴けるレコードをこんなにたくさん持つことはない。せいぜいオールド・ファンがレコードとCDの両方を1枚ずつ所蔵するくらいだろう。

　ではなぜレコードコレクターは「同じレコード」を何枚も買うのだろうか。入っている音楽は同じでも「物」としてのレコードに違いがあるから，それをできるだけ多くの種類集めたいからである。「同じレコード」が持っている「物」としての多様性，これがレコードコレクターを動かし，魅了しているということもできる。

3. レコードの歴史

　レコードがレコードコレクターを魅了するのはその「物」としての多様性であると先に述べたが，こうした多様性が生み出されることにはレコードの歴史が深く関わっている。それを理解するために，レコードの歴史と，その結果としてレコードが持っている特性について，ごく簡単に整理する。

1）レコードの黎明期とSPレコード

　音の振動を溝として刻み，その溝をたどることで音を再生する，というレコードの基礎になるアイデアを1877年に「フォノグラフ（Phonograph）」という機械で実現したのはエジソン（Thomas Alva Edison, 1847-1931）である[1]。エジソンのフォノグラフは音を回転する円筒に記録していたが，1887年になるとベルリナー（Emile Berliner, 1851-1929）が円盤（ディスク）に音を記録する「グラモフォン（Gramophone）」を開発する。円盤レコードは印刷のように「プレス」することで簡単に大量複製できる点が優れており，これが後のレコードの直接の先祖となる。1920年頃までに円盤レコードは，シェラック（ラックカイガラムシの分泌物）を原材料にして，直径は12インチ（30cm）または10インチ（25cm），回転数は78回転／分という規格に統一される。こ

1　　実際にはエジソン以前にエドゥアール・マルタンヴィルの「フォノトグラフ」，シャルル・クロスの「パレオフォン」によって，この方法での録音再生の原理自体は発見されていた（バロウズ，2017）。

れが SP（Standard Play）レコードである。

　1920 年代半ばになるとマイクロフォンで拾った音を電気的に増幅してレコードに刻む「電気録音」が開発され，レコードの音質が飛躍的に改善される。また再生機器もそれまでのゼンマイ式蓄音器から，モーターでレコードを回転させ，針で拾った音を電気的に増幅してスピーカーを鳴らす電気蓄音器（電蓄）に発展していく。グレン・ミラーの『ムーンライト・セレナーデ』（1933），藤山一郎の『丘を越えて』（1931）など，第二次世界大戦前の世界のヒット曲は，こうした電気録音による SP 盤として発売され，多くの人々に聴かれた。

2）LP レコードとステレオ録音

　第二次世界大戦が終わると，軍事技術の民間への転用が進んで，レコードも大きな転換期を迎える。1948 年には米コロンビア社が塩化ビニール製で 33 回転／分，同じ 12 インチ盤でも SP 盤の 5 倍近い片面 23 分を記録できる LP（Long Play）レコードを発売する。LP レコードは収録時間が長いだけでなくノイズが少なく，周波数レンジも広いために，レコードの音質はまた飛躍的に向上する。同じ頃に米 RCA 社は LP と同じ塩化ビニール製で直径 7 インチ（17cm），45 回転／分の EP（Extended Play）レコードを発売する。このあと，レコードは交響曲などの時間の長い音楽やたくさんの曲を収録できる 12 インチと 10 インチの LP レコードと，ポピュラー音楽の短いヒット曲を片面 1 曲ずつ収録する 7 インチの EP レコード（日本でいうシングル盤）の棲み分けとなる。いっぽうで SP レコードの生産は徐々に減少し，日本では 1962 年に SP レコードの製造が終了している。

　1958 年にはステレオ・レコードが発売される。それまでのモノラル（1ch）レコードと違って左右 2ch の音を再生できるステレオレコードによって，より臨場感のある音楽を家庭で聴くことが可能になる。ここから 1970 年代半ばまでがレコードの黄金時代で，クラシックやジャズでは名演奏の名録音が数多く残されて，今でも CD やデジタル配信に復刻され聴き継がれている。

3) 「ロック」とレコード

　この時代にレコードと人々との関係を大きく変えたのがロックンロール，後の「ロック」の出現である（1章も参照）。アメリカの黒人音楽であったリズムアンドブルースとポピュラー音楽が合体した白人音楽としてのロックンロールの元祖はビル・ヘイリー・アンド・コメッツの「ロック・アラウンド・ザ・クロック」（1954）であるとされることが多い。1956年になるとエルヴィス・プレスリー（Elvis Presley, 1935-1977）が登場して，ティーンエイジャーの熱狂的な支持を受けるようになる。このことでレコードの購買層の中心は大人から若者へと変化した。若者たちはレコードを買うだけでなく街のジュークボックス（お金を入れると好きな曲のレコードが聴ける機械）でロックンロールを聴き，踊るようになり，ジュークボックスで使われるEPレコードがセールスの中心になる。

　いっぽうイギリスでは1955年頃から「スキッフル」といわれる自作自演の音楽を演奏して歌うことが流行していたが，それとアメリカからのリズムアンドブルースやロックンロールが融合することでビートルズをはじめとするブリティッシュロックが誕生する。1963年になるとビートルズがアメリカに上陸するとともに，アメリカの音楽シーンをイギリスのミュージシャンのヒット曲が独占するようになる。これが「ブリティッシュ・インヴェイジョン（British invasion）」である。

　ロックは徐々に単なる音楽のジャンルから若者のファッションやライフスタイル，思想にも大きな影響を与えるようになり，1968年頃にはサイケデリックやヒッピーブーム，反戦平和の思想とロックミュージックが連動して若者を動かすようになる。そうした中でロックも徐々に複雑化，多様化するとともに，単なる1曲のヒットだけでなく，LPレコード1枚を使ってより深いイメージや世界観を伝えようとする「コンセプト・アルバム」が作られるようになった。[2]ビートルズの『サージェント・ペパーズ・ロンリー・ハー

2　12インチのLPレコードを「アルバム」と呼ぶのは，SP時代には交響曲などの長い音楽の組物（何枚ものレコードがひと組になったもの）が紙や布製の「アルバム」に納めて売られていたことに由来する。

ツ・クラブ・バンド』（1967）やピン
ク・フロイドの『原子心母』（1970）
などが代表的なものだが、そこでは
音楽だけでなくジャケット（レコー
ドを収める紙製のケース）のデザイン
（ジャケット・アート）もコンセプト
の一部として重要な役割を占めるよ
うになる。キング・クリムゾンの
『クリムゾン・キングの宮殿』（1969,
図7.2）のようにジャケットの強烈な
イメージがアルバム全体のコンセプ
トを示すものも多く残されている。

図7.2　キング・クリムゾン『クリムゾン・キングの宮殿』（1969）

4) CD の登場とレコードの終焉

　1970年代に入ってもロックミュージックは様々に多様化し、ますます多く
のレコードを売り上げていくが、70年代も終わりになるとその勢いも陰りを
見せはじめる。同時に、アナログレコードというメディアの持つキズやホコ
リへの弱さやノイズの多さ、摩耗による音質の変化などが問題視されて、新
しいメディアが待望されるようになる。日本のソニーと蘭フィリップスの共
同開発として1982年に発売されたCD（Compact Disc）はそうした問題をす
べて解決し、レコードよりも長い時間の音楽を12cmの光ディスクに収める
夢の音楽メディアであった。

　CDや気軽に録音再生のできるカセットテープの普及によりレコードの生
産は徐々に減少していき、1992年には日本国内でのレコードの生産が停止さ
れて、100年にわたるアナログレコードの歴史はひとつの終わりを迎える。そ
れ以降もレコードは特殊なニーズのために製造されてはいるが、工場は世界

で数か所しかないのが現状である。[3]

5) レコードの種類と特性

現在のレコードコレクターの収集対象となるレコードは，まずSP盤とLP/EP盤の大きく2種類に分かれる。前述のようにSP盤は遅くとも1960年頃までに製造された，シェラック製で78回転のレコードである。したがってSP盤を収集しているレコードコレクターが聴く音楽も，ほとんど1950年代以前に録音されたものとなる。

シェラックでできたSPレコードは重くて割れやすく，反りやすいために大量に収蔵するのは大変なことである。SPレコードは一般にはレコード会社ごとに共通の紙袋に入れて売られていたために，LPレコードのようにジャケット・アートを楽しむ要素はない。日本ではSP盤に収録された曲の歌詞や解説を印刷したカードがつけられることもあった。

SP盤を再生するためには古い蓄音器や電蓄か，現行のレコードプレーヤーでもごく一部の78回転に対応したものを使わなければならないため，SP盤の収集は一般の音楽ファンにはかなりハードルが高い。SP盤の再生音は現在の感覚で聴くと激しいノイズが気になるし，周波数レンジが狭いために音質もあまりよいとは言えない。しかし人の声やヴァイオリン，ピアノ独奏など特定のジャンルには，SP盤の音ならではのよさがあると感じる人も多い。

いっぽう，LP/EP盤は1948年以降に製造された塩化ビニール製のレコードであり，まず大きさで12インチ，10インチ，7インチに分かれる。回転数は12インチ，10インチのLPが33回転，7インチのEP（シングル盤）は45回転である。それぞれにモノラル盤とステレオ盤があるが，同じレコードがモノラルとステレオの双方で発売されている場合と，モノラル，ステレオのどちらかだけで発売されている場合の両方がある。1970年代以降に発売され

3　最近では「アナログ・リバイバル」「アナログ・レコード・ブーム」などといわれて，アナログレコードを再び聴いてみようとする一般の音楽ファンが増え，その需要に応えてレコードの製造を再開するメーカーも出てきている。しかし，そうしたリバイバルブームで製造された新しいレコードや，復刻（再製造）された過去のアナログレコードは，レコードコレクターの収集対象にはならないのが普通である。

たレコードは基本的にステレオ盤だけである。[4]

LPレコードは厚手の紙やボール紙で作られたジャケットに入って売られており，ジャケットには写真や絵，入っている音楽の解説文などがあしらわれている。レコードがジャケットに直接入っていることは少なく，紙またはビニール製の内袋に収めた上で，ジャケットに入れられている。内袋にも写真や歌詞，レコードの取扱説明，他のレコードのカタログなどが印刷されていることもある。EPレコードは欧米では会社ごとに共通の紙袋だけに入れて販売されるのが普通だったが，日本のシングル盤は表面に歌手の写真と曲のタイトル，裏面に歌詞が印刷された紙製のカードをつけて売られていた。

4. レコードコレクターが求めるもの

このように，レコードにはその長い歴史を通じて作られた，物としての大きな多様性があって，それがレコードコレクターを魅了している。それでは，レコードコレクターがレコードやそのコレクションに求めるものはいったい何なのだろう。それは「コンプリート」と「ヴァリエーション」(渡邊, 2014)，それに加えて「オリジナル」の3つである。それぞれがどういうことなのかを考えよう。

1) コンプリートの追求

レコードコレクターへの道のスタートは，好きなミュージシャンのレコードをぜんぶ集めよう，好きなアイドルのレコードをぜんぶ揃えたい，というコンプリートへの欲求である。たとえばビートルズであればイギリスオリジナルアルバム（12インチLP）が12枚，それに数枚のシングル盤（7インチEP）と1枚の編集盤LPを買うことで，彼らが公式に発表した楽曲は全部揃

4　変わり種のLPには1970年代に発売された4チャンネルレコードがある。4個のスピーカーで後方からも含めた立体音響を再生しようとしたのが4チャンネルステレオで，現在のサラウンド音響の元祖にあたる。しかし4チャンネルステレオ機器はほとんど普及せず，レコードだけが今に残っている。

えることができる。レコードでなく CD であればビートルズの楽曲をコンプリートしている音楽ファンは普通にいるから，それだけではまだレコードコレクターとまではいえないかもしれない。

　しかしビートルズだけでなくジョン・レノン，ジョージ・ハリスンらメンバーのソロアルバムもコンプリートしようと思うと徐々に枚数は多くなる。それ以外にもビートルズが 1968 年に設立したアップル・レコードから発売されたレコードなども集め始めると，徐々にコレクターらしい顔つきになってくる。

　ジャズやクラシックだと，ロックよりも長い期間活躍するミュージシャンが増えて，その人が生涯に作るレコードの枚数も多くなってくる。自分はスイスの指揮者であるエルネスト・アンセルメのレコードを集めているが，彼の録音キャリアは SP 時代の 1920 年代に始まって，モノラル LP 時代，ステレオ時代を経て 1969 年に彼が亡くなるまで続く。その間に彼が発表したレコードは無数にあって，いま自分はアンセルメのレコードを 300 枚以上所蔵しているが，未入手のレコードがまだかなりあって，死ぬまでにコンプリートはできないだろうと思っている。

　また，コンプリートの対象はミュージシャンだけでなくレコード会社やレーベル（レコードの中心に貼ってある商標や文字の印刷された丸い紙のこと，転じて，同じ商標をつけた一群のレコードとその制作者たちのこと）にも及ぶ。たとえば前出のビートルズのアップル・レーベルのレコードを全部揃える，ジャズのブルーノート・レーベルのレコードを全部揃える，となれば時間もお金もずいぶんかかるようになる。こうなればもう立派なレコードコレクターである。

2）ヴァリエーションの追究

　ビートルズのレコードをコンプリートしようと中古レコード店やオークションをめぐっていると，面白いことに気づく。同じ内容の国内盤（日本で製造されて日本国内向けに売られていたレコード）にも，カタログ番号やレーベルの違うもの，ジャケットのつくりや印刷された文字の異なるものがあるのだ。

これが「ヴァリエーション」である（図7.3）。

『ラバー・ソウル』ならば，1966年5月に最初に出た国内盤の番号はOP-7450，オデオン・レーベルでジャケットは薄手の紙（いわゆるペラジャケ）だが，1年後の1967年7月には番号がOP-8156に変わる。1970年頃にはレーベルがアップルに変更され番号もAP-8156になるが，これは途中で厚手のボール紙ジャケットに変更される。1976年には番号がEAS-80555に変わるとともに，添付されている解説や歌詞対訳が新しいものに差し替えられる。これらはすべてステレオ盤だが，1982年にはモノラル盤のEAS-70135が再びオデオン・レーベルで発売されている。この間にレコードにつけられる帯（タスキ状の紙にタイトルなどが大きく印刷されたもので日本のレコードに独特のもの）も何度も変更される。また，1973年までに作られた国内盤には「赤盤」と言われる赤いビニール製のレコードが含まれる。[5]

いっぽう，店頭では日本以外の国で

図7.3　いろいろな『ラバー・ソウル』。上からOP-7450, AP-8156, PMC1267

5　「赤盤」と言われるのはビートルズのレコードを国内で製造販売していた東芝音楽工業の川口工場で作られていた「エバー・クリーン・レコード」である。当時のビートルズのレコードがすべて赤盤だったわけではなく，通常の黒盤も並行して製造されていた。1973年に同社の工場が御殿場に全面移転すると作られなくなる。

製造されたビートルズのレコード，つまり輸入盤にもよく出会う。ビートルズの本国イギリス盤やアメリカ盤があるのはもちろんだが，それ以外にもドイツ盤，フランス盤，イタリア盤などのヨーロッパ各国盤があるし，珍しいところではブラジルやアルゼンチン，インドなどで作られたレコードや，チェコやユーゴスラビアなど当時の共産圏で作られたビートルズのレコードも存在する。それだけでなく，各国盤の『ラバー・ソウル』にもまた，国内盤と同様に作られた時期によるヴァリエーションがあるのだ。

　やっかいなことに，こうしたヴァリエーションはレーベルやジャケットだけでなく，収められる曲や，収められた音楽の音質にも現れる。同じ『ラバー・ソウル』でもアメリカ盤はイギリス盤や日本盤とは曲目が少し違うだけでなく，音質も大きく違う。これはアメリカのレコード会社が意図的に調整したためだが，イギリス盤と日本盤の音もまたかなり違う。同じ日本盤でも作られた時期でかなり音が違う。

　そうしたことを知って，『ラバー・ソウル』の様々なヴァリエーションも集めてみたいと思うと，レコード収集もいよいよ佳境に入って，枚数はどんどん増えていく。そして，ヴァリエーション追求と先のコンプリート追求が合体して「国内盤ラバー・ソウルのヴァリエーションをすべて揃えたい」「世界で発売されたラバー・ソウルをぜんぶ集めたい」となれば，人生のかなりの部分がレコード収集のために犠牲にされるようになる。また，これを複数のアルバム，複数のミュージシャンについてやり始めると，収蔵するレコードの数は簡単に1000枚，2000枚と増えていく。

　このくらいになると，自室のレコード棚でのレコードの並べ方も健全な音楽ファンとは違ってくる。健全な音楽ファンはふつう，レコードやCDをアーティスト別，作曲家別など，収められている音楽の種類で分類し，並べていると思うが，収蔵するレコードが1000枚を超えるくらいになると，それではうまく並べることができなくなって，「レコード会社別・カタログ番号

6　レコードがそれぞれの国内で生産されそれぞれの国内で販売されるものだったのもレコード時代の特徴である。CD時代に入ると日本やドイツ，アメリカなど限られた国にある巨大プラントで作られたCDがグローバルに供給されるようになり，国ごとのヴァリエーションは小さくなる。

順」に並べるようになってくる。そうするとこちらから見えるレコードの背のデザインも同じものが並んできれいになる。レコード棚に美しく並べられたレコードの背を眺めてニヤニヤするのもレコードコレクターである。

3) オリジナルの価値

　さて，そうしたコンプリートとヴァリエーションの追求の中でも，最も重視される価値が「オリジナル」である。前述のように国内盤の『ラバー・ソウル』には少なくとも6種類のヴァリエーションがあるが，そのすべてが同じ価値を持つわけではない。もっとも新しい EAS - 80555 の『ラバー・ソウル』であれば店頭でも 1000 円〜 2000 円，オークションであれば 1000 円以下で落札できることもある。いっぽうもっとも値段が高いのが国内初回盤の OP-7450 であって，赤盤の美品で帯も残っていれば 1 万円以上の値段がつく。

　これに価値があるのはそれが「日本におけるラバー・ソウルのオリジナル」だからで，多くのレコードコレクターはオリジナル盤を入手し，所蔵することに特別の価値を置いている。そもそもレコードコレクターが CD でなくレコードを集めるのも，それが自分の聴きたい音楽のオリジナルであるからだとも言える。また一般に，レコードの音質もオリジナルに近いほど新鮮で，よい音であると考えられることが多い。

　『ラバー・ソウル』であれば，日本国内盤はあくまでもビートルズの本国以外で作られたレコードであって，本当のオリジナルはイギリス盤になる。イギリス盤の『ラバー・ソウル』は 1965 年 12 月に発売された，英パーロフォン・レーベルの PMC1267（モノラル）と PCS3075（ステレオ）がオリジナルである。ビートルズ・ファンであれば，そしてレコードコレクターであれば，この2枚はぜひ収蔵したいものになる。

　さて，東京の専門店に行けば PMC1267 や PCS3075 は何枚も陳列されているが，同じ PCS3075 にも 2000 円台で買えるものから 1 万円以上，ときには 3 万円，5 万円で売られているものまで様々がある。こうした違いはひとつにはレコード盤やジャケットの状態によるもので，当然のことながらきれいで程度のよいもの，音質のよいものほど値段が高くなる。しかし重要なことが

もうひとつあって，同じ PCS3075 でも 1965 年の発売当時に作られたもの，それに近いものには高い値段がついて，それ以降 1990 年代まで作られ続けた新しいものになるほど安くなるのである。

　同じ『ラバー・ソウル』の同じイギリス盤，カタログ番号も同じ PCS3075 の，古いものと新しいものはどう区別されるのだろうか。いちばん大きな違いはレーベルの商標のデザインだが，レーベルに印刷された文字の違い，ジャケットの製法や仕上げの違いなどからも，作られた時期を細かく推測することができる。

　レーベルも同じ，ジャケットも同じ『ラバー・ソウル』の中にもより古いもの，やや新しいものがあって，それはレコードのレーベルの周囲のビニールに刻まれている刻印（マトリクス）で判別することができる。レコードを製造するときにはまず蠟でできた原盤に音溝を刻み（カッティング），それを金属製の原盤（メタルマザー）に転写し，そこからたくさんのレコードの鋳型（スタンパー）を作る。このときにメタルマザーやスタンパーには連番をつけることになっていて，最初は 1 番，どんどんレコードをプレスするとスタンパーが磨耗するので 2 番，3 番と番号が増え，それを使い切ると新しいメタルマザー 2 番を使ってまたスタンパーを作り，という過程を踏む。その記録がマトリクスに残っていて，番号から細かいプレス時期が推測できるのである。[7]

　こうしてそのレコードの最初の発売時に製造されたレコードだけに「オリジナル」の称号が与えられ，それが高い値段で取引されるようになる。オリジナルレーベル，オリジナル・ジャケット，マトリクス 1 番（「マト 1」）の本国盤こそが真のオリジナルであり，多くのレコードコレクターがそれを自分のレコード棚に加えようとするのである。言うまでもないが，ビートルズのレコードをコンプリートする，ビートルズのレコードのヴァリエーションを揃える，という追求をオリジナル盤によって行おうとすれば，お金はいくらあっても足りない。ビートルズに限らず，またロックに限らずジャズでも

7　こうしたレコードの製造時期の推測について，ショップやオークション出品者の記述はたいてい当てにならない。商札にオリジナルと書いてあってもレイト・プレス（後の時代の製造）ということはザラなので，レコードコレクターは自分の目と経験と知識でそれを見抜けなければならない。

クラシックでも，オリジナル盤はレコードコレクターの蟻地獄である。

5. レコードコレクターの過去と未来

　ここまで，レコードコレクターがなにを，どこに注目してコレクションしているのかについて，やや客観的な視点から見てきた。この章の最後に，レコードコレクターの人生におけるレコードとの出会い，それとのつきあいかたについて，3000枚前後のコレクションを持つレコードコレクターである私自身をひとつのケースとして考えてみたい。

1）余は如何にしてレコードコレクターとなりしか

　自分がなぜレコードコレクターになったのかを振り返ると，いくつかのきっかけが見えてくる。ひとつは少年期の喪失体験である。自分が初めてレコードを買ったのは1972年，10歳の時で，それから小遣いを貯めては十何枚かのシングル盤を集めた。しかし翌年の夏に家業の洋服店が破産し，われわれ一家は文字通り着のみ着のままで上京する。もちろんレコードは持っていけなかった。このことは私に「レコードは失われてしまうもの」という強い印象を与えた。その後も「ここで買っておかなければもう手に入らないかもしれない」「自分がこれを買って保存しなければこの世から消えてしまうかもしれない」という強迫観念のようなものが，ずっと自分のレコード収集にはつきまとっている。人はレコードコレクターに生まれるのではなく，レコードコレクターになるのである。

　東京でビートルズに出会い，ピンク・フロイドに出会い，あるいはビーチ・ボーイズに出会い，それからも私はずっとレコードを買い続ける。しかし自分が所蔵するレコードは30歳ころまではせいぜい300〜400枚くらいのもので，レコードコレクターというほどのものではなかった。大学生になったころから日本ではそのころ廃盤（メーカーのカタログから抹消）になっていたレコード，たとえばバッドフィンガーやジェスロ・タル，ビーチ・ボーイズやフォー・シーズンズなどのレコードを求めて中古屋めぐりを始めたが，それ

も「音楽が聴きたい」からであって，まだ健全な音楽ファンの範囲を大きくは超えていなかったと思う。

　それが大きく変わったのは，1993年に就職して札幌に移住してからである。ちょうどこのころにビートルズのオリジナル盤（『ラバー・ソウル』の英モノラル）を初めて買ったことや，札幌の中古店でクラシックのオリジナル盤に出会ったことから，急速にレコードコレクター心が強まった。そして，私はまたひとつの強烈な体験をする。

　札幌駅前には当時まだ山野楽器の路面店があったのだが，ある夕暮れにその店の前で段ボール箱を並べてレコードを売っている若者がいた。たいしたものはないだろうと思いつつも箱をのぞき込んでみると，あるわあるわ，ビートルズやアップルレコードのイギリス盤，アメリカ盤がいっぱい入っている。そのうえ価格は激安である。これは大変だ，と思ったが持ち合わせがあまりなかったのと，ちょうど飲みに向かっていたところだったことから1枚だけ買って，明日お金を用意してまた来ることにした。翌日行ってみると段ボール箱も若者も消えていて，レコードを買うことはできなかった。あまりに話ができすぎていて夢を見たのかとも思うが，そのとき1枚だけ買ったアップル盤モノラルの『フィル・スペクターのクリスマス・アルバム』（APCOR-24）は今もたしかにレコード棚にある。いずれにしても「買わなければレコードは消えてしまう」という私の強迫観念はさらに強化されたのである。

　それに拍車をかけたのが現在の大学への異動で，今では考えられないことだが，私は大学に2部屋の広い研究室を与えられて，空いたスペースに私物のレコードやオーディオを置けるようになった。レコードをいくら買っても置く場所があること，海外のレコード店にメールで注文してクラシックのレコードを買う方法を知ったことなどから，レコードの数はどんどん増え始める。またそれに必要なお金も，非常勤講師給や講演料，著書の印税などから潤沢にあてることができた。所蔵するレコードが1000枚を超えたのもこの時期である。

　市内に中古住宅を買ってその地下室に自分専用のレコード室を持つようになると，レコードはさらに増え続けて現在に至る。「集める心」だけではレ

コードコレクターは生まれないのであって，レコードコレクターになれる環境と資源も必要なのである。まさに個人と環境との相互作用がレコードコレクターを生むのだと言える。

2）レコードコレクターの未来

　私はことし58歳になる。初めて自分でレコードを買ってから約50年，そのあいだ熱心さには時期により濃淡があったものの，いちどもやめることなくレコードを集めてきた。この間の人生は他の人のそれと同様にけっして楽しいことばかりではなかったが，レコードを聴いているとき，集めたレコードを眺めているときだけは穏やかな気持ちになることができた。最近は病を得て入院手術も何度か経験したが，自分は病院からも iPhone でネットオークションに入札してレコードを買っていたし，退院すればそれらのレコードが地下室で自分を待っていてくれた。しかしそれもあとせいぜい10年，いや5年，もしかしたらもっと短い間しか続けられないかもしれない。

　ある程度の年齢になったレコードコレクターが考え始めるのは，自分が死んだあとレコードをどうするのか，である。レコードコレクターに限らず，なにかを集める趣味を持つ人には必ず「自分が死んだ後にコレクションがどうなるか」を考える時がくる。自分の宗派は霊魂不滅や死後の世界を信じないので，死んでしまえば自分のレコードがどうなるかを知ることはどうせできないと思うのだが，なんらかの目処が立っていたほうが死に心地はよいだろうと思う。

　家族には「レコードは捨てないで必ず中古レコード屋に売って市場に出してくれ」とお願いしている。二束三文とは言っても3000枚のレコードを売れば一周忌のあとの宴会代くらいにはなるだろうし，なによりもそれによって自分のレコードが新しい持ち主の手に渡り，聴かれ楽しまれることや，彼／彼女がレコードを聴きながら（自分もいまときどき考えるように）そのレコードの元の持ち主に思いをめぐらせてくれることが，レコードコレクターとしての自分の夢なのである。

　レコードコレクターには，「同好の士」との交流を楽しむタイプの人と，自

分ひとりで集めることを好む人がいる。自分は後者で，レコード以外のことでも親しくてたまたま趣味の合った少数の人を除いては，レコード店などで他のコレクターと話したりするのも苦手である。しかし，自分のコレクションはたしかにどこかにいる同好の士の視線を意識しているのであって，それは前述のように自分の死後に自分のレコードを買ってくれる誰かであるかもしれないし，私がコツコツと作っている Web ページ[8]を見てくれるどこか知らない国の人であるかもしれない。理想の同好の士は自分の心の中にだけいるのである。

6. まとめ

レコードはその長い歴史に起因する「物」としての多様性を持ち，それがレコードコレクターを刺激する。レコードコレクターが興味を持つのはレコードのコンプリートであり，ヴァリエーションであり，そしてオリジナルである。レコードとのつきあいかたはコレクターひとりひとりのライフストーリーと深く関連していて，それは死の時まで続く。こうした知識はレコードコレクターだけでなく，また時に病的なものを含めた「集める心」の理解に役立つだろう。

引用文献

バロウズ, T.　坂本信（訳）(2017).アート・オブ・サウンド──図鑑 音響技術の歴史　DU
　　BOOKS
河端茂 (1990).レコード業界　教育社
森芳久・君塚雅憲・亀川徹 (2011).音響技術史──音の記録の歴史　東京藝術大学出版会
渡邊芳之 (2014).レコードを集める──コンプリートとヴァリエーションの追求　心理学ワールド,
　　66, 17-20.

8　@nabelab ホームページ http://nabelab2.sakura.ne.jp

8章
オカルト・超常現象・疑似科学・陰謀論

菊池　聡

かつての日本には，オカルトというサブカルチャーが，マスメディアを舞台に大きな影響力を発揮していた。そこでは非合理的な超常現象や都市伝説の数々が横行し，いかがわしくもバラエティあふれたオカルト文化が花開いていた。やがて，こうした怪しい世界は，90年代半ばのオウム真理教事件を一つのきっかけとして表舞台から姿を消したように見える。しかし，オカルトに見られる非合理的なものを求める志向は，その後も，疑似科学やスピリチュアルと形を変えて，現代の日本にも生きている。そして，これらを信じる心が心理学の研究対象となっている。

1. サブカルチャーとしてのオカルト

　戦後日本のサブカルチャー史をふり返ってみると，「オカルト」というジャンルが70年代から90年代中盤にかけて独特の輝きを放っていたことに気づくだろう。平成以降に生まれ育った人たちにとっては想像が難しいことだが，オカルト文化は，当時のアニメ，マンガはもちろん，メジャーな出版映像メディアも含め，一般大衆をも巻きこんだブームをたびたび起こし，強い社会的な影響力を持っていたのである。

　ただし注意していただきたいのは，ここで取りあげるサブカルチャーとしての「オカルト」は，もともとの意味や用法とはかなり違って用いられていることだ。オカルトという言葉は「隠されたもの」というラテン語 occulta が語源であり，現在認識できる世界や知識の他に，隠されたところにある秘密

の知識を示している。それを探求しようという思想がオカルティズムである。その原義に従えば錬金術，魔術，カバラ，占星術，神智学の研究や実践などが該当する。これらは異端の知識体系でありながら，それぞれが伝統的な一つの「思想」として評価されるものでもある。

　それに対し，日本のサブカルチャーとしてのオカルトは，いわば，「怪しげなもの」全般何でもあり，の世界である。UFO，心霊，超能力，UMA（未確認動物），超古代文明から怪談，都市伝説，占いなど，全く性質の異なる雑多な対象が「現行の科学では説明のつかなそうな怪現象」という枠組でオカルト文化を形成した。

　もちろん，こうした通俗的なオカルトは，いつの世も人々の関心を引きつけてきた。時代によって人口に膾炙する対象は様々に変容するが，その時点での科学によって森羅万象をすべて説明できるわけではない以上，人の世の中にオカルト的な文化は常に存在し続けてきた。歴史を見ればそれは明らかであるし，現在でも後述するように疑似科学やニセ科学，スピリチュアルという名称で社会に一定の影響を保っている。しかし，マスメディアを舞台として幅広い層に浸透し，マンガやアニメなどでも重要な役割を担うサブカルチャーとしてのオカルトは，70年以降のオカルトブームの時期に独特の盛り上がりを見せていた。

　オカルトという言葉は，1960年代の占いブームの頃から日本に知られるようになった。この年をもって根づかせたのは，1974年の映画『エクソシスト』の公開であり，この年をもって「オカルト元年」と称されている（金子, 2006）。この時期にオカルトが脚光を浴びた背景要因としては，2章でも触れたように，学生運動の挫折・終焉がたびたび指摘されている。つまり，サブカルチャーの主体となる若者達が社会を変えることを断念し，そのエネルギーが，人の内面に向かう流れが強まったのである。そこでは，既存の権威への反発がロックやヒッピーなどのサブカルチャーの興隆につながったように，「知の権威」としての正統的な科学や大学，その背景にある西洋科学文明への反発が，ニューエイジとも呼ばれるオカルト的神秘思想や，東洋思想と融合したニューサイエンスの登場と発展を促した。とはいえ，こうした人の

内面世界への関心の高まりは，既存の権威への反発がベースにあるがゆえに，いわゆる伝統宗教はこの潮流の受け皿になりえなかったのである。

　また，この時期には日本の高度成長期が終わり，オイルショック（1973），米ソ冷戦の激化と核戦争危機，公害問題や環境汚染などが，西洋文明の行き詰まりと未来への不安，科学技術への反発を拡大させた。こうした背景から，科学的合理主義で解明されないオカルト的なものへの関心，ひいては終末思想への傾斜の素地が形作られていた。

　そして 1974 年，イスラエルの超能力者ユリ・ゲラーがテレビに登場したことをきっかけとして，空前の超能力ブームが日本に現出し，UFO 特番や超能力番組がメディアを席巻した。スプーンを曲げる超能力者が次々と現れ，矢追純一プロデューサーが仕掛ける UFO スペシャル番組は高視聴率を上げた。その勢いは，UFO だけでなく，宇宙考古学やムー大陸などの超古代文明へも波及した。ノストラダムスの大予言は，核戦争や環境汚染を想起させる時代背景の中で，リアルに受け止められた。子どもたちは，「こっくりさん」に夢中になり，70 年代末に登場した「口裂け女」の都市伝説に恐怖した。特に心霊写真は海外にない日本独自のオカルト文化として多くの出版物やテレビ番組を彩った。こうしたオカルト的なギミックは，SF と相性がよく，これらを取り入れたアニメやマンガは枚挙にいとまがない。もちろん，そうした非科学的志向はしばしば社会問題化し，超能力や心霊能力をウリにしたカルト宗教や霊感商法も横行していた。日本民間放送連盟が，オカルト的な現象の扱いに注意を促すように放送基準を改定したのが 1975 年である。

　このようにオカルトは，昭和から平成にかけてのサブカルチャーの代表的なジャンルの一つだったのである。そこで特徴的だったのは，テレビや出版などの当時主流のマスメディアが関心の増幅に大きな役割を果たしたと考えられる点である。面白い話だが，学習研究社（現・学研グループ）が展開した学年学習雑誌の中でのオカルト特集が人気を呼び，そこからオカルト雑誌「ムー」が独立し，教育系企業の学研がオカルト文化の代名詞のようになってしまったという経緯がある。

　このように，「1970 年代のオカルトブームとは『隠された知』であったオ

カルトが白日の下へ引き出されると同時に，メディアを流通する消費アイテムへと瞬く間に変貌していく時代の到来」となったのである（吉田，2009）。本章はオカルト文化史ではないので，時代を彩ったオカルトカルチャーを，その時代を生きた者の実感として，思いつくまま列挙してみた。包括的な理解にあたっては，超常現象の懐疑主義団体として知られる ASIOS による『昭和・平成オカルト研究読本』（ASIOS, 2019）を参照いただきたい。

このように，社会的な影響力を持ったオカルト文化なのに，なぜ「サブ」カルチャーであり，特にオタク文化の文脈としてとらえられるのか。それは，異論はもちろんあるだろうが，マスメディアをにぎわす「文化としてのオカルト」は暗黙の了解の上に成り立つ一種のフィクションであるからだ。オカルト現象の実在をマジで主張することは一般の規範的な科学知識や社会常識とは相容れず，かといって，実在性の主張がオカルト文化を支えている以上，伝統的な宗教のような科学との棲み分けも難しい。オカルトには「科学的正しさ」といった自明の概念に対するアンチテーゼの意義はあったかもしれない。しかし，UFO にせよ，超能力にせよ，心霊現象にせよ，これらをまともにとらえるのは子どもじみた態度であり，にもかかわらず，いい年をした若者が真剣にのめり込む姿は，現在，それなりの大人がアイドルイベントやゲームにのめり込んでいる態度と重なると言えばわかりやすいだろうか。ただし，念のため断っておけば，これはあくまで「オカルト文化」の話である。超常的な現象を一種の未知現象ととらえて，科学的に正当な姿勢から取り組む研究者はいる。たとえば正統的な超心理学は，それ自体がオカルトであるわけではない。ただし，こうした地味で真摯な研究は，華々しくメディアを彩ることもないし，文化として大衆に享受されることもない。

加えて述べておけば，文化として正面から考えるならば，たとえ非科学的なオカルトであっても，その真偽を科学的に問うのはヤボなことにほかならない。国文学としての竹取物語や源氏物語を「かぐや姫も光源氏も実在しない，それを真剣に論じるのは意味がない」とか評するのはバカな話である。オカルトは事実と嘘の微妙な境界，「虚実の皮膜」で様々に様相を変えながら文化として繁栄を遂げてきた。マスメディアにおいては，オカルトの事実追

求はさておき，一種の「見もの」として「軽やかに楽しまれる都市的な大衆文化」「現代最後のロマン」として扱い，その認識が共有されることがオカルト番組の隆盛をもたらしたと指摘されている（高橋，2019）。その点で，オカルトは，人の想像力を刺激した「イマジナリー」な文化の代表であり，それこそがオタク的な没入の基本姿勢とつながるのである（吉本，2009）。

　この文化のあり方を考える上では，やはり70〜90年代に日本でマスメディアを巻き込んだ一大ブームとなったプロレス文化が参考になる。そこには三種類のファン層が存在した。一つは「マーク」と呼ばれる素朴に真剣勝負を信じている人たちである。一方で，「スマート」と呼ばれる人たちは，プロレスの台本（ブック）や背景の仕掛け（アングル）をエンタテインメントとして楽しむことができる層である。そして，その二つの中間にあって，知識も一応豊富な「シュマーク」は，半信半疑といった態度を取るか，そもそもそうした真剣勝負か台本かという軸に重きをおかない層である。オカルトサブカルチャーを考える上でも，この区分に応じた異なるオタク的取り組みがあることを念頭に置いておいていただきたい。

　もし，2章で紹介したように，オタクが虚構コンテクストの高さと親和性を持ち，熱狂しながらも醒めて距離をとった見方を維持することを特徴とするなら，オカルト文化を最もオタク的に享受しているのはスマート層だと考えられる。一方で，シュマーク層の厚みとそこを狙ったマーケティングこそが，オカルトやプロレスの社会的ブームを支えていた。一方であくまでマジなマーク層は，固執的で内向的，社会と相容れない価値観といった「人格特性」としての「おたく」ステレオタイプに合致するものの，イマジナリーな文化への関わりという点ではオタク性は薄いことになる。そして，こうした虚と実の微妙なバランスの上に花開いたオカルト文化は，究極のマークであるオウム真理教によって壊滅的な打撃を受けることになった。1994年から95年にかけて松本市や東京の地下鉄にサリンが散布された事件をきっかけに，オウム真理教の組織的犯罪が次々と明るみにでた。これは世界の犯罪史に残る衝撃的なテロ事件だったが，オタク文化的にも宮﨑事件に匹敵するインパクトがもたらされた。なぜならば，オウム真理教は，超能力や陰謀論といっ

たオカルトのギミックをそのまま具現化しようとしていたのである。この事件をきっかけに、オカルトを信じ込む危険性が広く知れ渡り、オカルト番組が（一時的に）一掃されただけでなく、イマジナリーな文化の楽しみ方にもオウムのイメージがつきまとうこととなった。ここで、いわゆるオカルトブームは終焉を迎えることとなる。

　このような経緯を経て、かつて興隆を見せたオカルト文化の数々は、現在では中高年層の「昔はあんなことがあったね」といった思い出話のネタに落ち着いてしまった感がある。しかし、日常を超越した怪しげな世界を希求する心は、いつの世でも変わることがない。表向きはオカルトが語られる頻度は激減したにせよ、それは現在のメディアではスピリチュアルと名前を変え、小さなブームも何度か引き起こしつつ、しっかりと社会に根を張っている。ただし、暗黙の了解に支えられたオカルト文化と違って、スピリチュアルは「マーク」層への関わりが強くなり、加えて宗教性というメディアにおいては微妙な問題につながりかねない要素を含んでいる。そのためマスメディアを舞台にした大きな文化的な動きにはなりにくい。その非合理的な思考が、若者だけでなく特に中高年をも巻き込んで広く社会に影響を与えるという意味でのオカルト文化の後継者は、現在では宗教性を脱色したニセ科学や疑似科学と呼ばれる領域である。現在に生きる心理学の問題として、本章ではこの点を十分に考えていく。

2. 超常信奉としてのオカルト

　UFOや霊現象のように現代科学では説明のつかない超常現象を信じることを、心理学では超常信奉や超常信念（パラノーマル・ビリーフ）と呼ぶ。信念（ビリーフ）というと深く信じ込む心のように聞こえるが、なんとなく肯定的にとらえるレベルも含んだものである。そして、心理学者たちは、その信奉がどのような構造や要素を持ち、どのような変数と関連するのか、どのように発生し強化されるのか、抑制するためにはどのような方法があるのかなど、様々な研究を行ってきた。

　　　Ⅱ　様々な「オタク」たち

ただ，そもそも何をもって超常現象とするのか，という定義は，はっきり言って明確でない。その対象は迷信や習俗，占いといったものから，テレパシーや念力のような超能力，心霊現象，UFO や UMA のような奇現象，ムー大陸のような歴史上の事物など広汎なものにわたる。超常的（パラノーマル；paranormal）とは，現代の科学用語では説明不可能か科学の基本原理を大幅に変更することで説明可能なもので，実在性に関する通常の知覚・信念・期待と両立不可能な対象を指している（Tobacyk & Milford, 1983）。しかし，これは多少厳しすぎる定義であり，superstitious, magical, supernatural などの表現も使われる。これらは PSMS belief とも総称されることがあるが，相互の違いは明確ではないとされる（Lindeman & Svedholm, 2012）。類似概念を含めた包括的な呼び方では，「実証的根拠を欠いた信念」ESB（Empirically Suspect beliefs）という表現がある。超常信奉に大きく重なる ESB に，疑似科学信奉や陰謀論信奉があり，これらは本章の後半で詳述する。宗教的信念も見方によっては ESB を含むが，研究文脈として宗教心理学という別枠で考えることが多い。また，現代の社会で見られる科学では説明のつかない現象とそれらへの無批判な信奉という観点から不思議現象（菊池・谷口・宮元, 1995）という呼称も用いられている。

　こうした呼称や定義の問題は様々にあれども，まずは「科学的に否定されている非合理的で怪しげなものを信じる心」を超常信奉と呼んでおき，まずその分類から紹介しよう。超常信奉の心理学的研究の代表ともいえる Tobacyk & Milford（1983）による超常信奉尺度（PBS: Paranormal Belief Scale）では以下のような7因子が指摘された。

1. 伝統的宗教信念（死後の魂，天国や地獄，神など）
2. 超能力（念力，テレパシーなど）
3. 魔術（魔女，ブードゥー魔術など）
4. 迷信（黒猫が横切ると不幸，鏡を割ると不幸など）
5. 心霊主義（幽体離脱，輪廻転生など）
6. 超常生命体（雪男，ネッシーなど）

7．予知（予知夢，予言者など）

　これらの因子と項目にピンと来ない人もおいでだろう。おわかりの通り，超常信奉はその国や文化，さらには時代によって内容がかなり左右される。また探索的因子分析では明確な規準がないため研究によって見いだされる因子は変わってくる。日本においては，Tobacyk らの研究をベースにした日本語版 PBS-J（中島・佐藤・渡邊, 1993）においては次の4因子が見いだされた。

1．迷信（仏滅，手相，北枕，血液型）
2．霊（憑依霊，霊界，前世，霊魂不滅）
3．超能力（念力，物体浮遊，超能力治療）
4．超生命超文明（ムー大陸，ネッシー，宇宙人）

　また，超常的な現象そのものではなく態度を対象とした不思議現象態度尺度 APPle（小城・坂田・川上, 2008）が近年の日本の研究ではしばしば使用されるが，そこでは

1．占い・呪術嗜好性
2．スピリチュアリティ信奉
3．娯楽的享受
4．懐疑
5．恐怖
6．霊体験

の6因子構造がとらえられている。
　超常信奉研究では，こうして測定された信奉要素が，人のどのような特性や能力と関連するのかが主として検討の対象になっている。たとえば人口統計的変数でいえば，総じて女性の方が男性よりも信奉が高い。これは女性の方が社交的であり，コミュニケーションの中で占いなどを対人ツールに利用す

る傾向の反映と考えられる。また，年齢については複雑で，超常現象の種類などによって異なっている。ざっくりと言うならば，迷信や習俗，宗教的なものは高年齢層で信奉が高いが，疑似科学の中には若年層の方が高いものが見られる。ただし健康医療に関わる疑似科学的な超常現象は，高齢者の方が信じる傾向がある。このように，年齢についての一般化は難しい。

心理学が扱う個人の特性変数との関係で言えば，研究の初期には，権威主義的パーソナリティと呼ばれる保守的で権威を無批判に受け入れる傾向が迷信深さと関連があるとされた。以降，様々な特性が調査され，たとえば特性不安，神経症的性格，催眠感受性，あいまいさ耐性の低さ，コントロールの所在（ローカス・オブ・コントロール）などが，信奉と関連することが報告されている。また，既存の科学に対する限界感や反感，科学的権威に対するねたみやうらみ（ルサンチマン）といった動機づけもしばしば指摘されている。こうした諸研究のレビューは，Vyse（1997）などを参照していただきたい。

非常に広範な研究がある中で，いくつか注目すべき研究動向をいくつかとりあげてみよう。まずLindeman（1998）のモデルでは，超常的な疑似科学信奉を「基本的な社会的動機づけ」と，「日常の情報処理におけるデフォルトの方法」（直観的経験的思考）とが結びついた機能としている。すなわち，私たちは自己と世界を把握し，予期せぬできごとを事前にとらえ，未来をコントロールしたいという社会的動機づけを持つ。このような動機づけは，正当な科学ではなく疑似科学によって満たされやすい性質があるために，それが信奉につながるのである。このデフォルト的な思考の振る舞いは，大きくはEpstein（1994）の認識論的経験論的自己理論（CEST: Cognitive-Experimental Self-Theory）で説明される。近年の心理学では，人の思考システムを，早期に自動的・潜在的に働く直観的経験的な処理と，後期に統制的・分析的・反省的に働く合理的処理に分ける二重過程モデルで説明するようになってきた。このモデルに基づいたCESTでは，超常信奉はこの直観的で経験的過程によって促進され，合理的過程で抑制されると考えられており，これを裏づける研究が多く行われている。

また，こうした個人差の中でも興味深いものが，信奉と，教育レベルや知

識レベル，そして思考認知能力との関係である。超常信奉の制御・抑制が社会や教育，特に科学教育の課題になることは言うまでもない。そうした場では，しばしば怪しいものを信じてしまう原因として正しい知識や教育が足りない，思考力が足りない，という「欠如モデル」が論じられる。しかし，これまでの研究からは，それは簡単に適応できないことがたびたび示されている。つまり，欠如モデルが正しければ，たとえば科学教育を長く受けるほど，科学知識が多いほど，また理系の教育であればあるほど，思考能力やIQが高いほど，超常信奉が低減するはずだ。確かに科学教育や統計的推論能力や批判的思考能力などが，超常信奉と負の関係があるという報告はある。しかし，多様な研究結果はそれほどすっきりしたものではない。教育や知識とは関係がないとするものや，かえって信奉が促進されるという報告もある。たとえば，広範囲な年齢層を対象とした無作為抽出のデータを分析した松井（2001）では，科学教育を受けた期間と信奉の関連は無関係であると示唆されている。伊藤（1997）は理系大学生の方が，文系大学生よりも超能力を肯定的にとらえる割合が高く，またその理由においても文系大学生が直観的に信じるのに対して，理系には科学的に根拠を見いだそうとする因果的思考があることを示している。菊池（2013）では，疑似科学的な超常信奉では，中高生よりも学校教員の方が強く肯定的にとらえている対象も見いだされた。これは，超常現象の「全否定」に対して懐疑的な考えを持つためではないか，と解釈された。超常現象懐疑で知られるジャーナリスト，マイケル・シャーマーは，「賢い人は，賢くない理由で信じた信念を守るのにたけているがゆえに，不思議なことを信じる」と指摘している。これこそが，超常信奉は欠如モデルでは説明しきれないことを実によく示していると思う。

3. 現代のオカルト，疑似科学

　超常信奉を，現象そのものではなく，信じる心の起源によって大きく二つに分けることができる。一つは，伝承や習俗，宗教をもとに理屈抜きに共有されてきた信奉である。たとえば，小さい頃から親しんできた神仏の存在や

迷信といったものである。これらは必然的に超常的要素が含まれるものの、本来は文化的なものであって理屈で信じるわけではない。お墓参りに行って故人に手をあわせるのに霊の実在の証拠はいらない。これに対して、観察や実験など、実証的経験的な基盤をもった信奉もある。たとえば超能力の実験やUFO目撃といった具体的なデータをもとに、そこに超常的過程の存在を推論するような、一種の合理的な過程である。これらの中でも、外見が科学的主張のように見えるものが疑似科学（pseudoscience）である。pseudoとは「偽りの」という軽蔑的な含意のある接頭辞であり、本来は科学哲学の用語だが、一般的にはニセ科学やエセ科学ともよばれる。これらは科学的な主張のように受け取られるものの、実際には科学としての要件を満たしておらず、科学として認められない言説や主張のことを指す。

　疑似科学がもたらす社会への影響は、非常に大きいと考えなければならない。なぜならば、現在の科学文明に生きる私たちは、科学に大きな信頼を置いているからである。「非科学的だ」というのは、言うまでもなく非難の言葉に違いない。たとえ科学が嫌いだ、と公言する人でも、健康診断で「科学的な方法」と「非科学的な方法」のどちらを選ぶだろうか。国が打ち出した政策が、非科学的な根拠に基づくものであれば非難が巻き起こるだろう。もちろん、科学ではない「知」だからといって、そこに価値がないとか短絡的に考えるのもまた愚かである。しかし、科学的に考えるべき命題や文脈においては、科学的な姿勢が決定的に重要であり、それが現代の社会に共有されている重要な意思決定の規準である。であるがゆえに、そこに一見科学的に見えながら、その実は科学ではない主張が入り込むと深刻な問題を引き起こしうる。すなわち、疑似科学をいかに見分けるかという点は、オカルト文化とかいう話とは別に、社会にとっても重要な課題なのである（菊池, 2012）。

　科学哲学での議論の対象にもなってきた伝統ある疑似科学としては、進化論を否定し生物は神や何かの知性によって創造されたと唱える「創造主義科学」、透視や予知、念力などの超能力の実在を研究対象とする「超心理学」、フロイトの「精神分析学」といったものが代表格であり、さらにマルクス主義の歴史学、ホメオパシー、骨相学、占星術と言ったものも西欧では知られ

ている。現代の日本でポピュラーなのは，超能力や心霊現象，UFO だけでなく，マイナスイオンや血液型性格学，特別な力を持った「水」，非科学的な医療や健康法，フードファディズム（食品や栄養の過大評価）など，様々なものがある。こうした身近な疑似科学は，しばしば補完代替医療などの医療健康業界において，科学性を装って効能を過大視させる小道具に使われ，消費者被害や健康被害などを引き起こしている。

　こうした疑似科学は，超能力や心霊といった現象そのものが超常信奉尺度（PBS）に含まれるという意味では超常信奉の下位カテゴリに位置づけられる。しかし，疑似科学を中心に考えれば，疑似科学は必ずしも超常的（パラノーマル）な信奉とはいえないこともわかる。たとえばマイナスイオンや血液型性格判断などは，スタンダードな科学知見に反する非合理的信念ではあるものの，科学法則によって禁じられた超常現象ではない。補完代替医療・健康産業における疑似科学も，波動や外気功など基本的な科学法則と両立しないものもあるが，多くの場合，エビデンスが不十分な主張を科学的な根拠があるかのように装っているだけで，必ずしも明確な超常性を有するわけではない。つまり，疑似科学は，①超常的な原理を含むがゆえに科学と両立しない主張と，②超常性は想定しないが科学としての適格性を欠く主張の二つに大きく分けられることがわかる（図 8.1：現実に信奉としては両者はかなり重なっている）。そして Majima（2015）は，これらの区分を「超常信奉」と「超常的ではない疑似科学」という概念で表現し，山本（2019）は前者を「超科学」，後者を「狭義の疑似科学」と呼んで区別した。同じように，物理学者の池内（2008）は疑似科学を分類し，第 1 種の疑似科学を，超能力・超科学系や占い系などを含む超常的で科学に反するもの，第 2 種の疑似科学を科学の活用・乱用・緩用にあたるものとしている（加えて，池内は複雑系に起因する第 3 種も指摘している）。

　こうした定義の話にかかわって，もう一つ疑似科学を考える上で重要なことを指摘しておきたい。しばしば誤解されるのだが，「結果として間違っていた科学的仮説や研究」を，疑似科学やニセ科学と呼ぶのではないことに注意したい。もし誤った科学知識が疑似科学というのであれば，科学の歴史は疑

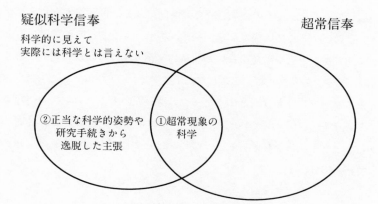

疑似科学信奉　　　　　　　　　　　　　　　超常信奉
科学的に見えて
実際には科学とは言えない

②正当な科学的姿勢や　①超常現象の
　研究手続きから　　　科学
　逸脱した主張

図 8.1　疑似科学信奉と，超常信奉の関連

似科学に埋め尽くされてしまう。疑似科学は誤った主張をするが，正当な科学もまた当たり前のように間違える。科学哲学者の伊勢田（2011）が言うように，科学とは探求の目的に由来する制約や，利用可能な手法に由来する制約などのもとに，最も信頼できる手法を用いて情報を生産する集団的営みである。様々な制約ゆえに，科学は完全なものではありえない。しかし，科学者たちは研究を相互にチェックして誤りの修正を行うシステムを作り上げてきた。これが社会学者マートンのいう組織的懐疑という科学者のエートスの一つである。一方で，疑似科学は，こうした懐疑や修正を受け入れないがゆえに否定されることのない信念なのである。

　これらをふまえ，疑似科学の定義として，筆者が最もしっくりくるのが哲学者 Carroll（1999）によるものである。すなわち，疑似科学とは，信念を弁護するのに使われる方法論が，科学的方法論の誤適用もしくは誤解であり，信念自体が科学的な検証を受け入れられないか，信念は科学的検証を受け入れ反証されたにもかかわらず，信奉者は信念を捨てない，という点で特徴付けられる。この否定されない信念に関わる概念として覚えておきたいのが次に取り上げる「反証可能性」の理論である。

　ただその前に，オカルト文化という視点から見ると，疑似科学は必ずしも否定的なものではないことは断っておきたい。SF には欠かせないテーマであ

り小道具でもある。多くの作品世界で，時間跳躍や空間跳躍がないと話がはじまらないが，そこには様々な疑似科学がある。そして，その体系のもとでいかにリアルで矛盾や破綻のない物語世界を創り上げるかが勝負だと言ってもよい。オタク的な文化は，こうしたフィクションのリアリティとも言うべき世界をスマートに味わうことにまた一つの意義がある。プロレスの前提をわかっていながら，それを含めて多面的にプロレスを楽しめることに通じる。そうした，フィクションとしての疑似科学は，また別の機会に延々と語りたい（機会があれば）。

4. 反証可能性と境界設定問題

　私たちが科学と認識している主張と，非科学的だと認識している主張では，いったい何が違うのだろうか。先に指摘したように，単純に結果だけ見て，科学は正しく疑似科学は間違っているわけではない。

　両者に線引きを行うことを，科学哲学では境界設定問題と呼んで長年議論されてきた。その結論を簡単に述べれば，疑似科学と科学の間はグレーゾーンがあって，唯一絶対の見分け方は存在しないが，いくつかの有効性の高い線引きの規準もある，ということである。こうした科学哲学の議論については，ぜひ伊勢田による『疑似科学と科学の哲学』（2003）を一読されたい。

　境界設定規準のなかでも代表的なものが科学哲学者カール・ポパー（Popper, K., 1968）による反証可能性の理論である。この理論では，科学的な理論や仮説は反証可能性を持たなければならず，反証が不可能なものは，いかに科学のように見えても科学ではないとした。これは，後の科学哲学に大きな影響を与えた重要な理論として知られている。

　「反証可能性を持つ」とは，証拠によって間違いが証明できる見込みがある，ということである。これは実際に間違っているかではなく，テストしてみて仮にこうした事実が生じれば仮説が間違いだったとわかる「可能性」が事前に認められる，という意味である。ごく単純な例で言えば「明日は，晴れるか曇るか雨か雪か，いずれかが起こるだろう」という仮説は実験や観察で客

観的にテストできるという意味で科学的である。しかし，その仮説は間違いだと証明できない。このような反証不能な言明は，新しい知識をもたらさず情報量としてはゼロなのである。一方で，科学的仮説は否定されるリスクがあり，ポパーによれば高い反証リスクを負う理論こそ優れた科学理論ということになる。

　ポパーは，フロイトの精神分析やこれに連なるアドラーなどの深層心理学を疑似科学とした。現代の心理学の教科書でも，フロイトの名前は大きくとりあげられているし，アドラー心理学は一般啓蒙書でもかなり人気がある。これら深層心理を重視する学派に共通するのは，心の深層にはふだんは意識できない無意識の世界が広がっていて，そこには意識に上らない様々な記憶や感情が抑圧されているという考え方である。ポパーは，この「無意識への抑圧」という概念は反証不能な性格を持つと考えた。たとえば，フロイト理論では，すべての人には同性愛（両性愛）の願望があり，それは発達段階の中で無意識の底に抑圧されているという。この仮説が反証できるだろうか？おそらくどうやっても反証できない。一方で，仮説の正しさをうかがわせるエピソードらしきものは，いくらでもあるだろう。つまり，「無意識に抑圧」とか「幼児期の抑圧された記憶」といった概念を人の行動の事後解釈のために安易に用いると，ほとんどどのような行動でも説明できてしまう。したがって，深層心理学は疑似科学的な性質を帯びてくるし，逆に，だからこそ，どのような症状でも解釈可能になり，臨床心理学の現場では使い勝手のいい説明概念として多用されるのである。

　この反証不能性には，反証できない構造を持つ「理論」と，反証を回避し否定する「態度」の二側面がある。前者には「無意識の抑圧」理論だけでなく，何が起こっても「神様がそう定めた」とかいう神様仮説や，「霊魂とはそういうものだ」と説明する霊魂仮説もある。一般に，理論があいまいな言葉や概念で構成されていれば，柔軟な解釈をすることで，いかなることも説明できてしまい反証ができないことになる。

　もう一つの態度としての反証不能性は，否定的なデータをつきつけられたり既存の科学知識と矛盾したりしても，それらを無視したり歪めたり拒否し

たりして，実質的に反証を無効にすることだ。たとえば反証データに対して，その場限りの「後づけ」解釈（アドホック仮説）を多用して反証を拒否する態度が代表的なものだ。また広く見られるものとして制度としての科学の土俵に乗らないことで反証を回避する手法もある。つまり検証作業を行わず，他の科学知識との整合性も無視して，正当な科学からの疑義を受け付けず，一般読者のみに向けて本を出してマスコミを通じて支持を広めていく戦略をとる。

　反証可能性規準のみで疑似科学を見分けることはもちろんできないが，あからさまに反証不能な説明に訴える態度が常習的にみられるのであれば，それは有力な手がかりとなる。こうした疑似科学の性格や社会とのかかわりについては，拙著『なぜ疑似科学を信じるのか』（菊池, 2012）を参照いただきたい。特に注意しておくべきは，反証不能な説明は，いかなる現象も説明できてしまうがゆえに，それなりにリアリティのある正しい説のように錯覚されてしまうことである。あなたの身の回りに，そんな説明はきっとあるはずだ。オカルトの「マーク」というのは，反証不能性に無自覚なため，自分が世の中のありとあらゆることを説明できるという有能感・万能感に包まれた人でもある。

5. 陰謀論の心理学

　オカルトにはしばしば陰謀論が登場する。古典的なものでは，世界経済をあやつるユダヤの陰謀とか，アポロの月着陸はNASAの陰謀であるとか，ロズウェルに墜落したUFOから回収された宇宙人の死体はアメリカ政府に隠されているとか，さらにはアメリカ政府は宇宙人と密かに協定を結んでいるとか，オカルト業界ではこうした話題がとりざたされ，都市伝説として語り継がれていく。

　もちろん，一般市民に事実を伏せて，情報を操作したり歪曲したりしているという意味での「陰謀」は確かにあるだろう。永田町や広告出版業界では，横行しているといってよい。しかし，オカルト文化としての陰謀論では，そ

の主体となるのは，強い権力を持つ国家や巨大企業，宗教団体などであり，巨大な権力機関や一部のエリート集団が，しばしば邪悪な意思をもって大衆をマインドコントロールする計画を密かに推進する点に特徴がある。その主役としてフリーメイソンとかイルミナティといった秘密結社も登場する。そして，衝撃的な真実は意図的に隠されているが，一部の覚醒したものが（中二くらいで）その真実に気がつく，と考えるものである。

　オカルト業界で喧伝される陰謀論はほぼ間違いなく都市伝説的なデマである。そう決めつけるのは早計だと思われるかもしれないが，陰謀論の弱点はその論理にある。通常はある主張の説得力は根拠の質と量によって左右されるのに，陰謀論では明確な証拠が示されないばかりか，そうした証拠がないこと自体が，権力による隠蔽のためであり，裏に何かあるという主張の根拠になっている。これは「立証責任の転嫁」であり「陰謀論は愚者の最後のよりどころ」という言葉はその点を示しているのである。

　このように常識人であれば一笑に付すよう陰謀論が数々あるが，注意すべきは，マイルドな陰謀や情報操作があること自体は否定できないため，誰もが知らずしらずのうちに深みに引き込まれる危険があることだ。そして，現実の社会でこうした陰謀論を安易に放置すると科学不信を広げてしまう危険があることを忘れてはならない。たとえば気候変動やエイズ流行，ワクチン接種に関する陰謀論を受け入れている人は，これらに関する科学的知見を受け入れようとしない。それのみか，科学的な考え方の重要性に対する疑念をまき散らし，合理的に考えなければならない社会的な重要課題から，注意をそらすはたらきをする。

　こうした陰謀論の心理をとらえるために行われた欧米での調査では，一般に陰謀論ととらえている主張は，次のようにおおよそ5つの因子があると明らかにされている（Brotherton, French, & Pickering, 2013）。

「政府の不法行為」　政府内で犯罪行為が共謀して行われているという疑念。
「宇宙人の隠蔽」　文字通り。
「世界的な邪悪な存在」　秘密の小組織やグループが世界的な動きを背景で

操っていると考えること。

「個人の良好な心身状態（well-being）」個人の健康，自由，精神状態などに
　　関すること。たとえば病気の流行やマインドコントロール技術の使用など。

「情報コントロール」　政府やメディア，企業などが行う組織的な情報隠蔽
　　や操作。

　心理学的に興味深いのは，そうしたオカルト的な陰謀論をなぜ信じてしま
うのか，という点である。これらは超常信奉や疑似科学信奉とならんで欧米
ではさかんに研究が行われており，そこにはほぼ超常信奉や疑似科学信奉と
共通した傾向が見いだされている。たとえば，陰謀論の信奉者には権威，権
力，政府に対する強い不信があり，アノミー状態（共通価値や意志，規準を
失った状態）や，不安の高さ，右翼的な政治的立場に立つことと陰謀論との関
係性も報告された。一連の研究から，陰謀論信奉の心理過程をまとめてみる
と，あいまいで把握が難しい不確実な出来事や偶然の出来事に困惑や脅威を
感じた場合，その背景に陰謀のような特定の意図や邪悪な意思があるためだ
という整合的な理解の枠組を置くことで，その不可解さに意味を与えること
ができる点が重要だと考えられる。陰謀論信奉は，こうした個人特性を反映
するがゆえに，たとえ相互に矛盾した陰謀であっても，そのどちらも信じて
しまうことが容易に起こるのである。さらには，陰謀論によって不確実な世
界を秩序ある予測可能なものに回復させ，こうした秘密を自分だけが見いだ
したという感覚は，自尊感情を高め自己高揚を引き起こす。したがって，多
くの人が不安に感じる社会状況であればあるほど，陰謀論が心の安定のため
に採用されやすい傾向が生じるとされている（2章で触れた宮﨑事件を報じるマ
スコミの姿勢に通底した心理があることがおわかりだろうか）。

　そうした陰謀論を信じる人たちの認知特性を探る実験研究も行われている。
まず，陰謀論者は，そんなことは「偶然では起こらない」と偶然性を否定し
て，背景に何者かの意図を感じ取っている。そうであれば，そもそもそうし
た人は偶然を含む確率推論に失敗しているとも考えられ，その仮説通りに信
奉者は確率推論や偶然の評価の成績が低いことが明らかにされた。こうした

傾向は，テレパシーや予知などの超能力信奉者にも見られる。また，不安で無力感に陥った人が陰謀論を信じやすい点について検討するため，実験参加者を，何をしても自分の努力が実らないようなコントロール感不全の状態に陥らせる実験が行われた。その結果，このような無力感が高まった場合に，陰謀論的解釈が多く採用されたり，ドットだけの無意味な写真の中からあたかも心霊写真のように，意味のある画像を検知してしまう傾向が現れた。乱雑さの中に，有意味なパターンを知覚するのは，自分が失ったコントロール感を回復させる「補償メカニズム」が働いたためと解釈された（Whitson & Galinsky, 2008）。さらに陰謀論者の注意のバイアスに関する興味深い研究では，全体と部分が矛盾するような視覚刺激の知覚課題が行われ，陰謀論者が，いわばトンネル視というような情報への注意の向け方を持ち，特定の情報が選択的に処理され，全体の文脈情報に注意を払わないということが示されている（Elk, 2015）。こうした陰謀論についての研究は日本ではあまり知られていないが，興味があれば日本語で読めるレビューとしてリンデン（2014）などが参考になる。

　もう一つ，陰謀論には，人が社会環境や進化の中で身につけてきた心的能力が（過剰に）発揮された側面も指摘できる。興味深いのは陰謀論と「心の理論」（セオリー・オブ・マインド）のかかわりである。「心の理論」とは，他者の行動の背後に，自分とは異なる他者の「心」があることを知り，そのはたらきを推測できる能力を指すものである。私たちは成長の過程の中で，「心の理論」を身につけ，外面的に観察できる行動や出来事が，直接見ることができない他の人の「心」によって左右されることを理解して，事実と信念を区別し，自己中心性から脱却していく。そして，心を持つ他者が，独自の目的や意図，知識，信念，感情に従っているという認識を手がかりとしてコミュニケーションを行い，複雑な社会的生活を営んでいくようになるのである。この「心の理論」は，発達をめぐる心理学の中でもホットな研究が繰り広げられているテーマの一つである。このように，人が「心の理論」によって，外面的な現象の観察から，そこに意図をもった他者の心を見いだす能力を発達させるのであれば，その延長上に，たとえ意味がないように見える出

来事であっても，そこに意図性や共通性，さらには陰謀を検知するようになると考えられないだろうか。心理学者の Bering（2011）は，これを一種の「適応的錯覚」と呼び，この錯覚が神や超自然的存在に対する信念を生むと主張している。この観点から見ると，陰謀論の信奉は人の発達にとって必然的なものであり，ひいては科学的精神にも通じている能力のちょっとしたオーバーランという性格も見えてくるのである。

6. オカルトとインターネット研究の果たす意義

　日本におけるオカルト文化の興隆にはテレビや雑誌・出版物などのマスメディアが大きな役割を果たした。そして，現在はサブカルチャーをめぐるメディアの主フィールドは，インターネットに移っている。このネット社会，ひいては情報化社会が，人々の価値観に大きな影響を及ぼし，サブカルチャーの変容にもつながることは2章で指摘した通りである。ただ，ネットの普及は，オカルトや疑似科学における「マーク」と「スマート」という立場と関連して，他の領域とは少々異なった独自の問題を提起している。

　すなわち，70～80年代のオカルト文化花盛りの時期には，マスメディアを流れる情報量には，完全な非対称性があった。つまり，エンタテインメントの体裁をとりながらテレビや雑誌などの大衆向けメディアで発信・消費されるこの手の情報では，超常現象の実在について肯定的にとらえる情報が圧倒的に多く，それらが虚偽や誤りであるとする懐疑的な情報はほとんど流通しなかった。当たり前のことだが，メディア消費者が不思議な世界の実在に強い関心を持っている以上，これらを肯定的に扱った方が高い視聴率を取れるためである。また，こうしたオカルトを唱道する側はマスメディアでの発信が自らに商業的な利益をもたらすがゆえに熱心に発信に取り組んだのに対して，懐疑的な科学者がこうした番組で通俗的な議論にかかわるメリットはほとんどない。かえって，そんなものに関わることは，アカデミズムからの逸脱として冷ややかな目で見られるだけである。こうして，オカルトブームにおける情報の非対称性は，暗黙の前提を共有できない「マーク」層を生むことになった。

しかし，インターネットの急速な発展は，一般市民が利用可能な情報量を飛躍的に増やし，マスメディアによる情報の独占を崩すことになる。こうなると，それまでマスメディアの都合で生じていた非対称性が徐々に変化し，ネット上では批判的・懐疑的な情報も容易に入手可能となった。たとえば，超常現象とされていた事件についての情報を多くの人たちが確認できるようになり，そのウソを暴くデバンキングも行われるようになる。この変化について，オカルト文化に詳しい科学ジャーナリストの皆神龍太郎は，インターネットがトンデモなオカルトの寿命を短くしたと指摘している。つまり，謎を感じさせるオカルト文化を支えていたのは，いかがわしい出所不明の情報であったり，肝心なところの詳細情報の欠落だったりした。それゆえに，オカルトは隠されたものとして想像力の働く余地があり，その想像力がオカルトの面白さを広げていた。しかし，インターネット時代では，UFO目撃事件が起こったとしても，関心を持つ多くの人々が，その情報の信頼性を徹底的に追究できる。たとえば目撃時の人工衛星や飛行機のルートとか，目撃者の素性とか，場合によっては現地調査結果といった情報を，次々とネット上で発信・確認することになるのである。70～80年代に日本中を不安に陥れたベストセラー『ノストラダムスの大予言』も，当時にインターネットがあれば，その本に記載されている予言解釈やノストラダムスの実像が，ある作家によるフィクションの産物であることが，あっという間に多くの人に知れわたったことであろう。このような，ネット上の多様な情報の活用と議論によって誤った情報が修正され，信頼性の高い知識が共有されていくという考え方は，「集合知」としてWikipediaなどに見られる考え方である。

　一方で，ネットの影響としては全く逆の指摘もなされている。たとえ多くの情報が利用可能になったとしても，人はそうした情報を公平に認知するのではなく，自分が持っている期待や願望，知識に沿った情報にのみ注意を向け，それ以外の情報を無視する傾向が顕著に見られるのである。これは人の認知のあらゆる側面でみられる強固な傾向で，確証バイアスとも呼ばれ，この働きがしばしば誤信念や迷信を生み出し，強化することが知られている。

　つまり，私たちは，不思議な未知のものに惹かれ，不安定であいまいな世

界にコントロール感を持っていきたいという，オカルトに対する肯定的な社会的動機づけを持っている。そのためにオカルトに懐疑的な情報は自分から回避してしまうのである。こうした確証バイアスは，インターネットのテクノロジーによってさらに促進される。たとえば，検索エンジンやニュースサイトなどでは，かつてその人が関心をもって検索や閲覧を行った情報と適合性のある情報を優先的に呈示し，それに反する情報をカットするフィルタリングの技術を用いている。この結果，自分の周辺は，自分の考えや好みに合致した情報のみによって満たされることになる。これは，一人ひとりが情報空間の中で，泡（バブル）に包まれて互いに交わらない「フィルターバブル」と比喩される状態を生み出す。ここでは自分の考えは，常に周囲の人々と一致し，それが増幅強化される一方で，異論や反対意見は聞こえてこない。あたかも自分が発する言葉が，そのまま反響となって返ってくる反響室の比喩から，こうした状態を「エコーチェンバー」現象と呼ぶ。こうした現象は，ネットに限らず，もともとは，政治的立場に関しての社会心理学的な研究などから明らかにされている。たとえばある政党の支持者は，周囲に同じ政党を支持するコミュニティを形成し，そこではタコツボ的な極端な意見であっても，周囲によって賛同を得ているという実感が得られる。この状態が，政治的意見の極性化を生み，多様な価値観や意見の存在によって支えられる民主主義の危機がもたらされるという指摘もある。

　こうしたインターネットの影響は，現実のオカルトや疑似科学信奉をどのように変容させていくのだろうか。その研究はまだ多くなされているわけではないが，たとえば菊池・佐藤（2020）がTwitterユーザーに行った調査では，SNSの利用が単純に信奉を抑制したり促進したりするわけではなくSNS利用の動機や対象となる疑似科学情報の種類によって，SNSが超常信奉の高さにも低さにもそれぞれ結びつくという交互作用が得られている。

　インターネットやSNSの普及により，以前であればただの個人的妄想と片づけられていた言説が，事実として即座に大規模に拡散し，共有されることで大きな力を持つことがある。特に陰謀論や疑似科学は，公的な知識によっては否定され「隠されていた」ものがネットの力で暴かれたという物語をも

作り出す。そのために，たとえ，根拠のないオカルト（ひいてはフェイク
ニュースやヘイトスピーチ）が社会に大きな影響を及ぼすことがありえる。現
在のオカルト文化は，そうした情報化社会における信念のありかたの一つの
典型例であると考えられる。おそらく，異論が排除され人の考え方が極端に
偏っていくというネットの性質は，オタク文化全般の過激化やタコツボ化と
も関わっている。ここを切り口としてネット上でのリアリティがどのように生
み出され，人々の考え方を変容させていくのかは，心理学の重要なテーマと
なりうるものである。

7. まとめ

　かつての日本でマスメディアを中心に大きな影響力を持っていたサブカル
チャージャンルとしての「オカルト」は，90年代以降に文化としての表舞台
からは消えた。とはいえ，怪しげな現象にひきつけられる人の心理はいつの
世も消えることはない。オカルトの持つ負の側面とも言える非合理的思考は，
その後もスピリチュアルブームやニセ科学というカテゴリで現在も生き続け
ている。

　こうしたオカルト的な主張を信じるこころは，超常信奉と呼ばれて心理学
の研究対象となってきた。信奉の構造や促進抑制要因について多くの研究が
なされているが，たとえば科学知識や教育レベルと超常信奉は必ずしも高い
相関が見られないことなどが興味深い。

　現代の社会に深刻な影響を及ぼす非合理信念として「疑似科学」信奉があ
る。これは，科学的主張のように見えても実際には科学としての要件を欠い
た主張を信じることであり，超常信奉とも重なる部分が多い。この疑似科学
への信念の中核には，反証不能性という特徴があると考えられている。また，
様々なメディア情報への利用がこうした超常信奉・疑似科学信奉を促進する
という観点からの研究もなされてきたが，近年ではインターネットの利用が
こうした信念の変容と複雑な関連性があることが指摘されている。

　「オカルト」というと特異な文化とも考えやすいが，誰にでもある「不思

議」への関心が，どのような心理要因や社会情報環境の影響で，時にはエンタテインメントとなり，また時には非合理的な信念へと陥っていくのかについて考えを深めておきたい。また，さまざまな疑似科学について科学的な観点から考えを深めるためには，筆者も参加している「明治大学科学コミュニケーション研究所」のWebサイト "gijika.com" をぜひご一読いただきたい。

引用文献

ASIOS（2019）．昭和・平成オカルト研究読本　サイゾー

Bering, J.（2011）. *The Belief Instinct : The Psychology of souls, Destiny, and the Meaning of Life*. New York: W. W. Norton & Company.（ベリング, J.（著）鈴木光太郎（訳）（2012）．ヒトはなぜ神を信じるのか──信仰する本能　化学同人）

Brotherton, R., French, C, C., Pickering, A, D.（2013）. Measuring belief in conspiracy theories: the generic conspiracist beliefs scale. *Frontiers in Psychology*, *4*.

Carroll, R, T.（2000）. *Becoming a Critical Thinker. A Guide For the New Millennium*. Needham Heights, MA: Pearson Custom Publishing.

Elk, V, M.（2015）. Perceptual Biases in Relation to Paranormal and Conspiracy Beliefs. *PLoS ONE*, *10*（6）.

Epstein, S.（1994）. Integration of the cognitive and the psychodynamic assessment: A review of the literature. *Psychological Reports*, *57*, 367-382.

原田実（2012）．オカルト「超」入門　星海社

池内了（2008）．疑似科学入門　岩波書店

伊勢田哲治（2003）．疑似科学と科学の哲学　名古屋大学出版会

伊勢田哲治（2011）．科学の拡大と科学哲学の使い道（菊池誠他（著）飯田泰之＋SYNODOS（編）もうダマされないための「科学」講義　光文社　pp. 65-100.）

伊藤哲司（1997）．俗信はどうとらえられているか──「俗信を信じる」ことのモデル構成に向けて　茨城大学人文学部紀要, *30*, 1-31.

金子毅（2006）オカルト・ジャパンシンドローム　一柳廣孝（著）オカルトの帝国──1970年代の日本を読む　青弓社　pp. 17-36.

菊池聡（2012）．なぜ疑似科学を信じるのか──思い込みが生み出すニセの科学　化学同人

菊池聡（2013）．学校教員と生徒の超常信奉と科学への態度　日本教育心理学会第55回大会発表論文集, p. 288.

菊池聡・佐藤広英（2020）．Twitter利用と疑似科学信奉との関連　信州大学人文科学論集, *7*, 71-86.

Lindeman, M.（1998）. Motivation, cognition and pseudoscience. *Scandinavian Journal of*

Psychology, *39*（4）, 257-265.

Lindeman, M. & Svedholm, A. M.（2012）. What's in a term? Paranormal, Superstitious, Magical and Supernatural beliefs by any other name would mean the same. *Review of General Psychology, 16*（3）, 241-255.

Linden, S. V. D.（2013）. Why People Believe in Conspiracy Theories. *Scientific American Mind*, September/October.（リンデン, S. V. D.（2004）陰謀論をなぜ信じるか　日経サイエンス, 2014 年 2 月号, pp. 45-47.）

Majima, Y.（2015）. Belief in Pseudoscience, Cognitive Style and Science Literacy. *Applied Cognitive Psychology. 29*, 552-559.

松井豊（2001）．不思議現象を信じる心理的背景　筑波大学心理学研究, *23*, 67-74.

中島定彦・佐藤達哉・渡邊芳之（1993）．超自然現象信奉尺度の作成　Journal of the Japan Skeptics. *2*, 69-80.

Popper, K. R.（1968）. *The Logic of Scientific Discovery*. New York: Harper Torchbooks.（ポパー, K. R.（著）大内義一・森博（訳）（1971, 1972）科学的発見の論理（上・下）　恒星社厚生閣）

高橋直子（2019）．オカルト番組はなぜ消えたのか──超能力からスピリチュアルまでのメディア分析　青弓社

Tobacyk, J. & Milfor, G.（1983）. Belief in paranormal phenomena: assessment instrument development and implications for personality functioning. *Journal of personality and Social Psychology , 44*, 1029-1037.

山本耕平（2019）．疑似科学への態度の規定要因に関する諸仮説の検証──科学的知識・剥奪・権威主義　年報科学・技術・社会, *28*, 25-46.

吉田司雄（2009）．オカルトの惑星──1980 年代, もう一つの世界地図　青弓社

吉本たいまつ（2009）．　おたくの起源　NTT 出版

Vyse, S. A.（1997）. *Believing in magic*. New York: Oxford University Press.（ヴァイス, S. A.（著）藤井留美（訳）（1999）．人はなぜ迷信を信じるのか──思いこみの心理学　朝日新聞社）

Whitson, J. A. & Galinsky, A. D.（2008）. Lacking control increases illusory pattern perception. *Science, 322*, 5898: 115-117.

　現在の音楽ファンには想像しにくいかもしれないが，1980年代頃までの音楽ファンは歌謡曲（流行歌）などの「邦楽」を聴く人と，クラシックやジャズ，ロックなどの「洋楽」を聴く人にはっきり分かれていて，とくに洋楽ファンは邦楽ファンを「ミーちゃんハーちゃん」などといって軽蔑するようなことがしばしばあった。洋楽ファンが「邦楽にもいい曲があるから聴こう」と考えるようなことはごくまれだったのである。

　そうした状況が変わるさきがけとなったのが，1980年代に社会心理学者の稲増龍夫やミュージシャン・音楽評論家の近田春夫らによって進められた「グループサウンズ（GS）再評価」である（稲増, 2017）。グループサウンズ（グループサウンドともいわれる）とは，1967年頃から70年頃にかけて日本で大きな人気を得た，ビートルズ・スタイルの歌入りエレキギターバンドのことをいう。グループサウンズの音楽的ルーツは様々だが，ジャズやロックなどの洋楽，とくにビートルズや英米ロックの影響を受けた歌や演奏を聴かせていた点は共通している。

　彼らの多くは，レコードデビュー以前には各地のジャズ喫茶（今でいうライブハウス）やときには米軍キャンプなどで，洋楽ロックのコピー演奏をして腕を磨いていた。しかし当時の日本のレコード業界には「ロック・バンド」を売るノウハウがなかったために，彼らにプロ作曲家の作った歌謡曲を歌わせ，アイドルとして売り出そうとした。レコード会社の思惑は当たって，ザ・スパイダース，ザ・テンプターズ，そしてザ・タイガースなどが主に女性ファンの熱狂的な人気を集めるようになる。オックスのライブアルバム『テルミー《オックス・オン・ステージNo.1》』（1969）の「ガール・フレンド」における観客の少女たちの大合唱はその時代の感動的な記録である。

　いっぽうで，洋楽ファンから見ればグループサウンズはあくまで「歌謡曲」であって，興味の対象にならないばかりか，むしろ軽蔑の対象であった。主要グループサウンズの解散後に沢田研二，萩原健一らが本格的なロックを演奏しようと結成した「PYG」がロックフェスティバルで激しい「帰れ」コールを浴びたのもそのためである。

図1　ザ・テンプターズ「エメラルドの伝説」　　図2　ザ・ゴールデンカップス「長い髪の少女」

　1970年に入るとグループサウンズの人気は急激に下火になり，人気グループの解散，メンバー脱退や交代が相次ぐようになる。そして，1971年までにはほとんどのグループサウンズが解散したり自然消滅したりして，グループサウンズブームは終焉を迎える。沢田研二，萩原健一やザ・スパイダースの堺正章，井上順，オックスの野口ヒデト（後の真木ひでと）らは，それ以降は歌謡曲のジャンルで活躍することになった。

　ところが，グループサウンズブームの終焉から数年を経た1970年代後半になると，若いロックファンの中にグループサウンズの曲や，とくに演奏を高く評価する人が現れてくる。ザ・テンプターズの「エメラルドの伝説」（図1）やザ・ゴールデンカップスの「長い髪の少女」（図2）など，曲は歌謡曲だがバンドの演奏にはたしかにロックの音，ロックの精神が聴こえるし，ビートルズが「タックスマン」で開発したオクターブを活かしたベースラインなど，当時最新の洋楽の影響も聴きとることができる。そうしたグループサウンズの「ロック性」に気づく人がこの時代に急激に増えたのである。こうした現象は「GSリバイバル」といわれ，当時ビートルズマニアの中学生だった自分も影響を受けて，FM放送などで流れるグループサウンズの名曲を一生懸命カセットテープに録音して聞いていたのを覚えている。

　1980年代になると，前述の稲増らがグループサウンズの中でもとくにマイナーなグループの，ときにはやや奇妙な曲や演奏に注目するとともに，グループサウンズを日本特有の音楽環境の中で洋楽と邦楽との不思議な融合によって生み出された

図3　ザ・ダイナマイツ
「トンネル天国／恋はもうたくさん」

「ひとつの文化」としてとらえる視点を打ち出すようになる。ザ・ダイナマイツの「トンネル天国／恋はもうたくさん」（図3）はそうした日本音楽史の徒花としてのグループサウンズの象徴の一つといえる。こうしたマイナーなグループサウンズはのちに「カルトGS」とも呼ばれて，現在では国内だけでなく海外のロックファンにも注目されている。

　こうしたグループサウンズの再評価と並行して，洋楽やフォーク，ロックのリスナーが1960～70年代の「歌謡曲」の歌や演奏を評価することも当たり前になっていった。歌謡曲への軽蔑や偏見を捨ててみれば，朱里エイコの「北国行きで」はいい曲だよね，奥村チヨの「恋の奴隷」の間奏の12弦ギターはカッコいいよね，尾崎紀世彦の「また逢う日まで」のベースは音数が多くてすごいよね，と多くの洋楽ファンが気づくようになった。

　もちろんこれはそれらの曲が作られたのが「遠い過去」，とくに若い音楽ファンにとっては自分が生まれる前の時代になって，同じ時代の世界の音楽シーンのなかで日本の音楽を相対化して見ることができるようになったことにもよる。しかし，「ビートルズはすばらしいがグループサウンズや歌謡曲はゴミだった」という音楽観よりも「ドアーズもいいが布施明もいいぞ」という音楽観のほうがおそらく豊かだろうし，現在の若い音楽ファンが基本的にそういう感覚で音楽を聴いているように見えるのはとても好ましいことだと思う。

引用文献

稲増龍夫（2017）．グループサウンズ文化論——なぜビートルズになれなかったのか　中央公論新社

III

―― オタクの幸福感

9章
白昼夢とオタクの幸福感

杉浦義典

オタクの妄想は，心理学的にいうと白昼夢（あるいはマインドワンダリング）という現象である。これらの現象は，基礎的なメカニズム研究が急速に進んでいる。その中でも重要な問いは，理論上は重要な機能をもつはずの白昼夢がなぜ幸福感を損ねることが多いのか，というものである。本章では，白昼夢をうまく行えるかどうかの違いが，幸福感との関連を決めると考え，「オタクは白昼夢＝妄想の達人であり，オタクの場合は白昼夢の頻度が多いと幸福感が高まる」という仮説を実証的に検討した研究について解説する。またその研究に関連して，認知心理学的な理論を参照することで，妄想のような内面の過程についても実証研究が可能になること，幸福感を予測する多数の要因が研究されている中で，オタクを要因として取り上げる意義などについて述べる。それによって，有意義な研究に取り組めるようなガイドとなることを目指す。

1. オタクの幸福感を研究するというチャレンジ

心理学で新しいテーマの研究を始めようとするとき，なぜ今まで研究があまりなかったのかを考察することで面白い洞察が得られることがある。心理学で研究の対象となる現象は，存在すら知られていなかったというものはあまり多くない。では，オタクの幸福感はなぜ研究されていなかったのか。本書からわかるように，オタクの心理学自体が新しいものである。ただ，オタクは趣味としての自分の好きなアニメ，ゲーム，マンガ等を「楽しん」でい

るのだから，幸福と関連するのは自然であろう。そのわりに，幸福との関連についての研究は多くない。オタクに幸福であってほしくないという偏見があるのだろうか。であればなおさら，オタクの幸福を研究することは，幸福とは何かというより大きな問いにもインパクトを与えうるものである。『ポジティブ病の国，アメリカ』という本（Ehrenreich, 2009）がある。ポジティブにものを見ること，つねに努力し向上すること，といった幸せになるための「まっとう」なアドバイスが人を苦しめる皮肉が描かれている。オタクの幸福は「まっとうな」「常識的」な価値観に挑むものである。相対性，多様性，批評性の不足した幸福研究はかえって人を傷つけるのである。

　オタクと幸福感の関連を検討することが理解可能な課題であるとして，次にそれは重要な課題であるといえるのだろうか。幸福感に影響する要因は心理学，経済学，社会学など多数の分野で多様なものが実証的に検討されている。Lyubomirsky et al. (2005) はそれらをレヴューして，幸福感の規定要因は，環境10%，遺伝50%，意図的な行動40%ということを報告した。環境10%ということは，お金持ちであるといった恵まれた条件は幸福感にさほど影響しないことを示している。遺伝が50%という数字は，一見大きいように見えるが，パーソナリティや知能など多くの心理的な特性が遺伝的に規定される率はおおむね50%である。むしろ，意図的な行動が40%という部分こそ注目すべきである。これは人が積極的に幸福を手に入れられる余地が大きいことを示している。趣味はまさしくこの部分に該当する。さらに意図的な行動の幸福への効果は持続することも見出されている。行動が幸福を増進する効果を高めるには，人と比べない，自分の関心と一致した活動をする，慣れをふせぐ（同じことを続けるだけはよくない）ことが重要とされる（Lubomirsky et al., 2005）。オタクは少なくとも，自分の関心と一致した活動をする，という点は満たしているといえるだろう。

　パーソナリティの研究からも，趣味が幸福感の重要な予測因であるという傍証がえられている。パーソナリティの研究では，決められた複数の質問にあてはまる度合いを答えてもらう質問紙法が王道である。本章でもそれを用いている。では，部屋においてあるもの，聴いている音楽，インターネット

の書き込みなどの，その人の日常的な行動からパーソナリティを読み取ることはできるのか。探偵のようで多くの人が興味をひかれるだろうが，そのような実証研究が始まったのは比較的新しい。その研究のパイオニアであるGosling（2008）のレヴューによれば，人は多くの行動からパーソナリティを読めると思う傾向があるが，実証的なデータによってパーソナリティとの関連が示されたのは，その一部である。寝室にある本や雑誌の数，好きな音楽，SNSでいいね！をしたトピック（Kosinskiら，2013）などである。すべてとはいえないものの，これらのパーソナリティを伝える行動には趣味に関するものが多い。Kosinskiら（2013）の研究で，様々なパーソナリティ特性の高い人／低い人で，SNSでいいね！をする度合いの高いトピックを一覧にした表には，趣味に関する言葉が並んでいる。例えば，知的な人では『Lord Of The Rings（指輪物語）』，内向的な人では「アニメ」，「マンガ」といったトピックがあがっている。趣味はその人の心理傾向を反映するのである[1]。

2. 妄想＝白昼夢の達人

　心理学は実証科学であり，データに基づいた議論を重視するが，理論もまた現象をどのように見るのかをガイドする重要な「方法」である。例えば，オタクが世間で広く認知されたのは，それが大きな市場であることに関心が集まったためである。そのため，オタクの消費行動を調べる研究は少数ながらも行われている（Niuら，2012）。消費行動の研究では，モノを得るための消費よりも，何かを経験するための消費の方が幸福感をもたらすことが知られている（Gilovich et al., 2015）。ではその経験とは何だろう？　これこそ心理学の仕事である。購買行動を超えてオタクの内面に迫りたい。ありがたいことに，意識やファンタジーを扱う理論は，とりわけ2000年以降格段に発展して

1　幸福感の低い人や喫煙者がいいね！をする傾向のある項目の上位にはヘヴィメタルバンドの名前が並んでいる。かなりマニアックなアーティストが，幅広い対象者の「ビッグデータ」の分析で上位に来ているのは面白い。

いる。それらを用いて本研究では，オタクの「妄想[2]」という内面の過程に注目をあてる。

　オタク的なコンテンツでは，オタクそのものがキャラとして登場することも多い。掲示板の書き込みがもとでTVドラマ化された『電車男』やアニメ化もされたマンガ『げんしけん』『らき☆すた』などが有名である。これらの作品に共通して描かれるオタクの特徴は，妄想を好み，またそれに長けているということである[3]。

　まず，オタク用語の妄想であるが，心理学用語では白昼夢（daydreaming）に相当する。白昼夢は，文字通り覚醒した状態で，そのとき目の前にある物事についての感覚情報とは独立の内容を思い描いている状態を指す。外から見ると，心ここにあらずに見える。自分が白昼夢にふけっていることも忘れていることもあるが，あくまで覚醒下の現象である。また，内容は比較的複雑であり，ある程度は自分の意志でコントロールされている。このように白昼夢は，自分の意志で制御されている度合いでいうと，グレーゾーンに入るような認知である。この性質を理解するためには，自動的処理と制御的処理という認知心理学の概念[4]や，白昼夢を支える神経基盤の理論が有用である。白昼夢が複数の区分可能なメカニズムの相互作用から生じると捉えることで，「ゆめうつつ」のような現象の性質を犠牲にすることなく，具体的な研究に乗

2　学術用語としての妄想は，社会的に共有できないような内容を強固に信じることで，本人の苦痛や周囲とのトラブルを生み出す症状のことを指す。本章ではこのような異常心理学的な意味での妄想については論じないため，オタク用語として妄想という言葉も使うが，通常は心理学の研究では明確に区別する必要がある。

3　この研究は国際誌（*Journal of Happiness Studies*）に発表した。Otaku は世界中で通じると思っていたのだが，論文の審査の過程では Otaku という日本の「特殊な文化」についてより詳しい解説を求められた。そこで，少ないながらも英語で刊行された海外のオタク事情に関する研究を探して引用した。Niu ら（2012）は，台湾でフィギュア店（オタクショップ）の客にインタヴューを行い，自分がアニメなどの主人公になった妄想や，現実ではないとわかったうえでキャラクターとの恋愛の妄想にふけるなど，妄想を楽しんでいることを明らかにした。

4　白昼夢やマインドフルネスなど心理学で扱う概念の多くは構成概念といわれる。構成概念はただ何かを指し示す言葉という以上のものであり，現象を説明するための理論を含めた概念である。例えば，白昼夢という構成概念はそれを支える神経基盤の理論とも結びついているため，本来は重要な機能をもっているはずだ，という予測を引き出すことができる。構成概念は，同時にそれをどのように測定したり，実験操作にもちこむかという情報（操作的定義とよぶ）とも結びついている。

せることも可能となるのである。

1) 自動的処理と制御的処理

　論理的思考といった心の働きと比べてみると，白昼夢はあまり意識的なものとは感じられない。しかし，認知心理学からみると，論理的思考も白昼夢もともに制御的処理と呼ばれる意識的に制御された高次の認知機能である。

	意図的である ——— 意図的と関係なく生じる	
制御的処理	努力を要する ——— 努力を必要としない	**自動的処理**
	処理の過程を ＿＿＿ 処理の過程を 意識できる 　　　　意識しづらい	

　より左側の性質が強いものを制御的処理，右側のものを自動的処理という。例えば，網膜に映る二次元像から，外界の奥行きを知覚する仕組みは右側の特徴をもつ自動的処理の典型である。一方，初めて習った数学の定理を使って応用問題を解こうと努力しているときは，左側の特徴をもつ制御的処理が行われている。自動的処理と制御的処理は，二分法的なものではなく，程度の差である。論理的思考と白昼夢を並べてみれば，前者の方が制御的な度合いが強いのである。

2) マインドワンダリングの理論から研究目的を絞り込む

　認知心理学の理論からは，自動的処理と制御的処理の中間的な性質をもつ認知があることが明らかになった。やや自動的な傾向はあるものの，複雑で高次の認知過程の中には，心配や白昼夢などいろいろな内容のものがある。このような状態をさす最も広義の用語はマインドワンダリングである。マインドワンダリングは，今，目の前にあることから意識が離れているというように，外界にある刺激との関係で定義されている。一方，そのように外界から意識が離れているときに頭の中で起きていることが白昼夢である。つまり，白昼夢はマインドワンダリングの内容を指している。外界から注意がそれて

いるという消極的な定義よりも，白昼夢の方が起きていて見る夢のような内容だというように積極的な定義である。ただ，昨今の急速な研究の発展から，白昼夢の上位概念であるマインドワンダリングに関する研究を参照することはきわめて有益である。

　Killingsworth & Gilbert（2010）は，スマートフォンを用いて，1日に複数回の合図を出して，その瞬間にマインドワンダリングの状態にあるかどうか調べる大規模な調査を行った。その結果，人は起きている時間の約50％は，目の前にあることと関係ないことを考えていることを見出した。Killingsworth & Gilbert（2010）は，マインドワンダリングとともに幸福感も測定している。その結果，たとえ心地よい内容であっても，マインドワンダリングをしているときは，していない時よりも幸福感は低かった。起きている時間の約半分を占めるマインドワンダリングが幸福感を損ねているとしたら，何のためにそのような現象があるのだろうか。さらに，それが幸福を高めることは可能なのだろうか。

3. 白昼夢を支える脳のアーキテクチャから仮説を導出する

　この問いへのヒントはマインドワンダリングを支える脳機能についての知見から得られる。マインドワンダリングのときに働く脳の部位と，自分の経験を思い出したり，将来の計画を立てるときに活動する脳の部位とは重複が大きいことがわかってきた。機能的脳画像という手法では，特定の課題をしているときと安静時との脳の活動を比較することで，その課題の遂行に必要な脳の部位を推定する。実際に「特になにもせずに安静にする」ことを試してみればすぐ気がつくが，何も考えていないわけではなく，頭のなかには次々にいろいろなことが浮かぶ。つまり，マインドワンダリングが起きている。安静時の脳活動を見ると，内側前頭前野を中心とする複数の部位が同期して活動をしていることが見出された。そこでこの複数の部位からなるネットワークをデフォルトモードネットワークと呼ぶようになった。とりたてて顕著な刺激がないときに活動しているという意味でデフォルトと呼ばれたので

図9.1　社会的認知のハブとしてのデフォルトモードネットワーク
（Northoff & Bermpohl, 2004 に基づいて作図）

ある。

　前頭葉を含むことからも，デフォルトモードネットワークを基盤とするマインドワンダリングは高次の認知活動を反映している。すでに各種の認知機能の神経基盤について知られていることと対応づけると，デフォルトモードネットワークは自分の過去の経験を思い出すこと（自伝的記憶），過去の経験をもとに，将来どのようにすべきかを考えること（問題解決），他者の心の中を想像すること（共感性），など日常生活で重要な認知機能をになう部位と重複する（図9.1）。未来という何が待ち構えているかわからないことについて，過去の経験をひきながら，いろいろな場合をシミュレートしておくことや，他者の心の中について自分の経験をもとに推測するという過程を支えている。そのネットワークと対応づけられる現象であるマインドワンダリングもまた高次の複雑な機能であり，また特に人の社会生活において非常に重要な機能をもつはずである。

　一般に，役に立つ高次の認知機能は，それをうまくやることはなかなか難しいものである。くじけそうになりながらも勉強を努力したり，感情をコントロールしたりといったことが代表例である。練習で向上するというのもそれらの特徴である。マインドワンダリングも同じで，うまくやれれば問題解決の向上に役立つ一方で，うまくやる条件が限られているのかもしれない。とすれば，その条件を探ることが重要な課題になる。Smallwood ら（2013）は，文献のレヴューから，マインドワンダリングが適応的になるためには，内容

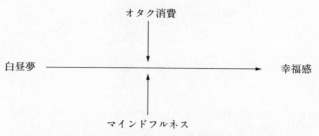

図 9.2　本研究のモデル：白昼夢を幸福感につなぐ 2 つの調整要因

と文脈の双方が重要であるという仮説を提唱した。ここでは，内容としてオタク消費を，文脈としてマインドフルネスを取り上げて研究を行った（図9.2）。

1) オタク消費：白昼夢が幸福を増進させる条件 1

　デフォルトモードネットワークは，外界から入ってくる情報よりも記憶の中の情報を利用して，将来や他者の心中などについてシミュレーションを行う。記憶の中の情報が充実しており，それを使うのに習熟している人はどのような人であろうか。「妄想」をこよなく愛し，データベースの充実に余念のないオタクはまさにその条件に合致する。認知活動には，一般に内容とやり方の双方が必要である。哲学者の東（2001）は，同人誌などの二次創作の作品が生成され共有される過程を，データベース消費という理論で説明した。オタクの特徴は，属性（例：ツインテール，眼鏡，人外，など）といわれる内容の知識と，それを組み合わせて新しい内容を展開するやり方（例：金髪ツインテールの美少女はツンデレ，眼鏡をかけて青い髪の美少女は無口でミステリアス，など）の双方が共有されているというものである。デフォルトモードネットワークの働きは，心配などの苦痛な思考につながることもある。オタクは幸せにつながるような白昼夢の内容を作り上げることにたけていると予想される。

2) マインドフルネス：白昼夢が幸福を増進させる条件 2

　デフォルトモードネットワークは，脳の中でも前方にある高次の機能を担う領域にあると述べた。しかし，デフォルトモードネットワークよりもさらに

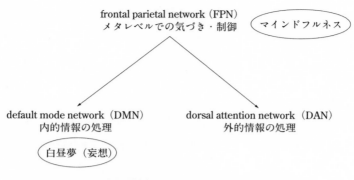

図 9.3　白昼夢を支える3つのネットワークからなるアーキテクチャ
（Smallwood et al., 2012 に基づいて作成）

高次の脳のネットワークもある。Smallwood ら（2012）は，3 つの大規模な
ネットワークが結びついた構造の中で，マインドワンダリングを理解してい
る（図 9.3）。そのうちの一つはデフォルトモードネットワークである。2 つ目
の背側注意ネットワーク（dorsal attention network）は，外的情報の処理に関
わる。妄想にふけっていたときに，電話が鳴って現実に引き戻されるという
現象は，このネットワークの働きである。デフォルトモードネットワークと
背側注意ネットワークは，相互に抑制的な関係にある。つまり，片方の活動
が盛んだと他方の活動が弱くなる。妄想にふけっていると，授業の内容は頭
に入ってこない。逆に，スポーツの試合に集中しているときは，あまり白昼
夢は起きないだろう。3 つ目は，前頭頭頂ネットワーク（frontal parietal
network）とよばれ，デフォルトモードネットワークと背側注意ネットワーク
の双方をモニターし，必要に応じてコントロールする働きがある。

　Schooler et al.（2011）は，マインドワンダリングが生じたときに，そのこ
とに気づいていれば，マインドワンダリングの悪影響が防止されることを見
出した。これはメタ認知と呼ばれる働きである。前頭頭頂ネットワークはデ
フォルトモードネットワークをモニターしているため，メタ認知を働かせつ
つマインドワンダリングをするという状態は矛盾なく成り立つ。さらに，白
昼夢はそれ自体としては複雑な内容をもった過程である。よって，それを維
持するためにも，やはりメタ認知が必要となる。

まとめると，メタ認知の働きによって，マインドワンダリングが不適応（課題遂行の妨害や心理的症状）につながることが防止されると考えられる。ここから白昼夢の幸福につながる条件の候補としてマインドフルネスが導かれる。マインドフルネスはメタ認知がうまくいっている状態である。Kabat-Zinn（1994）はマインドフルネスを「今ここでの経験に，評価や判断を加えることなく能動的な注意を向けること」と定義している（p. 4）。マインドフルネスは大きく2つの要素からなる。第一に，「今ここでの経験に……能動的な注意を向けること」とあるように，注意の能動的な制御が重要であることが示されている。第二に，「評価や判断を加えることなく」という心理的態度が重要である。

　今ここでの経験に，能動的な注意を向けるというモニタリングの働きによって，自分の内外で起こっていることへの気づきが促進される。「自分がいまマインドワンダリングをしている」という気づきをあたえ，また白昼夢が無秩序にどこかにいかないようにすることもできるだろう。これによって，白昼夢が他の重要な活動の邪魔をする危険性は減少する。同時に，かなり込み入った内容の妄想を展開することも助けてくれるだろう。さらに，白昼夢という体験について「妄想ばかりしているから自分は集中力がないんだ」，「いい歳をして恥ずかしい」などと評価的，批判的に感じてしまえば幸福感は下がる（Carciofo et al., 2017）。一方，マインドフルネスの高い人は，評価や判断を加えることのない態度によって，自分の体験をネガティブに捉えないでいられる。また，マインドフルネスの傾向の高い人は，皿洗いなどの一見些細な日常の経験も楽しむことができる（Hanley et al., 2015）。マインドフルネスは妄想を心置きなく楽しむ条件であると予想される。

4. 白昼夢と幸福感の調整要因についての実証研究

　白昼夢（およびそれを含めたマインドワンダリング）は幸福感とマイナスの相関がある（Killingsworth ら, 2010；Mar ら, 2012）。しかし，潜在的には重要な機能をもつと考えられる。本研究では，その機能が発揮される2つの条件を

調整変数[5]と考えた。第一が，本書のテーマであるオタク消費である。研究1ではWebサンプルを対象とした質問紙でアニメとゲームの消費の個人差として測定した。研究2では，白昼夢の頻度と幸福感について評定してもらう前に，アニメ風の美少女画像を提示する条件と提示しない条件を設けて，前者の場合のみに白昼夢と幸福感に正の関連が見られると予想した。第二はマインドフルネスである。これはすでにある測定尺度を用いる。

5. 研究1：Web調査

方法

　研究1は，調査会社のモニター800名（20歳から59歳，男女400名ずつ）を対象にWeb上で質問紙調査を行った。マインドワンダリングは広い世代にわたってみられる現象である。また，「おたく族」という言葉が登場したのも1980年代であり，その当時おたく族の若者も，今では40代から50代になっている。よって幅広い年代からデータを収集した。

　独立変数は白昼夢の頻度であり，従属変数は幸福感（人生満足感）である。マインドフルネスとオタク消費は調整変数（その傾向の高低によって，白昼夢と幸福感の関連が変わる変数）とした。オタク消費は，アニメとゲームへの支出の度合いである。

　白昼夢の尺度として用いたCEQ（Creative Experience Questionnaire）は空想傾向を全25項目によって測定する（Murisら，2006；岡田ら，2004）。ここでは，白昼夢と幸福感との関連を検討した先行研究（Marら，2012）で用いられた6項目を選んで用いた（表9.1）。

　人生満足感はSatisfaction with Life Scale日本語版を用いた（表9.2）。人生

5　「白昼夢が幸福を高める」といった変数が2つだけの関連を主効果という。わかりやすくてインパクトもあるが，多くの場合はそのような関連が得られる場合と得られない場合がある。日常的な会話で「時と場合による」と言うと言葉を濁しているように思われるが，どのような時か，どのような場合かを明確に特定できれば十分に科学的な知見といえる。この「どのような場合か」を示す変数を調整変数という。本文中のグラフのように，調整変数の値によって傾きが異なるという結果になる。

表 9.1　白昼夢の項目（研究 1, 2 共通）

空想したことを現実にあったことと混同する
退屈なときは空想をし始めるので，退屈することはない
自分の空想の多くは，現実のような鮮やかさ（リアリティ）をもっている
自分の空想の多くは，よくできた映画のように生き生きとしている
日中の大半を空想や白昼夢（デイドリーム）に浸って過ごしている
友人や親類の多くは，私がこれほど豊かで詳細な空想をもっているということを知らない

表 9.2　人生満足感の項目（研究 1, 2 共通）

ほとんどの面で，私の人生は私の理想に近い
私の人生は，とてもすばらしい状態だ
私は自分の人生に満足している
私はこれまで，自分の人生に求める大切なものを得てきた
もう一度人生をやり直せるとしても，ほとんど何も変えないだろう

をポジティブに捉えている度合いを測定するものである。対人関係や仕事など特定の領域に限定されない内容のため，世界中で広く用いられている。日本語版は Pavot ら（1993）の作成したものである。幸福感の指標はもう一つ，心理的幸福感というものを測定しているが，それについては研究 1 の再分析において詳しく述べる。

　マインドフルネスは，Five Facet Mindfulness Questionnaire（Baer ら，2006）の日本語版を用いた（Sugiura ら，2012）（表 9.3）。マインドフルネスは，注意を向けて気づいている，自分の体験に優しい態度で接するという 2 つの側面がある。Five Facet Mindfulness Questionnaire の 5 つの下位尺度の中で，観察，描写，意識した行動はおもに前者，判断しない態度と反応しない態度は主に後者を反映する。英語版でも日本語版でも，不安や抑うつと負の相関を示すなど適応を増進する変数であることが繰り返し示されている。

　オタク消費は「アニメ」と「ゲーム」という 2 項目について，どの程度お金を使っているかを 7 段階（1：全く使っていない～7：非常に多く使っている）で評定してもらった。非常に簡単な測定であるが，オタクの重要な要素が趣味への惜しみない支出であることから，オタクの傾向の重要な部分を捉えていると考えられる。

表9.3　マインドフルネスの項目（研究1, 2で共通）

観察	歩いているときに，自分の身体が動いている感覚に意識的に注意を向けるようにする
	シャワーを浴びたり，入浴しているとき，お湯が自分の身体に当たる感覚に敏感である
	食べ物や飲み物がどのように自分の考え，身体の感覚，感情に影響を及ぼすかに気づく
	髪に吹く風や，顔に当たる日光などの感覚に注意を向ける
	時計が時を刻む音，鳥がさえずる声，車が通る音などの音に注意を向ける
	物事の匂いや香りに気づく
	芸術や自然をみるとき，色，形，質感，光と影のパターンなどの視覚要素に注意を向ける
	自分の感情がどのように自分の考えや行動に影響するかに注意を向ける
反応しないこと	それにどうしても反応してしまうということなく，自分の気分や感情に気づく
	その中に迷い込むことなく感情を見守る
	つらい考えやイメージが浮かんだとき，たいていそれに心を占領されることなく，一歩下がってそれらを意識しておく
	難しい状況で，慌てて反応することなく，一呼吸置くことができる
	つらい考えやイメージが浮かんだとき，たいていじきに気持ちが落ち着く
	つらい考えやイメージが浮かんだとき，たいてい何とかしようとせずただそれらを見つめることができる
	つらい考えやイメージが浮かんだとき，たいていそれらに気づくだけで放っておく
判断しない態度	＊ 不合理または不適切な感情をいだいたことで自分を責める
	＊ そんなふうに感じるべきではないと自分に言い聞かせる
	＊ 自分の考えの一部は異常か，悪いものだと思うし，そう考えるべきではないと思う
	＊ 自分の考えが良いか悪いか判断する
	＊ そんなふうに考えるべきではないと自分に言い聞かせる
	＊ 自分の感情のいくつかは不適当または不適切であり，それらを感じるべきではないと思う
	＊ 辛い考えやイメージが浮かんだとき，たいていその内容によって自分が良かったのか悪かったのかを評価する
	＊ 不合理な考えをいだいたとき，自分に不満をいだく
描写	自分の感情を表現する言葉を見つけるのが得意である
	私は，簡単に自分の信念，意見，期待を言葉にできる
	＊ 私にとって，自分が考えていることを表現する言葉を見つけるのは難しい
	＊ 自分が物事についてどう感じているかを表現するぴったりとした言葉を思いつくのに苦労する
	＊ 自分の身体に何かを感じたとき，ぴったりとした言葉を見つけることができないために，それを表現するのが難しい
	ひどく混乱したときでさえ，何とかそれを言葉で表現できる
	自分の体験を言葉で表現する傾向を生まれもっている
	たいてい現在自分がどのように感じているかをかなり詳細に表現することができる
自覚	＊ 何かをするとき，意識がどこかにそれて簡単に気が散る
	＊ 空想にふけったり，心配したり，さもなければ，気が散って，自分がやっていることに注意を向けていない。
	＊ 簡単に気が散る
	＊ 目の前で起きていることに集中し続けるのが難しいと感じる
	＊ 自分がしていることをあまり意識せずに「自動操縦」で動いているみたいである
	＊ 十分に注意を払わずに，性急に物事をすすめる
	＊ 自分がしていることに注意を払わずに自動的に仕事をしている
	＊ 気がつくと，注意を払わずに何かをしている

＊ 逆転項目

分析

　白昼夢と幸福感の関連が，マインドフルネスの程度とオタク消費の程度によって異なるという仮説を検討するために階層的重回帰分析を行った。例えば，白昼夢と幸福感の関連がオタク消費の程度によって異なるという交互作用を検討するためには，白昼夢の得点×オタク消費の得点という掛け算の値（交互作用項と呼ぶ）を重回帰分析の独立変数に加えればよい。ただし，「白昼夢の得点×オタク消費の得点」には，白昼夢とオタク消費という個別の変数も含まれている。交互作用項を入れることで，個別の変数（主効果という）のみで説明できる以上にデータのパターンがよく表現できるという結論を出すには，個別の変数をまず重回帰分析に投入して，次に交互作用項を投入するという順序を踏む必要がある。この順序をもった分析を階層的重回帰分析という。

　実際には，マインドフルネスとオタク消費という2つの調整変数があるため，「白昼夢の得点×マインドフルネスの得点×オタク消費の得点」という掛け算の交互作用項を分析する。そのためには，3つの変数それぞれのみでなく，3つのうちから2つを取り出した交互作用項が3つあり，そのさらにあとに，本題の「白昼夢の得点×マインドフルネスの得点×オタク消費の得点」という交互作用項を入れる。マインドフルネスは表のように5つの下位尺度（側面）がある。そのため，人生満足感を予測する階層的重回帰分析を，マインドフルネスの下位尺度ごとに行った。

結果

　白昼夢と人生満足感の相関は $r=.09$ で5%水準で有意であった。相関の値は小さなものであるが，本研究では，白昼夢と幸福感の関連は人によって異なると考えているため相関の小ささは予想通りである。白昼夢と幸福感に正の相関を示す人や，相関のない人，負の相関のある人などが混ざっていれば，全体としての相関は低い値になる。

　人生満足感を従属変数とした階層的重回帰分析の結果，判断しない態度

表9.4 人生満足感を予測する階層的重回帰分析

	B	R^2	ΔR^2
ステップ1		.03**	.03**
白昼夢	.20**		
判断しない態度	.19**		
オタク消費	-.15		
ステップ2		.03**	.01
白昼夢×判断しない態度	.01		
白昼夢×オタク消費	.03		
判断しない態度×オタク消費	.01		
ステップ3		.04**	.01*
白昼夢×判断しない態度×オタク消費	-.01*		

* p <.005; ** p <.001

R^2は，独立変数が従属変数（ここでは人生満足感）の個人差を，どの程度説明できたかという指標である。いずれのステップでも，統計的に有意であるため，ここで分析対象とした独立変数のセットが人生満足感の個人差を説明できたことがわかる。ΔR^2は，各ステップごとに，1つ前のステップからR^2がどれだけ増加したかを示す。例えばステップ3でΔR^2が有意であるということは，ステップ1と2だけの時よりも，ステップ3を加えることでR^2が増えていることを示している。つまり，交互作用を考慮した方がよいことがわかる。

（自分の体験を批判的にみない傾向）というマインドフルネスの側面を用いた場合，白昼夢×判断しない態度×オタク消費という交互作用が有意であった。その階層的重回帰分析の結果が表9.4である。複雑に見えるが，ステップ3のところに書かれたΔR^2という数値が有意である。これは，「白昼夢の得点×マインドフルネスの得点×オタク消費の得点」という交互作用項が，3つの変数単独（ステップ1），あるいは2つずつの掛け算（ステップ2）では説明できない情報を伝えていることを意味している。

　つぎに，交互作用がどのような形であるのかを見るために，マインドフルネスの得点とオタク消費の得点のそれぞれが，高い場合と低い場合を組み合わせて4通りのパターンで，白昼夢と人生満足感の関連を図示したものが図9.4である。調整変数の組み合わせで4本の回帰直線が得られている。グラフの4本の回帰直線はいずれも同じ白昼夢と人生満足感の質問紙の得点の相関を示しているが，それぞれ重なってはいない。つまり，白昼夢と人生満足感の関連が，今回導入した調整変数によって異なっていることが見て取れる。3

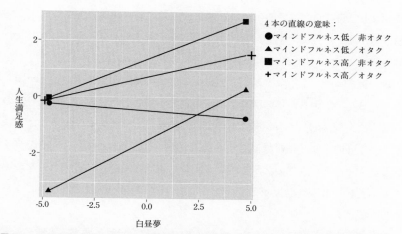

図9.4 マインドフルネスの高い人（■のマーカー）あるいはアニメやゲームの消費の多い人（▲のマーカー）は，白昼夢の頻度が高いほど幸福感が高いことを示す（直線が右上がりになっている）。図の横軸は，白昼夢の頻度，縦軸は幸福感の程度を示す。

本が右上がりであり，白昼夢が多いほど人生への満足感が高いことが示唆される。このうち傾きが統計的に有意であったのはマインドフルネス（自分の体験を批判的に見ない傾向）のみの高い場合（■のマーカー）と，アニメやゲームの消費のみの多い場合（▲のマーカー）であった。

考察

　マインドフルネスの中でも自分の体験を批判的に見ない態度，あるいは，オタク消費のいずれかが高い人では，白昼夢が人生満足感を高めていた。マインドフルネスおよびオタク消費は，白昼夢が幸福感につながる条件であるという研究の予想と一致した結果が得られた。マインドフルネスとオタク消費の双方が白昼夢が幸福につながるための好条件なのであれば，双方がそろった条件，つまりマインドフルネスの高いオタクが最強だと思いたくなるが，双方が高い場合は白昼夢と幸福の関連は有意傾向であった（$p<.10$）。よって，マインドフルネスとオタク消費の双方があっても悪いことはないが，一番明白な結果は，マインドフルネスとオタク消費のいずれかが高い場合に，白昼夢が幸福につながるといえるだろう。

図9.4で統計的有意であった白昼夢と人生満足感の関連の強さについて検討するために，標準化偏回帰係数を算出した。マインドフルネスのみの高い場合は $\beta = .22$，アニメやゲームの消費のみの多い場合は $\beta = .29$ であった。先行研究でマインドワンダリングと幸福には負の関連が出やすいことが知られているため，両者が正の関連を示す条件を示すことができたのは統計的のみならず，理論的にも有意味なものである。また，マインドフルネスは不安やうつなどの不快感情を低減させる効果が繰り返し示されている。そのマインドフルネスという強力なライバルと同時に重回帰モデルに投入してなおオタク消費による調整効果が得られたことも，その効果が無視できないことを示唆している。

　白昼夢を支えるデフォルトモードネットワークは，自己に関する処理を支えるメカニズムである。自分自身に注意を向けること（私的自己意識）は，もっとも古くから研究されている自己に関する処理である。私的自己意識が，自己の理想と現実との比較を生じさせ，結果的に不安や抑うつを高めるということは繰り返し示されている（坂本，1997）。将来に向けて備えたり，自己を向上させるためには，現状の自分に不足した部分を直視する必要がある。判断しない態度の高い場合では，現状の自分に対する批判的な見方を避けることができるため，白昼夢の幸福増進効果が見られたのは理解できることである。

　過去の心地よい（あるいは美化された）記憶を楽しむノスタルジーも，やはり白昼夢の一つであり，幸福感を高める適応的機能は確かにある（Sedikidesら，2016）。しかし，抑うつ的な人では，過去の楽しい体験を想起してもらうと，かえってネガティブな気分が強くなることも見出されている（Joorman & Siemer, 2004）。本当につらいときは，よい思い出も「あの時はよかった，それに比べて今はこのざまだ」というように現実の苦しさをかえって増幅してしまう。「妄想」は，現実から切り離すことでその真価を発揮するといえるのかもしれない。この文で妄想を「フィクション」と置き換えても文意は通じる。それは現実の代用ではなく，現実から切り離さねば達成できない働きをもっている。オタク消費の多い人は，現実から切り離された白昼夢に慣れている人といえるだろう。ゆえに，白昼夢と人生満足に正の関連が得られたのである。

6. 研究1の追加分析：妄想は立派な大人を作るか

幸福感には複数の側面がある。上記で白昼夢との関連が示された人生満足感のような，ポジティブな認知やポジティブな感情を総称して主観的幸福感と呼ぶ[6]。これは主観的に「幸せ」，「ハッピー」だと思ったり感じたりすることであり，わかりやすいものである。そのため，人生満足感は幅広い研究分野で，幅広い対象者で測定されている（大石, 2009）。

研究1では（そして後述する研究2でも），主観的幸福感の代表である人生満足感に対して白昼夢の幸福向上効果が示された。これは，オタク消費の多い人や，マインドフルネスの高い人は，白昼夢を楽しみ，そこから満足感を得ていることを示唆する。Kringelbach ら（2017）は，デフォルトモードネットワークは人が快楽を感じるシステムをも包摂しているという。これは，妄想が楽しまれているという解釈と符合する。

1）心理的幸福感を予測する

一方，自分を高めるために努力したり，頑張って充実感を感じることにも人は幸福を感じる。目標に向かって邁進しているという充実感は確かに幸福ではあるが，ポジティブな認知や感情だけにはとどまらないものである。つらい気持ちも伴いながら，それを乗り越えるということも含まれている。このように自分の可能性を最大限発揮し，よく生きることという意味での幸福は，主観的幸福感とは異なる幸福の側面であり，心理的幸福感（psychological well-being）という。主観的幸福感と心理的幸福感は幸福の2大区分である（Keyes ら, 2002）。心理的幸福感を測定する代表的な尺度は，Ryff（1989）の開発した Psychological Well-being Scale（PWBS）である。日本語では，西

6 　幸福感には複数の側面があるが，大別すると主観的幸福感と心理的幸福感に分けられるということが広く共有されている。主観的幸福感は，ポジティブな感情や認知である。人生満足感が代表的な尺度である。わかりやすいものであり，特定の価値観などに依存しないため多くの研究で使われる。心理的幸福感は，自分の可能性を最大限発揮しており，成長しつつあるという充実感を反映する。

表 9.5　心理的幸福感の項目（研究1のみ）

環境制御力	自分の身に降りかかってきた悪いことを，自分の力でうまく切り抜けることができる
	自分の周りで起こった問題に，柔軟に対応することができる
	私の今の立場は，様々な状況に折り合いをつけながら，自分で作り上げたものである
	私は，周囲の状況にうまく折り合いをつけながら，自分らしく生きていると思う
	私は，うまく周囲の環境に適応して，自分を生かすことができる
	状況をよりよくするために，周りに柔軟に対応することができる
自己受容	私は，これまでの人生において成し遂げてきたことに，満足している
	良い面も悪い面も含め，自分自身のありのままの姿を受け入れることができる
	＊ 私は，今とは異なる自分になりたいとよく思う
	＊ 私は，自分の性格についてよく悩むことがある
	私は，自分自身が好きである
	私は，自分に対して肯定的である
	私は自分の生き方や性格をそのまま受け入れることができる
自律性	＊ 私は何かを決めるとき，世間からどうみられているかとても気になる
	私は，自分の行動は自分で決める
	＊ 重要なことを決めるとき，他の人の判断に頼る
	＊ 自分の考え方は，そのときの状況や他の人の意見によって，左右されがちである
	＊ 自分の生き方を考えるとき，人の意見に左右されやすい
	＊ 自分の行動を決定するとき，社会的に認められるかどうかをまず考える
	何かを判断するとき，社会的な評価より自分の価値観を優先する
	習慣にとらわれず，自分自身の考えに基づいて行動している
人格的成長	新しいことに挑戦して，新たな自分を発見するのは楽しい
	自分らしさや個性を伸ばすために，新たなことに挑戦することは重要だと思う
	＊ 私には，もう新しい経験や知識は必要ないと思う
	これからも，私はいろいろな面で成長し続けたいと思う
	私の人生は，学んだり，変化したり，成長したりする連続した過程である
	＊ これ以上，自分自身を高めることはできないと思う
	私は，新しい経験を積み重ねるのが，楽しみである
	＊ 私の能力は，もう限界だと思う
人生における目的	自分がどんな人生を送りたいのか，はっきりしている
	私は，自分の将来に夢を持っている
	＊ 私の人生にはほとんど目的がなく，進むべき道を見出せない
	＊ 私は，自分が生きていることの意味を見出せない
	私はいつも生きる目標を持ち続けている
	＊ 私は現在，目的なしにさまよっているような気がする
	＊ 本当に自分のやりたいことが何なのか，見出せない
	＊ 私の人生は退屈で，興味がわかない
積極的な他者関係	私は他者といると，愛情や親密さを感じる
	＊ 他者との親密な関係を維持するのは，面倒くさいことだと思う
	私は他者に強く共感できる
	自分の時間を他者と共有するのはうれしいことだと思う
	＊ 私はこれまでに，あまり信頼できる人間関係を築いてこなかった
	私は，あたたかく信頼できる友人関係を築いている

＊　逆転項目

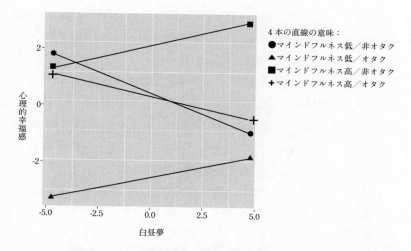

図9.5 マインドフルネスもオタク消費も低い人の場合（●のマーカー），白昼夢の頻度が高いほど，心理的幸福感が低いことを示す。図の横軸は，白昼夢の頻度，縦軸は幸福感の程度を示す。

田（2000）がほぼ同様の内容の尺度を作成しており，表9.5に示した6つの因子から構成される。

　項目内容からもわかるように，この心理的幸福感は，即時的に快楽を得るよりも長い時間をかけてじっくり育てるようなものである。白昼夢を支えるデフォルトモードネットワークは，過去の自分の経験を思い出したり，それをもとに将来の計画を思い描いたりというように，人格の成長にとって非常に重要な機能ももっている。自分を高め，成長させることは，まさに心理的幸福感の捉えるものである。すると，白昼夢は（条件が整えば）心理的幸福感をも高める可能性がある。

　研究1では，心理的幸福感も測定した。白昼夢と心理的幸福感との相関は $r=-.08$ で5%で有意だが値は小さい。心理的幸福感を従属変数として人生満足感を従属変数とした表9.4と同じような階層的重回帰分析を行った。マインドフルネスの5つの下位尺度ごとに分析を行ったが，やはり「白昼夢×判断しない態度×オタク消費」という交互作用が有意であった。同様に，判断しない態度とオタク消費の得点でそれぞれ高い／低いの場合分けをした4パターンのグラフを図9.5に示す。図9.5の4本の直線のうち，ただ一つ有意で

あったのは，マインドフルでもオタクでもない人では白昼夢が心理的幸福感を低下させるという結果であった。つまり，調整変数を組み合わせても，白昼夢が幸福を高めるという効果は得られなかった。

　自分の体験を批判しないというマインドフルな態度が低く，なおかつオタクでない人では白昼夢は心理的幸福感を低めていた。逆にいえば，マインドフルネスやオタク消費は，心理的幸福感を高めないまでも，白昼夢の悪影響を防止することはできたとはいえるかもしれない。しかし，白昼夢が将来にむけての人格の成長などにはつながらないことを意味する。

2）年齢を加えた再分析

　白昼夢がオタク消費やマインドフルネスという条件を考慮しても，心理的幸福感を高めなかった理由として考えられるものの第一は，オタクの妄想はもっぱら楽しむことに特化しているという可能性がある。第二は，白昼夢によっていろいろな可能性をシミュレーションした成果が，人格の成長につながるまでに時間がかかるという可能性がある。

　研究1は幅広い年齢を対象としているため，第二の可能性について考えるために，再分析を行った。白昼夢が心理的幸福感を高める効果をもつ，ただしそれには時間がかかるとすれば，両者の正の関連は年齢の高い人で見られる可能性がある。この分析をするためには，年齢という変数を階層的重回帰分析に入れればよい。年齢を含んだ交互作用（例えば，白昼夢×年齢）が得られれば，年齢によって白昼夢と心理的幸福感の関連が異なるということがいえる。実際には，これまで行った分析を踏まえるとかなり複雑であるが，白昼夢×マインドフルネス×オタク消費×年齢という交互作用になる。

　心理的幸福感を予測する階層的重回帰分析に年齢と性別をさらに加えたところ，結果のパターンは上記で報告されたものとほぼ同じであった。さらに，年齢や性別を含んだ交互作用も得られなかった。つまり，図9.5のパターンは対象者の年齢や性別には影響されないことがわかった。ただし，本来であれば，白昼夢が心理的幸福感を高める効果が出るとしたら時間がかかるだろう，という仮説を検証するのであれば，同じ人で20歳の時と40歳の時とい

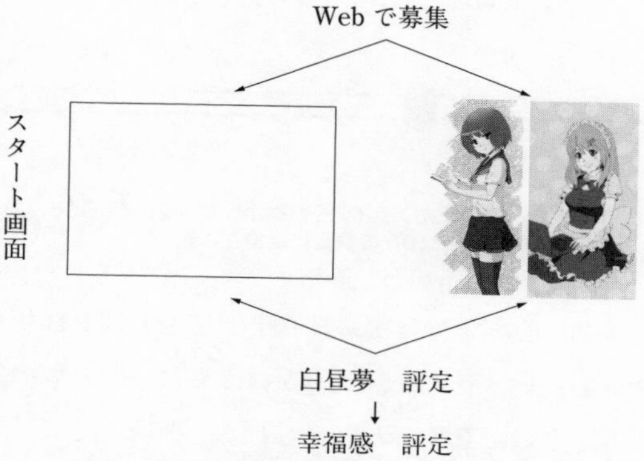
Webで募集
スタート画面
白昼夢　評定
幸福感　評定

図 9.6　研究2のプライミング操作（イラスト：更生之素さん）

うように，長期の追跡調査（縦断調査と呼ばれる）を行うのが最も適切な方法である。今後，そのような研究に着手することも有益であろう。

少なくとも現在のデータからは白昼夢は，オタクとマインドフルな傾向の高い人では，主観的幸福感を高めるとはいえる。そこで，研究 2 では白昼夢，オタク，主観的幸福感について実験的な方法でさらに深めて検討することにした。

7. 研究 2：プライミング実験

研究 2 では，2 つの調整変数のうちでも特にオタクに焦点をあてた実験操作を行った。マインドフルネスも比較的新しい概念であるが，近年急速に研究数が増えている（杉浦, 2016）。それに対して白昼夢，オタク，幸福感を関連づけた研究は初めてなされるものである。そのため，研究 2 ではオタクに重点をおいた。

アニメやゲームに関する白昼夢が幸福感を高めるという可能性を，研究 1 と違った方法で検証するためにプライミングという実験操作を用いた。具体的には，白昼夢の頻度と幸福感の程度を質問する前に，アニメのキャラクター風の少女のイラストを提示するという実験操作を行った（図 9.6）。一瞬目に入った情報が，その人が気づかぬうちにその後の認知に影響する現象を

今，どの程度ポジティブな気分ですか。

全くポジティブではない（0）　　　　　　　この上なくポジティブである（100）

37

図9.7　ポジティブ気分の評定。画面上でスライダーを動かして回答してもらうと，気分のポジティブさが0〜100の数値に変換される。

プライミングと呼び，心理学では実験操作としてもしばしば用いられる。質問の内容とは関係のないイラストが気づかぬうちに，白昼夢の経験を思い出して質問に答えるときに影響すると考えられる。研究1では，アニメやゲームへの支出という個人の傾向によって白昼夢と幸福感の関連が変わってくると予想したが，研究2では質問紙の回答前にイラストを提示することで，同じ質問紙同士の相関が変化すると予想した。

　研究2の仮説は，イラスト提示をされた（プライミング）群では白昼夢と主観的幸福感（人生満足感およびポジティブ気分）とに正の関連が見られる，である。

方法

　幅広い年齢層（20歳〜59歳）を対象としたWebを用いた実験である。合計104人の成人（55人は女性）に参加してもらい，半数の参加者には，質問紙に回答してもらう前の画面（紙の質問紙であれば表紙に相当する部分）で，イラストを提示し，残りの半数には真っ白な画面を提示した（図9.6）。

　白昼夢はCEQ，幸福感は人生満足感という研究1と同じもので測定した。加えて，同じ主観的幸福感の要素であるポジティブ気分とネガティブ気分も測定した。気分は図9.7のような直線上のスライダーを動かすことで回答してもらった。プライミング操作の影響は，イラストを見た後の一時的なものと考えられるため，それを捉えるために「今，どの程度ポジティブな気分ですか」というように質問した。

　さらに，参加者がイラストあるいは白紙の画面にとどまった時間，それぞれの質問紙の回答にかかった時間も記録された。プライミングは，短時間ち

らと目に入ることでその人の認知や行動に影響するとされる現象であるため，刺激（イラスト）を見ていた時間は結果に影響する可能性がある。心理学実験では反応時間が重要となるものが多いが，Webを用いた実験はすべてコンピューターで制御されているため反応時間は容易に記録できるのである[7]。

分析

　白昼夢と幸福感との関連が分析の主眼である点は研究1と同様である。よって，結果のグラフは横軸に白昼夢，縦軸が人生満足感あるいはポジティブ気分という形である。調整要因は，オタクプライミングの有無である。さらに，プライミングの効果は一般に短時間に刺激に触れることで生じやすいことから，イラストあるいは白い画面にとどまった時間も調整変数に組み込んだ。よって，白昼夢×プライミング（イラスト）の有無×時間という交互作用を階層的重回帰分析で分析した。階層的重回帰分析はオタク消費のような連続的な変数も，実験操作（イラストのあり／なし）のような2つの値のみの変数も同じように交互作用を扱うことができる。よって，階層的重回帰分析の形式は研究1の分析と同じものになる。

結果

　人生満足感を予測する階層的重回帰分析の結果，白昼夢×プライミング（イラスト）の有無×時間の交互作用が有意であった。イラスト提示の有無とイラストを見ていた時間の長短という条件別に，白昼夢と人生満足感との関連を示したのが図9.8である。答えてもらった質問紙はすべての人で同じで

7　心理学の実験では，刺激の提示などはコンピューターで操作するのが一般的である。Webを用いた調査では，もともとインターネットブラウザを前にして質問紙に答えてもらうため，実験操作をそこに自然に組み込める。ただし，心理学の実験は空調や照明などがコントロールされた個室での個別実験とすることが多い。また，紙媒体で行う質問紙調査も大学の教室など秩序がある場所でなされることが多い。Webを用いた実験は，実験の内容こそコンピューターで制御されているが，参加いただく方がどのような状態で取り組んでいただいているのかがわからないという不安はある。おしゃべりや食事をしながらやっているのかもしれない。しかし，近年の研究で個別の実験室実験で見出された現象の多くが，Web上でも再現されることがわかっている（Crumpら，2013）。

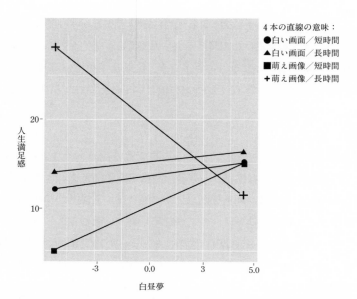

図9.8　イラストを提示された人でなおかつイラストを見ていた時間が短い場合（■のマーカー），白昼夢の頻度が高いほど幸福感（人生への満足感）が高い（直線が右上がりになっている）。逆に，イラストを提示され，見ていた時間の長い場合（＋のマーカー）は右下がりになっている。

あったが，調査項目に入る前の表紙画面にイラストを提示するだけで，4本の直線の位置や傾きが異なってくることがわかる。プライミングは，意外に強力なものである。

　図の横軸は，白昼夢の頻度，縦軸は幸福感の程度を示す。

　白昼夢と幸福感（人生満足感）に正の関連が見られたのは，イラストが提示され，なおかつそれを見た時間が短時間の場合のみであった（$\beta = .74$）。逆に長時間プライミング刺激を見ていた場合は，白昼夢の頻度と人生満足感には負の関連が見られた（$\beta = -1.24$）。

　幸福感の指標としてポジティブ気分を用いた場合も，階層的重回帰分析の結果，白昼夢×プライミング（イラスト）の有無×時間の交互作用が有意であった。グラフでも，類似したパターンが得られた（図9.9）。

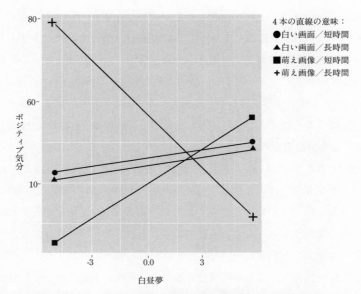

図 9.9 イラストを提示された人でなおかつイラストを見ていた時間が短い場合（■のマーカー），白昼夢の頻度が高いほど幸福感（ポジティブ気分）が高い（直線が右上がりになっている）。逆に，イラストを提示され，見ていた時間の長い場合（＋のマーカー）は右下がりになっている。図の横軸は，白昼夢の頻度，縦軸は幸福感の程度を示す。

考察

　イラストを提示された人で，なおかつイラストを見ていた時間が短い場合，白昼夢の頻度が高いほど幸福感が高いことがわかった。プライミングのメカニズムは，質問の内容とは関係のないイラストが知らず知らずのうちに，白昼夢の経験を思い出して答えるときに影響するというものである。知らず知らずという部分が重要で，プライミング現象は短時間の刺激提示によって出やすくなる。一方，イラストを見ている時間の長い人の場合，白昼夢の頻度が高いほど幸福感が低下していた。

　イラストを見ていた時間によって，白昼夢と幸福感の関連が逆になっている。では，イラストを見る時間の長い人と短い人の違いは何を意味するのであろうか。

　この考察の前提として，感情のメカニズムを知っておくことが有益である。人の体験は刻一刻と変わっている。研究2の実験であれば，参加へのお願い

の説明文→イラスト提示→押しボタンで参加を表明→白昼夢の項目1……というようにどんどん流れていく。この実験の流れの中では，イラストは感情を喚起する可能性が高い。進化論では，感情は人や動物にとっての警報装置としての機能があると考える。感情は次々と流れる体験の中で，重要（かもしれない）ものに素早く注目させる働きがあると考えられている。感情が警報装置であるならば，人はそれに対して素早く反応する（必要がなければ反応しない）ことが必要である。逆に，そこにいつまでもとどまって固執することは悪影響をもたらす（Grabovac et al., 2011；高田・杉浦, 2019）。例えば，自動車のクラクションで考えてみよう。ぶつかりそうでやばいと思った瞬間にクラクションを短く「パン」と鳴らすことで，素早くハンドルを切ることができた。これで危険が避けられたら有益である。逆に，ヒヤッとしたあとで頭にきてクラクションを鳴らし続けたり，それがもとでケンカになるのは有害である。

　感情に固執することが問題であるのは，それが本来は刻一刻と流れる体験の中で素早く反応するためのものであり，そこにいつまでもとどまっていると余分なことが生じがちなためである。余分なこととは何だろうか？　素早く反応せずにその感情のところにとどまると，しばしば自分の感情自体についてネガティブに捉えてしまい，本来は必要のない嫌な気分になることが往々にしてある。例えば，授業中にスマホをいじっていて先生に注意されたとしよう。良い気分のすることではないだろう。しかし，以後気をつければよいことを学ぶ機会になったのだから，その体験自体は有益でこそあれ本来は害がない。そこで必要な反応はスマホをしまって授業に集中することだけである。ところが，注意されてイラッときて先生への恨みをもったり，注意されて恥ずかしいと感じて，そこから自己嫌悪の気持ちになったり，という場合は恨みや自己嫌悪といった「なくてもよいこと」を自分でつけ加えてしまっている。すると余計嫌な気分にもなり，授業にも集中できなくなる。ポジティブな感情が起きた時も同様に，そこに固執すると悪影響がある。「この気分がいつまでも続いたらよいな」と思えば，いずれそれが終わることへの不安を感じるだろう。アニメを楽しんでいるときに，「二次元に萌えている自分はキモイと思われるだろうな」と思ってしまえば，結局は嫌な気持ちになる。

このことを踏まえて，あらためて研究2の結果をみてみよう。イラストの画面にとどまる時間の長い人は，イラストに対して瞬時に起きた感情に対して「余計なこと」をつけ加えている可能性が高い。提示されたイラストは感情を喚起しやすいものである。萌え感情かもしれないし，実験という「お堅い」場面らしくないものへの驚きかもしれない。イラストにとどまる時間が長くなれば，生じた感情に引き続き，批判的な判断が渦巻く余地が増える。例えば，ただの絵に萌える自分は周囲からかっこ悪いと思われているのではないかという考えてしまうかもしれない。あるいは，よく見たら自分の好みのイラストとは画風が違うなという「批評」が起きるかもしれない。「こんなイラストを見せる意図は何だろう？」などといろいろ勘ぐってしまったかもしれない。あっさりと通過できないときは，批判的な判断が続きがちなのである。イラストの画面にとどまる時間の短い人は，感情が生じたとしても，それについて批判的な判断をつけ加える余地は少ない。それでいて，プライミングは短時間でも効果が出るものである。批判的な判断は生じず，それでいて，それに続く白昼夢の質問紙に回答するときには影響していただろう。

　イラストにとどまる時間の長かった人に生じていたことを平易な言葉で表現すると「不合理または不適切な感情をいだいたことで自分を責める」，「そんなふうに感じるべきではないと自分に言い聞かせる」といった言葉で表現できるかもしれない。実は，これらのセリフは研究1で白昼夢が幸福感につながる条件の一つであった「自分の体験を批判的に判断しない態度（マインドフルネス）」を測定する項目である。いずれも，自分の考えや感情にとどまってそれについて批判する内容である。これらは逆転項目，つまりあてはまらないほどマインドフルネスが高いことを示す項目である。すると，イラストを見る時間が長い人は，これらの批判的な判断をしていた，言い換えればマインドフルでない態度でイラストに接していたと考えられる。逆に，イラストにとどまった時間が短いことが，そこにこだわることなくあっさりと通過できたことを反映するとすれば，それは実験参加者がマインドフルな（自分の体験を判断しない）態度でイラストに接していたということであろう。すると，イラストを見ていた時間が短いときのみ白昼夢が幸福につながるという研究2

の結果は，マインドフルな態度が，白昼夢が幸福につながるのを助けるという研究1の結果とも整合する。

8. 研究1と2の総合考察

　研究1と2とでは，オタク概念の操作的定義がかなり異なっている。研究1では，アニメやゲームへの支出の程度の個人差として定義された。一方，研究2では，白昼夢や幸福感への質問の前に，「萌え」イラストを提示した。それにもかかわらず，オタクが通常は負の相関が出ることの多い白昼夢と幸福感に，正の関連を生じさせる条件である，という一貫した結果が示されたことは特筆すべきであろう。

　研究1ではオタク消費の個人差を見ているのに対して，研究2では参加者をランダムにイラストを見てもらう群と白紙の画面が提示される群に振り分けている。オタク消費の多い人は，アニメやゲームが好きであり多くのお金や時間を費やしている。もちろん，白昼夢の内容もそのようなコンテンツに関するものであろう。一方，研究2のプライミング操作は，実験参加者のアニメやゲームへのお金や時間の支出には影響することはない。その操作の直後に質問紙に回答をしてもらうときに，思い出される白昼夢の内容に影響したと考えるのが自然である。もっぱら白昼夢の内容のみに焦点をあてている点が研究1と異なる部分である。すると，研究2ではオタク的な「内容」の白昼夢は幸福感を高めうるということを示せたことになる。

　研究2の参加者は20代から50代である。年齢が上の参加者は，『宇宙戦艦ヤマト』や『機動戦士ガンダム』などがブームになった時代に育ち，若い年齢の参加者は萌えイラストやアニメ画像が，広告など多くの媒体にあふれた中で育っている。本人のオタク度には関係なく，プライミング刺激が何を意味しているのかは参加者に共有されたと考えてよいだろう。

　結論は，オタク的な内容の白昼夢＝妄想は楽しい，といえる。

実証研究からの示唆

　適応的な効果があるはずなのだが，その効果が出にくいのが白昼夢（マインドワンダリング）である。このように扱いの難しいものではあるのだが，進化論的に考えると，たとえ動作が不安定でもより高度で複雑な機能が選択されたとも考えられる。ちょうど，パソコンやスマホなどがプログラムの不具合やウイルスによる被害が頻繁に起きてもなお便利さのために使われるのと同様である。計時機能だけに絞った時計が故障がほぼ皆無なのとは対照的である。統合失調症は，前後のつながりなく言葉が並べられた「言葉のサラダ」と呼ばれるような言語機能の障害を示すが，進化論的には障害が起きやすくても高度な言語機能が選択されてきた結果であるという説もある（Crow, 2000）。

　白昼夢というややこしい機能を使いこなす方法は，自分で工夫しなくてはいけない。この研究から，白昼夢をうまく使うコツを示唆すると2点になる。

　　・現実とは紐づけない
　　・批判的な視線で自分の体験をみない

9. 研究の意義：デフォルトモードと理論の生成力

　以下，研究の意義とその発展について考えてみたい。幸福感研究は，感情心理学，パーソナリティ心理学，社会心理学などの研究手法や理論に基づいて発展してきた。過去の蓄積を生かすことは研究において非常に重要であるが，さらに，蓄積をもとにした生産性はどのような条件で高まるのかも考察してみるといろいろな発見がある。

　サブカルチャー批評に由来する「生成力」という概念がある。インターネットの動画共有サイトでは多くの素人作品が発表されている。それらは，既にあるアニメやゲームのキャラクターや画像を用いながら，その設定を時に引き継ぎ，ある時は書き換えて新しい作品としているものが多い。このような作品は古くから同人誌と呼ばれる紙媒体でも多く発表されており二次創

作と呼ばれている。つまり，既存の素材を用いながら原作者以外の人が多くの作品を生成（全くのオリジナルな作品ではないため創造とはいわない）できる環境が存在する。濱野（2008）はオープンで共有された資源があることが生成力の背景として重要であるとした。特に，他の情報との緊密なネットワークを形成するハブ的な位置にある資源は高い生成力につながる。

　これを心理学の概念に置き換えてみると，デフォルトモードネットワークは白昼夢のみならず，自己認知，社会的認知，問題解決などの多くの心理的メカニズムに共通の神経基盤であり，まさにハブである。つまり，生成力を支えるものと考えられる。ここからどのように研究が発展しうるのか考えてみたい。

1）デフォルトモードネットワークのトレーニングは有効か

　自閉傾向の高い人は，相手の気持ちに共感するといった対人認知や，自分を振り返り理解するといった自己認知が苦手だとされる。これらは，デフォルトモードネットワークの担う機能である。自閉傾向の強い大学生の幸福感や共感性に，私的自己意識がどのように影響するかを調査した。私的自己意識も，デフォルトモードネットワークの機能の一つである。その結果，自閉傾向の高い大学生では，私的自己意識が心理的幸福感や共感性を高めることを見いだされた（本村ら，2014）。

　私的自己意識自体は，不適応と関連するという知見が多いが（坂本，1997），自己に関する情報処理が苦手な人の場合は，デフォルトモードネットワークの機能の一つが向上することで，ハブ的につながった他の機能も波及的に向上することが示唆される。

　やや飛躍した推論にはなるが，アニメやゲームが好きな人ならば，それらのメディアを用いて白昼夢を活性化させることが，対人関係の向上に有益になるという可能性も考えられる。

2）予測的動物としての人間

　近年，知覚を外界の状態に関してもっている内的なモデルと感覚入力との

誤差（予測誤差）を計算し，その誤差が小さくなるように，内的モデルを更新したり，外界に働きかける過程と捉える，予測的符号化という考え方が関心を集めている（Friston & Kiebel, 2009）。現在は主として知覚と運動に重点が置かれているが，より高次の認知機能も扱いうるとされる。このモデルでは，人の認識が成り立つためには，世界がこのようになっているだろうというモデルが不可欠だと考える。そのモデルは感覚情報とのずれに基づいて常に修正（調整）されている。しかし，少しでも有用性の高いモデルから出発した方がよい。

現実の世界は不確実性が高い。どのような状況が待ち構えているかわからない世界で適応するためには，いろいろな可能性に関する様々なモデルをすぐに取り出せるように，そのレパートリーを増やしておく必要がある。球技の選手が，変化球も含めていろいろな球を打てるように練習を重ねることで，現実の試合での打率を上げたり，囲碁の名人がいろいろな盤面の展開を知っていることが試合を有利に導いたりというのはわかりやすい例だろう。白昼夢は，特に対人関係など社会生活を送る中で出会う事象に関する予測モデルのレパートリーを充実させる営みといえるかもしれない。様々な遊びと同様に，いま目の前にある課題を解決するわけではないが，いろいろな可能性を想像してみることが将来の糧になる。

日常的な問題解決においては，アイデアのレパートリーを増やすこと（拡散的思考）と可能性を絞り込む（収束的思考）という異なる2つのモードが必要になる。白昼夢はおもに前者に寄与するだろう。問題解決をうまく行うためには，アイデアを出す段階では批判的吟味は一時停止して可能な限り多くのものを出し，その中からどのアイデアを実行するかを決めるときには批判的な思考を用いるというのが効果的とされる。問題解決をするときには，荒唐無稽なものも含めていろいろな可能性を考える段階がある。

実際，創造性に対するマインドワンダリングの効果を示す知見もある。例えば，Zedelius & Schooler（2015）は創造的なひらめきを，アイデアをしばらく考えてから温める，つまりしばらくそこから離れているときに，ふと浮かぶものと，先入観から自由になることで得られるものに区分して，マインドワ

ンダリングは前者のタイプの創造性を促進することを見出した。問題を解決しようとして奮闘し，疲れたのでしばらく離れている間にも，なんとなく問題について頭の中でいじりまわしていることがある。そのうち，思いもかけない新しいアイデアがやってくる。これもまた白昼夢の意義であろう。

3) 考えうる限界を広げる

　将来が不確実であるという場合も，例えば入試であれば合格と不合格のどちらかであり，模試の結果から，ある程度は見通しがたつ。一方で，未曾有の災害，想定外の事態ということもしばしば起きる。1980年代には，原子力発電の推進派が反対派の無知を冷笑する姿もみられた。現在から見れば「知識のある人」が危機管理の前提としていた想定に限界があったことは明白である。自分が想像できる範囲の限界をわかる，というのもメタ認知の一つである。人の知識には個人差があると同時に，自分の限界をどの程度わかっているかにも個人差がある。自分の苦手な領域では，自分がどの程度までわかっているかというメタ認知（自己評価）も不正確な傾向があり，これをメタ無知という（Kruger & Dunning, 1999）。例えば，数学の苦手な人ほど自分の数学力を過大評価する傾向がある。もし「私は心理学者だから，君の考えていることは黙っていてもわかるよ」という人がいたら信用しない方がよい。心の研究をしていれば，他者の心を知る難しさは身に染みているはずである。このメタ無知という現象を，災害に関する想像力について調べた研究がある。Hatori & Futagami（2015）は，あまり大きな災害を想像できない人は，自分の想像を越える災害が起きるということも思いつかないことを見出した。

　自分の限界を認識できない専門家がいる一方で，『風の谷のナウシカ』でも『新世紀エヴァンゲリオン』でもよいが，未曾有の災難が襲ったあとの世界を描くフィクションは常にあった。科学研究の成果でもないし，しょせんは娯楽かもしれない。しかし，そこには人が考えうる限界を広げる可能性が秘められている。

10. まとめ

　確かに，白昼夢を含むマインドワンダリングが不適応につながるという知見もある。それでもなお白昼夢が幸福を高めるという仮説を検討しようという背景は2つあった。第一に，妄想を楽しむオタクの観察（あるいは実体験）である。第二に，認知科学，神経科学の知見である。白昼夢を支えるデフォルトモードネットワークは明らかに重要な機能を担っている。すべての合わせ技で可能になった研究は，幸福研究にとって，人間の認知機能の解明にとって，示唆をもつものになる。

　履歴書の趣味の欄に囲碁やチェスと書く人はいても，妄想（あるいは白昼夢）と書く人はあまりいないだろう。いずれも認知的な遊びという点では同じであるのだが。白昼夢という目立たない機能が重要な働きをもちうること，また，オタクがその達人であるというのは，世間の多くの人が抱く印象とは異なるであろう。であれば，なおさらこの研究は広く社会に公表したい。そこで，筆者はこの研究を *Journal of Happiness Studies* という国際誌に発表した。その成果は，いくつかの Web サイトや *Japan Times* というメディアでも取り上げられた（https://www.japantimes.co.jp/news/2019/07/26/national/science-health/happiness-otaku-daydreaming-well/）。

　オタクの妄想には幸福感を高めるという適応的な意味がある。妄想と認知心理学との結びつきという理論的な意義に加えて，オタクの心理学研究には実践的な意義もある。心理学の下位分野には，認知心理学，生理心理学のように理論に注目した区分もあれば，産業心理学，教育心理学のように実践の領域による区分もある。妄想を含めたオタクの活動が幸福感を高めるのであれば，オタク心理学という分野が成り立ってもよいだろう。同時にオタク心理学では，認知心理学，社会心理学，青年心理学など多くの理論が合流し心理学全般へも貢献すると期待される。

引用文献

東浩紀（2001）．動物化するポストモダン──オタクから見た日本社会　講談社

Baer, R. A., Smith, G. T., Hopkins, J., Krietemeyer, J., & Toney, L.（2006）. Using self-report assessment methods to explore facets of mindfulness. *Assessment, 13*, 27-45.

Carciofo, R., Song, N., Du, F., Wang, M. M., & Zhang, K.（2017）. Metacognitive beliefs mediate the relationship between mind wandering and negative affect. *Personality and Individual Differences, 107*, 78-87.

Crump, M. J., McDonnell, J. V., & Gureckis, T. M.（2013）. Evaluating Amazon's Mechanical Turk as a tool for experimental behavioral research. *PloS one, 8*（3）.

Friston, K., & Kiebel, S.（2009）. Predictive coding under the free-energy principle. *Philosophical Transactions of the Royal Society B: Biological Sciences, 364*（1521）, 1211-1221.

Gilovich, T., Kumar, A., & Jampol, L.（2015）. A wonderful life: Experiential consumption and the pursuit of happiness. *Journal of Consumer Psychology, 25*（1）, 152-165.

Gosling, S.（2018）. *Snoop: What your stuff says about you*. Profile Books.（ゴスリング, S.（著）篠森ゆりこ（訳）（2008）．スヌープ！──あの人の心ののぞき方　講談社）

Grabovac, A. D., Lau, M. A., & Willett, B. R.（2011）. Mechanisms of mindfulness: A Buddhist psychological model. *Mindfulness, 2*, 154-166.

Hanley, A. W., Warner, A. R., Dehili, V. M., Canto, A. I., & Garland, E. L.（2015）. Washing dishes to wash the dishes: Brief instruction in an informal mindfulness practice. *Mindfulness, 6*, 1095-1103.

濱野智史（2008）．ニコニコ動画の生成力──メタデータが可能にする新たな創造性　思想地図, *2*, 313-354.

羽鳥剛史・二神透（2015）．災害想定に関わるメタ無知の実証的分析　科学・技術研究, *4*（1）, 77-82.

Kabat-Zinn, J.（1994）. *Wherever you go, there you are: Mindfulness meditation in everyday life*. New York: Hyperion.

Keyes, C. L., Shmotkin, D., & Ryff, C. D.（2002）. Optimizing well-being: The empirical encounter of two traditions. *Journal of Personality and Social Psychology, 82*, 1007-1022.

Killingsworth, M. A., & Gilbert, D. T.（2010）. A wandering mind is an unhappy mind. *Science, 330*（6006）, 932.

Kosinski, M., Stillwell, D., & Graepel, T.（2013）. Private traits and attributes are predictable from digital records of human behavior. *Proceedings of the national academy of sciences, 110*（15）, 5802-5805.

Kringelbach, M. L., & Berridge, K. C. (2017). The affective core of emotion: Linking pleasure, subjective well-being, and optimal metastability in the brain. *Emotion Review, 9* (3), 191-199.

Kruger, J., & Dunning, D. (1999). Unskilled and unaware of it: how difficulties in recognizing one's own incompetence lead to inflated self-assessments. *Journal of personality and social psychology, 77* (6), 1121.

Lyubomirsky, S., Sheldon, K. M., & Schkade, D. (2005). Pursuing happiness: The architecture of sustainable change. *Review of general psychology, 9* (2), 111-131.

Mar, R. A., Mason, M. F., & Litvack, A. (2012). How daydreaming relates to life satisfaction, loneliness, and social support: The importance of gender and daydream content. *Consciousness and Cognition, 21*, 401-407.

Merckelbach, H., Horselenberg, R., & Muris, P. (2001). The creative experience questionnaire (CEQ): A brief self-report measure of fantasy proneness. *Personality and Individual Differences, 31*, 987-995.

本村有理・杉浦義典・竹林由武・田中圭介・高田圭二・田村紋女 (2014). 自閉症傾向者における自己意識と幸福感 日本心理学会第78回大会, 同志社大学, 京都, 2014年9月11日

Niu, H. J., Chiang, Y. S., & Tsai, H. T. (2012). An exploratory study of the Otaku adolescent consumer. *Psychology & Marketing, 29*, 712-725.

岡田斉・松岡和生・轟知佳. (2004). 質問紙による空想傾向の測定——Creative Experience Questionaire 日本語版 (CEQ-J) の作成 人間科学研究, *26*, 153-161.

Pavot, W., & Diener, E. (1993). Review of the satisfaction with life scale. *Psychological Assessment, 5*, 164-172.

西田裕紀子 (2000). 成人女性の多様なライフスタイルと心理的 well-being に関する研究教育心理学研究, *48* (4), 433-443.

坂本真士 (1997). 自己注目と抑うつの社会心理学 東京大学出版会

Schooler, J. W., Smallwood, J., Christoff, K., Handy, T. C., Reichle, E. D., & Sayette, M. A. (2011). Meta-awareness, perceptual decoupling and the wandering mind. *Trends in cognitive sciences, 15*, 319-326.

Sedikides, C., Wildschut, T., Cheung, W. Y., Routledge, C., Hepper, E. G., Arndt, J., ... & Vingerhoets, A. J. (2016). Nostalgia fosters self-continuity: Uncovering the mechanism (social connectedness) and consequence (eudaimonic well-being). *Emotion, 16* (4), 524.

Smallwood, J., & Andrews-Hanna, J. (2013). Not all minds that wander are lost: The importance of a balanced perspective on the mind-wandering state. *Frontiers in Psychology, 4*, 441.

Smallwood, J., Brown, K., Baird, B., & Schooler, J. W.（2012）. Cooperation between the default mode network and the frontal-parietal network in the production of an internal train of thought. *Brain Research*, *1428*, 60-70.

Sugiura, Y., & Sugiura, T.（2019）. Relation between daydreaming and well-being: Moderating effects of otaku contents and mindfulness. *Journal of Happiness Studies*, doi.org/10.1007/s10902-019-00123-9

高田圭二・杉浦義典（2019）. 日常生活の中での体験への気づき（Mindful observation）と今を味わう態度（Savoring the moment）の関連について――経験抽出法を用いた予備的研究　立教大学心理学研究, *61*, 11-25.

Zedelius, C. M., & Schooler, J. W.（2015）. Mind wandering "Ahas" versus mindful reasoning: alternative routes to creative solutions. *Frontiers in Psychology*, *6*, 834.

10章
サブカルチャーが与える幸福感

山岡重行

「御宅」は相手の家や家族に対する敬称であり，否定的ニュアンスは含まれていなかった。山の手の高級住宅地の住民の言葉となり，「お宅様は〜でございますか？」のように相手に呼びかける二人称として，また「宅の主人は〜ですのよ」のように「我が家の」を意味する言葉として使用されていた。

1982年，スタジオぬえ原作のアニメ『超時空要塞マクロス』が放送された。河森正治や美樹本晴彦らスタッフがSFファンやアニメファンのイベントなどで互いを「お宅」と呼び合っていたこと，さらに『超時空要塞マクロス』の作品内で登場人物が「お宅」と呼び合ったことから，SFファンやアニメファンがお互いを「オタク」と呼び合うようになった（岡田, 1996）と言われている。

その後，連続幼女殺害事件をきっかけに，オタクは異常者であるというイメージがマスコミにより作り上げられた（2章参照）。

時は流れ，マンガを読む，アニメを見る，ゲームをする，カラオケでアニソンを歌うといった行動は現代の多くの若者にとって普通のことになった。21世紀に入り，大学生世代の過半数がオタクを自認するようになった。それに伴い，オタクの否定的イメージもだいぶ薄らいできた。しかし，それでもなお，まえがきにも書いたように，「オタク」という言葉には今でもある種の「痛々しさ」がつきまとっているのである。この章では，「オタクの本質的なかっこ悪さ」と「オタクの幸福感」について検討していく。

1. オタクの本質的なカッコワルサ

　なぜオタクはバカにされるのだろうか。スポーツや音楽など何らかのパフォーマンスをする人，絵や小説など自分の作品を作り出せる人，あるいは料理やお菓子を作る人，このように何らかのパフォーマンスや自分の作品を他者に提供することができる人は，他者に感動を与えたり，何らかの快を与えることができる。人は快を求め不快を避ける。これが人間だけでなく快・不快の感覚を持つ生物に共通する行動の大原則である。快を求めて行動する人間は，自分に快を与えてくれる相手に魅力を感じ好意を持つのである。人に快を与えることができる趣味は，カッコイイと評価されるのである。

　同人誌を作成したり，コスプレをするオタクも存在するが，ほとんどのアニメ・マンガ・ゲームオタクは消費者サイドにいる者である。他者から供給されるコンテンツを貪欲に受容するだけで，他者に「快」を与えることができない。他者のパフォーマンスの結果を消費する者であり，何事かを為すわけではない。好きな作品の関連グッズを集め自分の空間を満たしコレクションが充実すれば満足感を得られる。それは他者とは無関係な自分だけの満足感である。他者に快を与えることはないのであり，カッコイイと評価されることもないのである。社会的に高く評価される趣味とは異なり，オタク趣味にはどうしてもこのような「本質的なカッコワルサ」が付きまとうのである。

　菊池（2008）は「『おたく』と言われたとき」の感情として，「やはり不愉快」という回答が2007年の調査でも1998年の調査と同様に男女とも過半数を超えており，オタクはネガティブな蔑称であるという性格が完全に払拭されたわけではないことを指摘している。前述のように大学生ではオタクを自認する者が過半数を超えているが，オタク度の低い一般群はオタクや腐女子に対する違和感が強く，アブノーマルな存在としてイメージしている（山岡，2016）。また，恋愛や結婚の対象としてオタクや腐女子を選択する一般群はほとんどいない（山岡，2019）のである。

　いまだに否定的イメージが強い，あるいは肯定的に見られることがあまり

ないにもかかわらず，なぜオタクたちは趣味に熱中するのだろうか。それは楽しいからである。他者がどのように評価しようと，自分にとってその趣味は非常に高い価値があるものであり，他の趣味では得られない充実感や満足感を与えてくれるからである。オタクや腐女子にとって，その趣味は生きがいになる。生きがいとなる趣味を持ち趣味から充実感と満足感を感じている人間は，趣味を持たない人間と比較すると幸福感が強いと予測することができる。まずは生活の質（QOL）の観点から，オタクや腐女子の幸福感を検討する。

2. QOL の比較

　心理学では幸福感を「生活の質」（Quality of Life：QOL）という概念で捉えることが多い。人生の内容の質や生活の質のことであり，ある人がどれだけ人間らしく，自分らしく生活し，人生に幸福を見出しているかを表す包括的な概念である。そのため QOL 尺度では，健康，人間関係，仕事，住環境，教育，レクリエーションやレジャーなど，さまざまな観点から QOL を測定している。趣味に熱中するオタクや腐女子は一般群よりも QOL が高いのだろうか。

1）方法

　調査対象者　首都圏私立大学 2 校の男女大学生 261 名（男性 66 名，女性 195 名）。平均年齢 19.4 歳。

　改訂版 QOL 尺度　田崎・中根（2013）の作成した日本語版 WHO QOL26 改訂版は，26 の質問項目からなる尺度である。この 26 項目の中には高齢者向けの質問項目や既婚者向けの質問項目が存在し，大学生が回答することは困難である項目や大学生には不適切な項目もある。そこで不適切と判断された 6 項目を削除し，残りの 20 項目も大学生が回答しやすいように表現を改訂した。回答方法は，「1：まったくあてはまらない〜5：とても良くあてはまる」の 5 件法である。

表 10.1 改訂版 QOL 尺度の因子分析結果（主因子法プロマックス回転）

	因子1	因子2	因子3	因子4
毎日の生活は楽しい	**0.938**	0.022	0.021	-0.217
自分は有意義な生活を送っている	**0.888**	-0.079	0.082	-0.066
毎日元気に生活している	**0.547**	0.378	-0.086	0.018
物事に集中することができる	**0.414**	-0.075	-0.017	0.274
自分が困っている時，家族や友人達はサポートしてくれる	**0.402**	-0.146	-0.030	0.338
人間関係に満足している	**0.385**	-0.028	0.275	0.131
自分の健康状態に満足している	-0.147	**0.944**	0.058	-0.061
生活環境が健康的である	0.138	**0.686**	-0.049	0.082
毎日薬を飲んだり定期的に病院に行く必要はない	-0.098	**0.641**	-0.011	-0.016
自分の生活の質は良好だと思う	0.111	**0.494**	0.037	0.171
毎日安心して生活している	0.334	**0.397**	-0.030	0.163
自分自身に満足している	0.060	-0.012	**0.860**	0.053
自分の容姿（外見）に満足している	0.076	-0.055	**0.678**	-0.064
勉強やアルバイトのために必要な自分の能力に満足している	-0.015	0.106	**0.454**	0.189
自分の肌の状態に満足している	-0.055	0.006	**0.442**	0.102
気分がすぐれなかったり，絶望，不安，落ち込みといった嫌な気分を頻繁に感じる	-0.035	-0.261	**-0.278**	0.264
必要なものが買えるだけのお金を持っている	-0.246	-0.006	0.187	**0.649**
毎日の生活に必要な情報を得られている	0.039	0.085	-0.124	**0.644**
余暇を楽しむことができている	0.369	-0.081	-0.050	**0.536**
睡眠を満足にとれている	0.007	0.094	0.091	**0.316**

手続　改訂版 QOL 尺度とオタク度尺度・腐女子度尺度（山岡, 2016）から構成された調査用紙を作成した。通常の授業時間の一部を利用して調査を実施した。

2）結果と考察

改訂版 QOL 尺度に主因子法プロマックス回転の因子分析を行った結果，固有値 1.00 以上の因子が 4 つ抽出された（表 10.1）。第 1 因子は「毎日の生活は楽しい」，「自分は有意義な生活を送っている」などの 6 項目に負荷量が高く，生活の満足感を表すものと解釈できる。この 6 項目の平均点を，生活満足感得点（a =.827）とした。第 2 因子は「自分の健康状態に満足している」，「生活環境が健康的である」などの 5 項目に負荷量が高く，自分の生活

が健康であるという感覚を表すものと解釈できる。この5項目の平均点を，生活健康感得点（a =.829）とした。第3因子は「自分自身に満足している」，「自分の容姿（外見）に満足している」などの5項目に負荷量が高く，自己肯定感を表すものと解釈できる。この5項目のうち，1項目は他の因子にも負荷量が高かったので除外した。この4項目の平均点を，自己肯定感得点（a =.734）とした。第4因子は「必要なものが買えるだけのお金を持っている」，「毎日の生活に必要な情報を得られている」などの4項目に負荷量が高かった。これらの項目は金銭，情報，余暇，睡眠と生活に必要なものが十分に得られるゆとりがある状態を表すものと解釈できる。この4項目の平均点を，ゆとり感得点（a =.659）とした。

　山岡（2016）の基準に従い，調査対象者を腐女子群，オタク群，一般群，耽美群に分けた。性別未記入者1名と男女耽美群9名を以後の分析から除外した。腐女子群，男女オタク群，男女一般群の5群の改訂版QOL尺度下位尺度得点の平均値と標準偏差，それに1要因分散分析結果を表10.2に示した。生活満足感（図10.1）と生活健康感（図10.2）では有意な主効果は認められなかった。自己肯定感（図10.3）とゆとり感（図10.4）では有意傾向の主効果が認められたが，Bonferroni法多重比較の結果，いずれも5群の平均値に有意差は認められなかった。

　オタクと腐女子の生活満足感，生活健康感，自己肯定感，ゆとり感，いずれにおいても一般群との差は認められなかった。自己肯定感の平均値は中点の3.0以下であるが，それ以外は3.0以上となっている。平均値から考えると，オタクであるなしにかかわらず，現代の大学生は自分の生活を健康的でゆとりがある満足できるものと認識していると判断できる。では，改訂版QOL尺度の比較から，オタクや腐女子の幸福感は一般群と同程度であると結論づけて良いのだろうか。

　オタクや腐女子は基本的に消費者である。供給されるアニメ，マンガ，ゲームなどに熱中する過剰な消費者である。オタクや腐女子が趣味への熱中から感じる幸福感は，QOLのような包括的な幸福感とは異なるものだと考えられる。

表 10.2　改訂版 QOL 尺度下位尺度得点と 1 要因分散分析結果

		平均	標準偏差	度数	分析結果
QOL1 生活満足感	腐女子群	3.530	0.900	44	$F=0.440$
	女性オタク群	3.465	0.904	67	$df=4/237$
	女性一般群	3.643	0.729	71	ns
	男性オタク群	3.599	0.770	27	
	男性一般群	3.596	0.832	33	
QOL2 生活健康感	腐女子群	3.355	1.051	44	$F=0.588$
	女性オタク群	3.284	1.031	67	$df=4/238$
	女性一般群	3.461	0.868	72	ns
	男性オタク群	3.578	1.028	27	
	男性一般群	3.467	0.968	33	
QOL3 自己肯定感	腐女子群	2.466	0.782	44	$F=2.324$
	女性オタク群	2.231	0.847	66	$df=4/235$
	女性一般群	2.468	0.852	71	$p=.057$
	男性オタク群	2.694	0.830	27	
	男性一般群	2.680	0.848	32	
QOL4 ゆとり感	腐女子群	2.972	0.863	44	$F=2.127$
	女性オタク群	3.258	0.828	67	$df=4/237$
	女性一般群	3.250	0.754	72	$p=.078$
	男性オタク群	3.173	0.717	26	
	男性一般群	2.879	0.745	33	

　自らの活動を通して成長し，何事かを達成し充実感と満足感を得ながら生活の質を高めることで感じる大きな幸福感とは異なる，日常生活の中で得られる小さな幸福感もあるだろう。オタクや腐女子が趣味から得ている幸福感は，QOL よりももっと限定された小さな幸福感だと考えることができる。

3.　受動的幸福感

　消費者としてのオタクや腐女子が感じる幸福感や充実感は，基本的に供給されるコンテンツや他者のパフォーマンスを見ることで得られるものである。自分の直接的な成長や向上，達成ではなく，あくまでも他者の作品やパフォーマンスを見ることで感動し，充実感や満足感を得て感じる幸福感であ

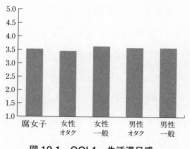

図 10.1　QOL1　生活満足感

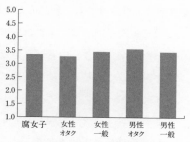

図 10.2　QOL2　生活健康感

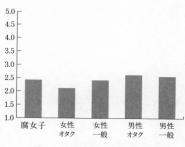

図 10.3　QOL3　自己肯定感

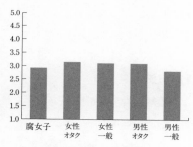

図 10.4　QOL4　ゆとり感

る。このようなタイプの幸福感を，山岡（2016）は「受動的幸福感」と呼び受動的幸福感の個人差を測定する尺度を開発している。

　オタクであり腐女子である女子大学生を対象に，オタク趣味や腐女子趣味から得られる満足感，感動，充実感や生きがいなどについて面接調査を行った。得られた回答を整理し，「自分の生きがいとなる他者の作品やパフォーマンスがある」「とても素晴らしいものを見たり体験したりすることがある」「他者の作品やパフォーマンスをみて明日も頑張ろうという元気をもらったことがある」など 16 の質問項目を作成した。

　そのような体験をしている程度を，「1：まったく体験していない，2：すこし体験している，3：わりと体験している，4：かなり頻繁に体験している，5：ほとんど常に体験している」の 5 件法で回答を求める。その際，「質問文中の『他者の作品やパフォーマンス』」とは，スポーツ，音楽，絵画，小説，映画，演劇，お笑い，アニメ，マンガ，ゲーム，ダンスなど，他者のさまざまな活

動や他者により作られた作品のことを指します」という注釈を付けた。

　この受動的幸福感はオタクたちに限定された幸福感ではない。誰でも他者が作った音楽を聴き，他者が書いた小説やマンガを読み，他者のパフォーマンスを観賞して感動し幸福感を感じて生きている。それは自らパフォーマンスをするアーティストやアスリートであっても同じである。誰でも他者から供給されるコンテンツを楽しんで生きているのである。趣味に対する熱中度が高い人物は低い人物よりも，他者から供給されるコンテンツを貪欲に消費し受動的幸福感をより強く味わっていると考えられる。したがって，趣味に熱中し貪欲な消費者であるオタクや腐女子は受動的幸福感が一般人よりも高いと予測できるのである。

1）方法

　調査対象者　首都圏私立大学2校の男女大学生644名（男性165名，女性479名）。平均年齢19.79歳。

　手続　受動的幸福感尺度とオタク度尺度・腐女子度尺度（山岡, 2016）から構成される調査用紙を作成した。通常の授業時間の一部を利用して調査を実施した。

　結果　受動的幸福感尺度に，主因子法プロマックス回転の因子分析を行った。その結果，固有値1.00以上の因子が2因子抽出された（表10.3）。第1因子は「他者の作品やパフォーマンスをみて感謝することがある」，「他者の作品やパフォーマンスをみて胸を打たれることがある」，「他者の作品やパフォーマンスをみて明日も頑張ろうという元気をもらったことがある」などの11項目に負荷量が高く，他者の作品やパフォーマンスを観ることで感動し，充実感や満足感を得て感じる受動的幸福感因子と解釈できる。この11項目の信頼性係数は $\alpha = .939$ で，内的一貫性が高いと判断できる。この11項目の平均点を，受動的幸福感得点とした。

　第2因子に負荷量が高かったのは「生きがいがある」「生きがいのために頑張れると思うときがある」「生きていてよかったと思う瞬間がある」などの5

表 10.3　受動的幸福感尺度の因子分析結果（主因子法プロマックス回転）

	因子1	因子2
他者の作品やパフォーマンスをみて感謝することがある	**0.833**	-0.048
他者の作品やパフォーマンスをみて胸を打たれることがある	**0.811**	-0.005
他者の作品やパフォーマンスをみて明日も頑張ろうという元気をもらったことがある	**0.794**	0.061
他者の作品やパフォーマンスをみて涙が出るほど感激することがある	**0.777**	-0.046
他者の作品やパフォーマンスをみて体が震えるほど感動することがある	**0.769**	0.012
他者の作品やパフォーマンスをみて辛くても頑張ろうと思う	**0.758**	0.063
他者の作品やパフォーマンスをみて自分でも充実感を感じたことがある	**0.745**	0.048
自分の生きがいとなる他者の作品やパフォーマンスがある	**0.725**	0.071
他者の作品やパフォーマンスをみて神だと思うことがある	**0.712**	0.002
他者の作品やパフォーマンスの素晴らしさを誰かと分かち合いたいと思ったことがある	**0.703**	0.030
他者の作品やパフォーマンスをみて自分でも達成感を感じたことがある	**0.652**	0.062
生きがいがある	-0.129	**0.983**
生きがいのために頑張れると思うときがある	-0.045	**0.906**
生きていてよかったと思う瞬間がある	0.042	**0.779**
これのために自分は生きていると思う瞬間がある	0.238	**0.610**
とても素晴らしいものを見たり体験したりすることがある	0.268	**0.552**

項目で，生きがい因子と解釈できる。この5項目の信頼性係数は $\alpha=.907$ で，内的一貫性が高いと判断できる。この5項目の平均点を，生きがい得点とした。

　山岡（2016）の基準に従い，調査対象者を腐女子群，オタク群，一般群，耽美群に分けた。腐男子群と男女耽美群合計15名を以後の分析から除外した。腐女子群，男女オタク群，男女一般群の5群の受動的幸福感得点と生きがい得点の平均と標準偏差，および1要因分散分析結果を表10.4に示した。いずれも有意な主効果が認められた。Bonferroni法多重比較から，受動的幸福感得点では腐女子群と女性オタク群は男女一般群よりも，また腐女子群は男性オタク群よりも平均点が高いことを示す有意差が認められた（図10.5）。生きがい得点では腐女子群は女性一般群よりも平均点が高いことを示す有意差が認められた（図10.6）。オタク度が高い女性，特に腐女子群は受動的幸福感も生きがい感も高いという予測が支持された。

　男性オタク群と男性一般群の受動的幸福感に差はないのだろうか。後述す

表10.4 受動的幸福感尺度下位尺度得点と1要因分散分析結果

		平均	標準偏差	度数	分析結果
受動的幸福感	腐女子群	3.971	0.815	107	$F=12.578$
	女性オタク群	3.788	0.873	173	$df=4/629$
	女性一般群	3.365	0.947	191	$p<.001$
	男性オタク群	3.571	0.968	70	
	男性一般群	3.255	0.939	84	
生きがい感	腐女子群	3.819	0.918	106	$F=2.834$
	女性オタク群	3.687	0.982	174	$df=4/629$
	女性一般群	3.457	0.939	190	$p<.05$
	男性オタク群	3.577	1.057	69	
	男性一般群	3.619	0.826	85	

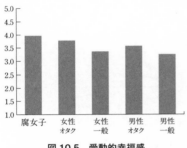

図10.5 受動的幸福感　　　　　図10.6 生きがい感

るように，日本では幸福感の男女格差が存在し女性の方が幸福感が高いと言われている。腐女子群，男女オタク群，男女一般群の5群の比較では，オタク度の差だけでなく幸福感の男女格差が影響している可能性がある。そこで男性オタク群と男性一般群の2群の受動的幸福感得点と生きがい得点をt検定によって比較した。1要因分散分析結果と同様に生きがい得点では有意差は認められなかった（$t=0.277$, $df=152$, ns）。しかし受動的幸福感得点では，男性オタク群の方が男性一般群よりも平均点が高いことを示す有意差が認められた（$t=2.050$, $df=152$, $p<.05$）。女性だけでなく男性においても，オタク度が高い人物はオタク度が低い一般群よりも受動的幸福感が高いのである。

4. 幸福感の男女格差

　友原（2020）は World Values Survey が 1980 年代から 2010 年までに行った調査結果をもとにした日本人の幸福度の推移を紹介している。「非常に幸せ」「まあまあ幸せ」「非常に幸せではない」「全然幸せではない」「わからない」のうち，回答総数に占める「非常に幸せ」と「まあまあ幸せ」と回答した日本人の割合を「日本人の幸福度」としているが，1980 ～ 90 年の女性の幸福度は約 81% であるのに対し，男性は 73.5% である。2010 年の調査では女性 90.4% に対し男性 82.2% であった。

　内閣府男女共同参画局平成 22 年（2010 年）の幸福度と生活満足度調査では，「あなたは現在幸せですか」という質問に「1：幸せ～ 5：不幸せ」の 5 段階で回答を求め，1（幸せ）と回答した割合を幸福度としている。女性全体の幸福度 34.8% に対して男性は 28.1% だった。就業状態別の幸福度では，正規雇用者では女性 25.8% に対し男性 30.7% と男性の方が高いが，それ以外の全ての就業状態（非正規雇用者，自営業，退職者，失業者，学生，主婦・主夫）で女性の方が「現在幸せである」と回答した者の割合が高いことが報告されている。男女とも「学生」が最も幸福度が高くなっているが，女性 62.5% に対し男性 43.7% とかなりの差がある。

　ホメリヒ・カローラ（2019）は，2015 年に実施した社会階層とライフコース全国調査における幸福感について報告している。この調査は調査会社のモニターである全国の 20 ～ 69 歳の男女 11133 名を対象にした Web 調査である。現在の幸福感について「1：とても不幸せ～ 10：とても幸せ」の 10 件法で回答を求めている。やはり男性よりも女性の方が有意に平均点が高く，未婚者よりも既婚者の方が平均点が高い。本研究の調査対象者である大学生に最も近い層である 20 代未婚者の平均幸福感は，女性 5.9 に対して男性は 5.3 である。

　この 3 つの「幸福度」は調査方法や算出方法が異なるので直接の比較はできないが，いずれも男性よりも女性の方が幸福度が高いことを示している。

腐女子群の受動的幸福感得点が男性オタク群よりも高かった理由の一つは，この一般的な幸福感の男女格差に由来すると考えられる。

しかし腐女子群とオタク群の間にあるものは，性別の違いだけではない。BL嗜好の有無という質的な違いが存在する。さらに，腐女子群の方がオタク群よりもオタク度が高いというオタク度の差異も存在するのである。

5. 腐女子最強幸福説

腐女子はBL嗜好を持つオタク女性である。BL嗜好を持つというだけではなく，オタク度尺度で測定するオタク度もオタク群よりも高い（山岡, 2016, 2019）。腐女子はオタクの中のオタクであり，オタクの超進化形なのである。

腐女子はただ単にBLマンガや小説，同人誌を好むだけでなく，原作では恋愛関係にない二人の男性キャラクターをカップリングし，その二人の男性キャラクターの恋愛行動を妄想して楽しむのである。それが腐女子の重要な特徴なのである。女性は小学生時代は少女マンガを読んでいるが，中学以降，マンガを読む女性は「少年ジャンプ」をはじめとする少年マンガに移行する（4章参照）。少女マンガの文法で少年マンガを読むと，親友やライバルの関係が特別な関係，つまり恋愛関係に見えてくるのである。これをギャグとして捉え，パロディとして楽しむのはオタクである。腐女子はパロディではなく，男性キャラクターたちの純愛物語を妄想する回路を身につけているのである。

腐女子はまずはオタクとして作品世界を楽しむ。これはオタクとしての趣味の楽しみである。さらに，腐女子のBL妄想回路を発動させて，その作品世界をBL世界に変えてさらに楽しむのである。同じ作品でも，腐女子はオタク視点と腐女子視点の二重の意味で楽しむことができる。通常のオタクよりも作品世界を楽しみ尽くすのである。これが腐女子の受動的幸福感を高めていると解釈できる。趣味に熱中しオタク度を高め，さらに男性キャラクターへの愛に導かれBL妄想により脳内でさらに味わい尽くす。BL妄想回路を発動させた腐女子は受動的幸福感を貪欲に味わい尽くす最強の存在となるのである。

腐女子群と女性オタク群の受動的幸福感に差が出なかったのは，オタク度とBL嗜好の違いはあるが，腐女子との間に基本的幸福感の格差は存在しないからである。一方，オタク度やBL嗜好だけでなく，幸福感の男女格差も影響するから，男性オタク群は腐女子群よりも受動的幸福感が低くなったのだと解釈できる。男性オタク群も男性一般群よりは有意に受動的幸福感が高いが，オタクの超進化形である腐女子はさらに受動的幸福感を高めるのである。つまり，オタクは一般人よりも受動的幸福感が高い分，幸福である。さらに女性は男性よりも幸福感が高いのでその分，幸福である。さらに腐女子はBL妄想により受動的幸福感を味わい尽くすので通常のオタクよりもその分，幸福である。つまり，腐女子は最も幸福な人類なのである。

6. アカルイミライ

　日本財団が2019年11月に実施した日本全国の17歳から19歳の男女各500名を対象にした「18歳意識調査——社会や国に対する意識調査」によると，「将来の夢を持っている」と回答したのは男性59.6%，女性60.6%でほぼ同じである。「自分の国に解決したい課題がある」と回答したのは男性51.0%に対して女性41.8%，「自分で国や社会を変えられると思う」と回答したのは男性24.8%に対して女性11.8%だった。さらに「自分の国の将来についてどう思っていますか」という質問に，「良くなる」と回答したのは男性10.4%，女性8.87%，「変わらない」が男性20.8%，女性20.2%，「どうなるか分からない」が男性28.0%，女性36.0%，最も多い回答は「悪くなる」で男性40.8%，女性35.0%だった。

　社会に問題があることは認識しているが自分たちではどうすることもできないし，自分たちの未来にあまり明るい期待は抱けないというのが現代の17歳から19歳の若者の多数派の意識のようである。確かに経済的な低迷が続き，大きな地震や豪雨などの自然災害が頻発している。福島第一原子力発電所事故も含めて2011年の東日本大震災の傷跡も未だ癒えていない。20世紀だったら内閣総辞職レベルの不祥事とスキャンダルが頻発しているのに，政治家

たちは自らの潔白を証明しようともせずに言い逃れを続けている。「一億総中流」と言われるほど貧富の差が少なかった日本社会が過去のものになり，経済格差が広がり若年層の貧困率も高くなっている。少子高齢化と年金政策や社会福祉政策の失敗と無策が重なり，若者たちの未来が今よりも悪くなることを予測させる材料には事欠かないのが日本の現状である。

　日本社会はどんどんダメになっていくから，自分は今が一番幸福だ。就職できても社会人になれば上司の命令に従って嫌な仕事もさせられる。自由になる時間も少なくなるし，いつリストラされるかもわからない。将来的にはAIが人間の仕事を奪うという話も良く聞く。異性には興味があるし恋人も欲しいけど，自分に恋愛や結婚ができるかどうかもわからない。今の高齢者は年金がもらえているみたいだけれど，自分が高齢者になったとき十分生活できるだけの年金はもらえないみたいだ。自分たちの世代は高齢化社会を支えるために年金を取られるだけの損な世代だ。自分の生活の質は社会人になったら低下していくだけだ。

　若者たちにとって，就職後の社会人生活は不安でつまらないものにしか見えない。しかし，そのつまらない現実を少しでも面白く感じるためにオタクたちは受動的幸福感を貪欲にむさぼるのである。そしてオタクの超進化形である腐女子がつまらない現実を面白く感じるために身に付けた能力が，BL妄想なのである。つまらない現実，時として自分を拒絶し傷つける現実世界で生きていくために，現実世界を少しでも面白く認識するための適応方略が必要になったのである。

　さらに腐女子の中には，現実世界のさまざまな現象をBLに変換し妄想して楽しむ者までいる。現実の男性同士の人間関係をBLに変換して妄想したり，人間以外の機械や建物，国，社会現象，さまざまなものを男性キャラクターに擬人化し，BLに変換して妄想したりする。現実にコミットすることなく，現実世界をBL妄想の世界に変換し楽しむ。そうすると，つまらない現実世界も，少しは楽しく見えてくる。

　では，若者たちの「将来の夢」とは何なのだろうか。若者たちの幸福とは何なのだろうか。山岡（2019）は大学生371名を対象に，恋愛と結婚に求め

る条件を調査している。10のタイプの人をどの程度恋人にしたいか，結婚したいかを1〜5の5件法で質問したところ，平均約4.4と圧倒的に高得点だったのが「日々の生活を楽しむタイプ」だった。次が平均約4.0の「優しいお兄さん・お姉さんタイプ」だった。無論，恋愛や結婚だけが若者の将来の夢ではないが，この山岡（2019）の調査結果に，「自分に優しくしてくれる人と一緒に日々の生活を楽しんで生きていきたい」という若者の願いが反映されていることは確実である。

　人間は自尊心の動物であり，意味の動物である。人間として健康な生活を送るためには自分自身の存在価値や自分の行為の持つ意味の認識が必要である。自分は誰にも必要とされない価値のない人間であり，自分の存在や自分の行為には何の意味もない，そんなふうに思いながら生きていくことは苦痛でしかない。しかし，経済状況が好転する兆しは見えず雇用は不安定であり経済格差は拡大するばかりである。今の若者たちは苦痛の中で生きる人生に放り込まれようとしている。現実は問題だらけであるが，その現実を変える力なんて自分にはない。昔盛んに言われていた「自己実現」なんて途方もない夢を見る力はほとんど残っていない。若者たちの「将来の夢」とは，せめて今の生活の質を維持することであり，自分に優しくしてくれる人と一緒に日々の生活を楽しんで生きていくことなのではないだろうか。

　ほんの小さな夢でいい。わずかな時間でもいいから夢を見ていたい。辛い現実を一時でも忘れさせてくれる夢，一時でも熱中し興奮し幸福感を与えてくれる夢，そんな夢を見ていたい。若者たちが求める現実的な将来の夢とは，今の生活の質をできるだけ落とさないで，優しくしてくれる気のあった仲間と趣味を楽しみ，コンテンツが与えてくれる幸福感を楽しみながら生活していくことなのではないだろうか。

　日本でサブカルチャーと呼ばれるものは子どもから若者向けの文化という出自を持つものが多い。なぜだろうか。1章でも書いたように，サブカルチャーと呼ばれる大衆文化は，「良識ある大人たち」から幼稚で低級なものと見下された文化であるからだ。もう一つは，そのようなサブカルチャーが与えてくれる幸福感は，子ども時代の幸福な記憶につながるからではないだろ

うか。子ども時代の純粋な喜びの世界につながるからではないだろうか。

　夢中になれるものを一つでも持っている人は幸せである。それは人生を豊かにしてくれる。子どもの頃，世界は新鮮な驚きと喜びに満ちていた。いろいろなものを好きになり，時間を忘れて熱中して幸福な時間を過ごした。夢中になれるものを持っている人は，子どもの頃の幸福な時間の延長に生きている。サブカルチャーには人間の幸福感を高め，人生を豊かにする力があるのである。

7. まとめ

　自分でパフォーマンスをしたり，何かを作ることが趣味の人は，他者に快を与えることができるが，コンテンツ消費だけが趣味の人は，他者に快を与えることができない。そのため，パフォーマンス系の趣味の人は「カッコイイ」と評価され，ほとんどのオタクのようなコンテンツ消費系の趣味の人は「カッコワルイ」と評価される。これがオタクの「本質的カッコワルサ」である。他者から肯定的に評価されることがあまりないにもかかわらず，オタクたちが趣味に熱中するのは，その趣味が幸福感を与えてくれるからだと考えられる。

　オタクと一般人のQOLに差はないが，他者から供給されるコンテンツや他者のパフォーマンスを見ることで得られる「受動的幸福感」に関してはオタク度の高いオタクや腐女子の方が一般人よりも高い。幸福感には男女格差があり，女性の方が幸福感が高い。男女格差と受動的幸福感の2つの効果により，腐女子は最も幸福度が高くなる。サブカルチャーが与えてくれる喜びは，子ども時代の幸福な記憶や純粋な喜びにつながり，人生を豊かにする効果を持つと考えられる。

引用文献

カローラ, H.（2019）.家族と幸福──生涯未婚者は不幸なのか　小林盾・川端健嗣（編）　変貌する恋愛と結婚──データで読む平成　新曜社　pp. 152-158.

菊池聡（2008）.「おたく」ステレオタイプの変遷と秋葉原ブランド　地域ブランド研究, *4*, 47-78.

田崎美弥子・中根允文（2013）.WHO QOL26 手引改訂版　金子書房

友原章典（2020）.実践 幸福学──科学はいかに「幸せ」を証明するか　NHK 出版

山岡重行（2016）.腐女子の心理学──彼女たちはなぜ BL（男性同性愛）を好むのか？　福村出版

山岡重行（2019）.腐女子の心理学 2──彼女たちのジェンダー意識とフェミニズム　福村出版

あとがき

　学者はある意味オタクです。研究テーマに集中し，先行研究などの情報を集め，先行研究への対案や先行研究で扱われていない部分に関して自分の仮説を立て，仮説が正しいかどうか様々なデータから検証します。この作業は，例えばマンガ・アニメオタクの場合，キャラクターや作品世界に関する情報を集め，独自の解釈から妄想や二次創作を行い，ネットや同人誌で発表し読者の反応によって自分の解釈がありかなしか検証するということになるでしょう。

　また，学者もオタクも，ある研究テーマやある趣味の世界に熱中すると，そのテーマや作品について誰かと熱く語りたくなるけれど，専門性が高くなるほど熱く語り合うことができる相手が少なくなるという共通のジレンマを抱えています。一つのテーマに集中するという意味で，オタク体質を持っていないと学者にはなれないと言っても過言ではないでしょう。

　そんなオタク体質の，あるいはオタクの心理学者が集まって，『サブカルチャーの心理学』を作ることができました。7人の執筆者が何オタクかは担当した章から推測していただきたいのですが，私，山岡は腐男子でもアニメオタでもジャニオタでもありません。私はロック系やゴス系のサブカルチャーを中心に"sense of wonder"を与えてくれるものが好きです。"sense of wonder"を与えてくれるSFやホラーなどの特撮映画を中心に，アニメやマンガ，演劇も観ます。レジェンド級のカルトバンドAUTO-MODにずっと関わっているので，パフォーマンス系の東京のサブカルチャーシーンをずっと目撃してきました。（"sense of wonder"とはちょっと違いますが，新幹線やグリーン車に乗ってお弁当を食べながらお酒を飲むことが好きな「呑み鉄」でもあります。料理も好きです。調理師免許持ってます。）

　『サブカルチャーの心理学』の発端となったのは，2018年立命館大学いばら

きキャンパスで開催された日本パーソナリティ心理学会第27回大会の「オタクのパーソナリティ」というシンポジウムでした。執筆者の中では山岡，家島，岡田有司の3名が登壇しました。コスプレイヤーの話をする登壇者がいたので，悪乗りで登壇者全員コスプレをするという前代未聞のシンポジウムになりました。2018年の日本心理学会第83回大会では上記3名に菊池，岡田努が加わり「サブカルチャーの心理学 (1)」というシンポジウムを行いました。2019年の日本心理学会第84回大会のシンポジウム「サブカルチャーの心理学 (2)」で杉浦が加わり，執筆者チームの原型ができました。さらに山岡の大学院生時代からの友人であり，心理学会内ではレコードコレクターとして有名な渡邊を引きずり込み今回のチームが完成しました。

「サブカルチャーの心理学」として，本書ではロック，マンガ，アニメ，腐女子，ジャニーズ，鉄道，レコード収集，オカルトを扱いましたが，サブカルチャーの領域は果てしなく広がっています。サブカルチャーは「趣味・遊び」と見なされ，そのほとんどは従来の心理学の研究対象にはならなかった領域です。

当初は私の中でも心理学とサブカルチャーの間には壁がありました。「心理学者として生きていきたいのなら遊びはやめて心理学だけに打ち込め」と言われたこともありました。しかし私自身がそうであるように，サブカルチャーは生きがいとなり幸福感を与えてくれるものです。それを捨てることは自分の半分を捨てることであり，私にはできませんでした。心理学者としての活動とサブカルチャーの活動を並行して続けていくうちに，自分の中の壁は次第に消えていきました。生きがいと幸福感を与えて人生に大きな影響を与えるサブカルチャーを心理学が研究しないでどうする，と思うようになりました。

サブカルチャー心理学はまだはじめの一歩の段階です。サブカルチャーの心理学の研究領域も果てしなく広がっています。この後も執筆者一同，実践を含めて研究を続けるだろうし，新たな領域を研究する新たなメンバーも現れることを期待しています。サブカルチャー自体がそうであるように，サブカルチャー心理学の目的も「人間の幸福感を高め人生を豊かにする」ことで

す。まずは「自分の幸福感を高め自分の人生を豊かにする」ことから始めましょう。人からなんと言われようと，あなたの幸福感を高めあなたの人生を豊かにするものを大切にして下さい。それがあなたのサブカルチャーなのですから。

　そして多くの人が自分のサブカルチャーで幸福感を高めれば，本当の意味で多様性を認め互いに尊重し合う豊かな社会が実現するのではないかと思います。サブカルチャーとメインカルチャーが影響を与え合い，豊かで幸福な文化的生活を送ることができる社会に変わっていくのではないかと思います。「サブカルチャーの心理学」がそのための一助になるように，執筆者一同研究を続けていきます。

2020 年 3 月 13 日の金曜日

執筆者代表　山岡重行

あとがき

執筆者紹介

（①所属　②学位　③プロフィール）

山岡重行（やまおか・しげゆき）　　［まえがき・1章・4章・5章・10章・あとがき］

①聖徳大学　心理・福祉学部
②博士（心理学）
③ DISCOGRAPHY

AUTO-MOD　1st シングル『ポルノ雑誌の女』：コーラス，1st アルバム『レクイエム』：コーラス，2nd シングル『Last Punk Hero』＋3rd シングル『遠い声』：Rhythm Box & Auto Base オペレーション＆コーラス，4th シングル『サディスティックドリーム』：コーラス
オムニバスアルバム『時の葬列』タイトル曲：台詞＆コーラス
AUTO-MOD のシンボルマークやヴェクセルバルグ・レーベルマークをデザインし，コーラス＆パフォーマンスでステージに参加。
主な著書に『腐女子の心理学――彼女たちはなぜ BL（男性同性愛）を好むのか？』（福村出版，2016 年），『腐女子の心理学 2――彼女たちのジェンダー意識とフェミニズム』（福村出版，2019 年）。
暗黒心理学界の魔王，戦う心理学者，歌う心理学者などと呼ばれる。

菊池　聡（きくち・さとる）　　［2章・8章］

①信州大学　人文学部
②修士（教育学）
③主な著書に『なぜ疑似科学を信じるのか――思い込みが生みだすニセの科学』（化学同人，2012 年），『錯覚の科学〔改訂版〕』（放送大学教育振興会，2020 年）など。
「おたく」は，一流のクリティカル・シンカーである，というのが持論です。一つのことに限りなく情熱を注ぎ込む心と，冷静かつ客観的に（時には自虐的なほどに）情報を厳しく吟味していく心。このホット・ハートとクール・マインドを併せ持つことがクリティカル・シンキング（批判的思考）の要諦であり，それこそが理想的な「おたく」のあり方ではないでしょうか。その意味で，自分はまだまだだと思うことしきりです。

岡田有司（おかだ・ゆうじ）　　　　　　　　　　　　　　　　　　　　［3章］

①東京都立大学　大学教育センター

②博士（心理学）

③専門は教育心理学，発達心理学。主な著書に『中学生の学校適応——適応の支えの理
解』（ナカニシヤ出版，2015年），『共生社会へ——大学における障害学生支援を考える』
（共編著，東北大学出版会，2020年）など。学生時代はそれなりにオタクで中央大学アニ
メーション研究会の会長でもあった。子育てを始めてからは，ドラえもんとクレヨンしん
ちゃんくらいしか見ることができておらず，オタクとしてのアイデンティティは揺らぎつつ
ある。「オタクはどこから来て，どこへ行くのか」という問いに心理学的なアプローチを試
みている。

家島明彦（いえしま・あきひこ）　　　　　　　　　　　　　　　　［3章・コラム1］

①大阪大学　キャリアセンター

②修士（教育学）

③専門は生涯発達心理学とキャリア教育学。「理想・生き方に影響を与えた人物モデル」に
マンガ・アニメの登場人物を挙げる若者が一定数いることから，現代人がマンガ・アニメ
に影響を受ける過程について研究している。主な著書・論文に『ビジュアル・ナラティヴ
としてのマンガ——マンガ／小説／映画の中の視点から』（編著，ratik，2015年），「マン
ガ・アニメで学ぶレジリエンス」『N：ナラティヴとケア』第9号（遠見書房，2018年），
「マンガ・アニメにおける登場人物の衣装が果たす役割」『装いの心理学——整え飾るここ
ろと行動』（鈴木公啓編著，北大路書房，2020年），「マンガに描かれる多様な生き方」『多
様な人生のかたちに迫る発達心理学』（川島大輔・松本学・徳田治子・保坂裕子編，ナカニ
シヤ出版，2020年）などがある。

岡田　努（おかだ・つとむ）　　　　　　　　　　　　　　　　　　　　［6章］

①金沢大学　人間社会学域

②博士（心理学）

③1960年生まれ。主な研究分野は，青年期の対人関係と自己に関する研究。
主な「研究」業績は以下の通り。

岡田努（2007）．現代青年の心理学——若者の心の虚像と実像　世界思想社

岡田努（1975）．京王帝都2600系2連化？　鉄道ファン，*168*　交友社　p.111

岡田努（1975）．小田急本厚木駅下り高架切替　鉄道ピクトリアル，*25*（4）．鉄道図書刊行
　会　p.85.

岡田努（1996）．新潟　銭湯を愛する旅人の会（編）　全国駅前銭湯情報'96〜'97　新日本
　企画　pp.292-293.

渡邊芳之 （わたなべ・よしゆき） [7章・コラム2]

①帯広畜産大学　人間科学研究部門

②博士（心理学）

③1962年新潟県高田市（現在の上越市）生まれ，東京都立向丘高校，東洋大学社会学部を経て1990年東京都立大学大学院人文科学研究科心理学専攻博士課程単位取得退学。信州大学人文学部助手，東洋大学ほか非常勤講師，北海道医療大学看護福祉学部講師を経て1999年より現職。主な著書に『性格とはなんだったのか——心理学と日常概念』（新曜社，2010年），『心理学・入門——心理学はこんなに面白い 改訂版』（共著，有斐閣，2019年）がある。また『黄金時代のカリスマ指揮者たち——フルトヴェングラーからヴァントまで聴き巧者が熱く語る』（「エルネスト・アンセルメ」を担当，音楽之友社，2012年），「MJ無線と実験」誌の連載「直して使う古いオーディオ機器」（誠文堂新光社，2011-2013年）など，音楽・オーディオ分野での著作も持つ。

杉浦義典 （すぎうら・よしのり） [9章]

①広島大学　大学院人間社会科学研究科

②博士（教育学）

③小学生時代に鉄道，クラシック音楽，アマチュア無線，と遍歴の末たどりついたヘヴィメタルへの情熱を持ち続けている。人のダークな面に魅かれ，卒論以来異常心理学の研究を続けている。ネガティブな面ではなくポジティブな面を研究しなさい，という「ご助言」に辟易していた頃，「ネガティブを避け，ポジティブを追って躍起になるせいであらゆる苦しみが生じる」という仏教思想に出会った。それ以来，ネガティブにもポジティブにもとらわれない幸福という研究テーマも加わった。仏教思想でも古代ギリシア哲学でも幸福＝徳の高いことである。であれば，背徳の人も研究せねばならない。サイコパシーの研究も始めた。

サブカルチャーの心理学

カウンターカルチャーから「オタク」「オタ」まで

2020 年 8 月 30 日　　初版第 1 刷発行
2024 年 2 月 25 日　　　　第 3 刷発行

編著者　山岡 重行

発行者　宮下 基幸

発行所　福村出版株式会社

　　　　〒 113-0034　東京都文京区湯島 2-14-11
　　　　電話　03-5812-9702　FAX　03-5812-9705
　　　　https://www.fukumura.co.jp

印　刷　株式会社文化カラー印刷

製　本　協栄製本株式会社

© SS-YAMAOKA 2020
ISBN978-4-571-25056-9　Printed in Japan